生态批评视域中的柯勒律治文艺理论研究

A Study on S. T. Coleridge's Art Theory from the Perspective of Ecocriticism

张玮玮 著

经济管理出版社

图书在版编目（CIP）数据

生态批评视域中的柯勒律治文艺理论研究 / 张玮玮著，—北京：经济管理出版社，2018.8
ISBN 978-7-5096-5915-1

Ⅰ.①生… Ⅱ.①张… Ⅲ.①柯勒律治（Coleridge，Samuel Taylor 1772-1834）—文艺理论—研究 Ⅳ.①I0

中国版本图书馆 CIP 数据核字（2018）第 161912 号

组稿编辑：张永美
责任编辑：魏晨红
责任印制：黄章平
责任校对：张晓燕

出版发行：经济管理出版社
（北京市海淀区北蜂窝 8 号中雅大厦 A 座 11 层　100038）
网　　址：www. E-mp. com. cn
电　　话：（010）51915602
印　　刷：北京虎彩文化传播有限公司
经　　销：新华书店
开　　本：720mm×1000mm/16
印　　张：12.25
字　　数：201 千字
版　　次：2018 年 8 月第 1 版　　2018 年 8 月第 1 次印刷
书　　号：ISBN 978-7-5096-5915-1
定　　价：49.00 元

前 言

生态批评是一种后现代的文学批评范式，它是文学批评界面对日益严峻的生态危机对文学传统中文化与自然关系的反思。为了追寻生态危机出现的思想和文化根源，生态批评的任务之一就是重新研究和评价既往文学传统中自然的形象及其呈现方式。它既包括对既往文学传统中自然形象缺失及扭曲的反思，也包括对具有生态意识的文学作品的再研究、再发现。自生态批评兴起以来，文学研究界重新挖掘了美国超验主义者以自然为中心的“自然书写”作品，并让19世纪的欧洲浪漫主义文学再一次成为文学研究的热点。柯勒律治是欧洲浪漫主义时期的杰出代表，同时也对美国超验主义的兴起产生了重要影响，因而受到了当代生态批评研究界的重视。

柯勒律治是英国伟大的浪漫主义诗人、哲学家、文学批评家和神学家。他生活于人类从农业社会向工业社会的转折时期，见证了工业发展和科技进步造成的自然环境的破坏以及对人与自然的分离。面对工业革命带来的负面影响，柯勒律治通常在作品中表现出对自然强烈的生态伦理关怀，并追求人和自然的统一。然而，目前研究者更多地关注他前期诗歌作品所表现出来的自然观，而忽略了对他后期的哲学和神学作品中自然观的研究。事实上，尽管柯勒律治后来越来越多地投入到神学思辨中，但是对自然以及对人与自然关系的关注同样占据了他思考的中心。他始终从神学的层面上追求上帝、人和自然的整体性，并最终以基督教的“三位一体”教义为神学支撑，形成了极具现代意义的有机整体自然观。柯勒律治还追求文学、哲学和神学等一切知识体系的统一。对身兼文学家和神学家双重身份的柯勒律治来说，艺术和神学的联系尤为紧密、不可分割。特别是在工业革命后，随着世界的祛魅和社会的日益世俗化，艺术试图通过向人类再现上帝的创造过程成为神、人和自然之间的调停力量。艺术能够令人类超越物质的束缚，恢复对无限的神性世界的向往，使人意识到与自然世界的亲密联系。因而，在当代生态批评的视域中，以神学为切入点研究柯勒律治的自然观及其神学自然论的艺术观或许有助于我们重新反思人与自然的关系，为应对生态危机的现实挑战提供有益的理论资源。

为此，本书试图全面梳理柯勒律治的诗歌作品和哲学及神学著作，从神学的角度研究柯勒律治的自然观以及他对人与自然关系的认识，并梳理建立在他的神学自然观基础上的艺术观。为凸显柯勒律治神学自然论的艺术观的独特性和意义，本书还将其与华兹华斯和爱默生进行对比。按照这一思路，本书共包含以下主要内容：

绪论介绍了本书的选题背景、柯勒律治的生平和学术经历，并结合国内外学术界对柯勒律治的研究现状阐明本书的研究意义。从神学的角度对柯勒律治的自然观和艺术观进行研究不仅能让我们反思人与自然的关系，还能在新的历史环境中重新评价柯勒律治的地位和价值，揭去贴在他身上的“消极”乃至“反动”的标签。

第一章从生态批评的角度反思整个西方文学史，它记录了整个西方文化长期张扬人性、忽视自然的倾向，而直到近代的浪漫主义文学中才出现了具有生态意义的自然观。因此，本章简要回顾西方文学史中自然这一维度的相对缺失以及自然在浪漫主义文学中的回归，以此凸显出柯勒律治把自然置于诗歌创作及诗学和哲学思辨的中心的重要意义。

第二章追溯柯勒律治神学自然论、自然观和艺术观的形成背景。首先，柯勒律治生活于人类工业时代的早期，面对的是机器大工业的发展对自然环境造成的巨大破坏以及工具理性对自然的不断分割。但是，一系列的个人经历却让他意识到无论自然本身还是人和自然之间的关系，都是不可分割的整体，这成为柯勒律治追求有机整体自然观的背后动因。其次，柯勒律治成长于英国机械论哲学的背景之中，因而他早年也受到英国机械论哲学的影响。但是，随着柯勒律治游学德国，他接受了以康德和谢林哲学为代表的德国有机论自然观，为他对自然有机整体性的感知提供了哲学依据。然而，德国自然哲学中混淆上帝与自然的泛神论思想却不能令他接受，所以他最终依靠传统基督教的“三一论”形成了自己的有机整体自然观。再次，柯勒律治也深受德国早期浪漫主义文学的影响。面对工业革命后人与上帝、人与自然以及人类精神自身的分裂，以谢林、诺瓦利斯、施莱格尔兄弟为代表的德国早期浪漫主义者把文学视为弥合上述分裂的力量。他们对文学的这一认识对柯勒律治艺术观的形成产生了重要的影响。

第三章论述柯勒律治的“三一论”神学观和他的有机整体自然观。柯勒律治的神学立场经历了从泛神论向“三一论”的转变。他早年追随大卫·哈特利的上帝“一位论”，接受了他的泛神论思想。在泛神论的影响下，柯勒律治把人和自然视为不可分割的整体，并把自然本身视为一种生生不息的创造力量。尽管这令他摆脱了机械论哲学对自然的分割，但泛神论自然观不但混淆了自然和上帝，还忽略了整体与个体的关系及人类心灵的自由，所以柯勒律治转向了“三一论”。他结合德国自然哲学思想对基督教传统的“三位一体”教义进行了改造，确立了上帝与自然的创造关系，并使得“三位一体”中“多样性的统一”的存在模式成为其他一切整体的原型。自然作为全知全能的上帝创造的产物，不是任何机械般的存在，而是以整体为前提，兼具整体与个体，并永远处于动态生成过程中的有机整体。同时，人和自然也共存于上帝创造的有机整体之中。虽然人类因为具有理性而获得居于自然之上的优先地位，但是自然作为上帝的象征能够不断地向人类传达上帝的启示，成为人类心灵在寻找整体过程中的友伴。

第四章系统梳理柯勒律治以自然为中心的神学自然论艺术观。从上帝创造的角度看，包括人和自然在内的一切事物都存在于一个和谐的有机整体中。但是，工业和科技却让一切都陷入了分离。在世界日益祛魅、神学日渐式微的时代，柯勒律治认为艺术能够再现上帝创造自然的过程，让人类重新恢复与上帝和自然的联系。在他看来，艺术通过对“有生气的自然”的模仿，实现了人的主观世界和外部自然的结合，成为人和自然之间的“媒介物”和“协调者”。他把天才与上帝相提并论，把艺术家的想象视为上帝创造能力的类比，并且认为天才遵循着与上帝创造自然相同的极性法则，因此天才通过想象创造出的是与上帝造物一样的有机体，并最终通过艺术中的象征表现出来。象征以自己物质的形式向人类传达精神的永恒存在，并向人类展现上帝创造的有机整体。在艺术的象征中，上帝、人和自然重新统一为一体。

第五章对柯勒律治与华兹华斯的自然观和艺术观进行对比研究。柯勒律治与华兹华斯因为合作出版《抒情歌谣集》被并称为“湖畔诗人”，所以文学研究者经常忽视他们的区别。但实际情况是，他们从宗教立场到对人和自然关系的认识，再到对诗歌的看法都存在着根本分歧，并最终导致了二人的分道扬镳。华兹华斯作为泛神论者，认为上帝存在于自然之中，使自然成为整体，人类心灵也应当主动回归自然，接受自然的引导。因此，诗歌应当使用真正自然的语言，保留对自然的感情，忠于自然的对象，以增强人类在自然中感知愉悦的能力。然而，柯勒律治通过“三一论”创造观赋予心灵之于自然的优先性，指责华兹华斯将心灵置于对自然的服从地位，并且主张诗歌的任务在于通过艺术家的创造力摆脱对自然外在形式的依赖，再现“自然的精神”，实现对人和自然的调和。本书对他们的比较研究将凸显二人各自的特点和价值。

第六章研究柯勒律治的神学自然论的艺术观对美国超验主义的影响。柯勒律治的思想是美国超验主义运动形成和发展的重要思想来源，为以爱默生为代表的美国超验主义者提供了超验主义运动的思想框架。超验主义者继承了柯勒律治对理性的看法和象征主义的自然观，把理性视为一种可以感知到上帝的超验能力，自然作为上帝的象征能够不断引导人接近上帝。同时，他们也极大地借鉴了柯勒律治的艺术观，相信艺术在调和神、人、自然关系中的价值。但是，较之柯勒律治，爱默生对自然的态度更为坚定，更强调自然作为上帝启示的价值，弱化了柯勒律治对《圣经》启示的敬重，并且从神学思想中引申出了“自助”思想，成为美国文化的独特标记。

第七章将在当代生态神学和生态批评的视域中评价柯勒律治神学自然观及其艺术观的价值与局限。柯勒律治始终追求宇宙的有机整体性，强调事物之间的相互转化和联系，已经包含了怀特海过程哲学的雏形，可以成为当代生态哲学所倡导的生态整体论的思想资源。他还主张尊重和敬畏自然，这对现代人扭转人与自然对立的态度具有极强的借鉴意义。同时，他强调人应当摆脱物质的束缚，追求更高的精神信仰，有助于现代人摆脱精神的困境。最后，柯勒律治坚信艺术在调和人和自然关系中的价值，也将启发我们思考如何发挥艺术在改进人和自然关系中的作用。当然，柯勒律治把人和自然真正统一的希望完全寄托于宗教和艺术，忽略了人和人类社会的生产方式才是最终实现人和自然和谐相处的决定性因素，并且他在基督教文化中提出的神学自然观也与东方文化存在一定的隔阂。因此，应当批判地继承他思想中有价值的方面，并以此为契机发掘我们文化传统中的生态思想来应对现实的生态问题。

目　录

绪论 …………………………………………………………………… 1
第一节　选题背景 …………………………………………………… 1
第二节　柯勒律治生平及著述简介 ………………………………… 3
第三节　国内外研究现状综述 ……………………………………… 6
第四节　研究意义 …………………………………………………… 16

第一章　西方文学中自然的位置 ………………………………… 19
第一节　西方文学人文传统中自然的缺失 ……………………… 19
第二节　田园文学中“自然”的辨析 ……………………………… 27
第三节　浪漫主义文学中自然的回归 …………………………… 30

第二章　柯勒律治自然观的形成背景 …………………………… 35
第一节　社会历史背景 ……………………………………………… 35
第二节　哲学背景 …………………………………………………… 39
第三节　文学背景 …………………………………………………… 46
第四节　自然科学背景 ……………………………………………… 51
第五节　宗教背景 …………………………………………………… 55

第三章　柯勒律治的“三一论”神学与有机整体自然观 ……… 60
第一节　从泛神论向“三一论”的转变 …………………………… 60
第二节　“三一论”神学观与有机整体自然观的形成 …………… 69
第三节　自然的有机整体性 ………………………………………… 75
第四节　人与自然的有机整体性 …………………………………… 82

第四章　柯勒律治的神学自然论艺术观 …… 94
第一节　艺术本质论——论“模仿” …… 95
第二节　艺术主体论——论天才 …… 101
第三节　艺术创造论——论想象 …… 109
第四节　艺术表现论——论象征 …… 119

第五章　柯勒律治与华兹华斯自然观和艺术观的比较研究 …… 127
第一节　从“共生”到分裂 …… 127
第二节　柯勒律治与华兹华斯神学自然观的分歧 …… 132
第三节　柯勒律治和华兹华斯艺术观的分歧 …… 138

第六章　柯勒律治对以爱默生为代表的美国超验主义的影响 …… 145
第一节　柯勒律治与美国超验主义的兴起 …… 145
第二节　爱默生对柯勒律治思想的同化和吸收 …… 148
第三节　爱默生与柯勒律治思想的差异 …… 156

第七章　结论与启示 …… 160
第一节　结论 …… 160
第二节　启示 …… 165

参考文献 …… 170

后记 …… 183

绪 论

第一节 选题背景

20世纪后半叶，生态危机愈演愈烈，人与自然之间的关系陷入空前紧张的境地。哲学、神学、伦理学、文学等诸多文化领域的学者开始对西方文化进行全方位的反思，追溯当代生态危机产生的思想文化根源。在这场反思中，人们发现，基督教作为西方文明的重要源头，其教义深刻影响了西方文化对待人和自然的态度，因而对于现代生态危机的产生和加剧负有不可推卸的责任。

美国历史文化学家林恩·怀特（Lynn White）对基督教率先发难。1967年，他发表题为《生态危机的历史根源》（*The Historical Roots of Our Ecological Crisis*）的论文，将批判的矛头直指基督教。怀特认为，基督教的创造观完全是人类中心主义的，它不仅确立了人和自然的二元对立，而且将人对自然的利用视为上帝的旨意，成为人类无度剥削和利用自然的思想基础。怀特的文章一经发表，就在西方思想界引起了强烈反响，引发了重估基督教的思想运动。同时，它作为来自基督教外部的指责，也促使神学家从基督教内部对基督教神学进行自我反思。面对怀特等对基督教作为生态危机思想根源的指责，当代神学家也承认，基督教的教义应当对生态危机的产生负有责任。德国著名生态神学家莫尔特曼（Jürgen Moltmann）指出，现代意义上的生态危机是从西方现代工业国家开始的，而这些国家都是在基督教形成的文明中生长起来，因此，我们不能忽视基督教信仰在生态危机形成中的历史作用。他承认“欧洲和美国西方教会的基督教所坚持的创造信仰，对今日世界危机不是毫无责任的”①，并且认为“生态危机……并非教宗若望·保罗二世所坚持的那样，仅仅是‘道德危机’，却是一场更根本的危机，即西方人所信赖的宗教本身的危机。”②

鉴于基督教在塑造人类对待自然的态度中的重要影响，我们同样可以认为，对于一切倡导人和自然和谐的基督教神学观的合理借鉴或对现代人重新调整人和自然的关系、应对现实的生态危机产生积极的影响。事实上，虽然从上帝的创造过程解读出人类对自然的掌控是西方神学的主流，但并非历史上一切基督教神学理论都主张人和自然的对立。回顾整个西方文明史，浪漫主义时期即是一个例外，是值得我们重点借鉴和总结的时期。因为浪漫主义时期是一个神学受到高度重视的时期，甚至有学者认为就其产生的背景和使用的资源来看，浪漫主义“无疑是当时欧洲宗教文化社会的自然产物，其立意和旨归都深受基督教思想精神的熏陶与感染”，其主要特点则正是“突出基督宗教之圣爱精神来与传统的理性原则相抗衡”。③ 另外，浪漫主义时期处于人类社会从农业文明向工业文明的转折点上，见证着工业和科技对人和自然关系的巨大改变。因而浪漫主义者通常倡导一种整体自然观，并对自然表现出强烈的生态伦理关怀。所以，浪漫主义时期的神学思想对于日益受困于生态问题的现代人具有特别的借鉴意义。

柯勒律治就是欧洲浪漫主义时期的杰出代表。他既是英国浪漫主义诗歌的开创者之一，也是声誉卓著的哲学家、文学批评家和神学家。其中，神学在柯勒律治的整个思想发展中占有极为重要的地位。神学既是他思考一切问题的起点，也是他思想的最终归宿。正是通过神学的视野，柯勒律治实现了他对一切事物的有机整体性的追求，他不仅把自然视为有机的整体，还实现了人和自然的统一。同时，柯勒律治还追求文学、哲学和神学等一切知识体系的统一。对他来说，艺术和神学的联系尤为紧密。工业革命后，面对工业和科技对自然的分割以及世界的日益祛魅，柯勒律治相信艺术能够通过艺术

---

① 莫尔特曼：《创造中的上帝：生态的创造论》，隗仁莲等译，三联书店，2002 年版，第 32 页。

② Jürgen Moltmann. The Destruction and Healing of the Earth：Ecology and the Theology. 见杨慧林：《当代神学的生态关注：两种神学进路的对比和启发》，《长江学术》2008 年第 2 期。

③ 卓新平：《基督宗教与欧洲浪漫主义》（上），《国外社会科学》2003 年第 5 期。

家再现上帝创造的有机整体让人类重新意识到人与自然的统一。因而，对柯勒律治的神学自然观以及神学自然论艺术观的研究将有助于我们反思人类对待自然的错误态度、重建人和自然之间的和谐。

第二节 柯勒律治生平及著述简介

萨缪尔·泰勒·柯勒律治（Samuel Taylor Coleridge），伟大的英国浪漫主义诗人，他曾与威廉·华兹华斯（William Wordsworth）、罗伯特·骚塞（Robert Southey）并称为“湖畔诗人”，是英国早期浪漫主义的代表人物之一。同时，他也是杰出的文学批评家、哲学家和神学家。

1772 年，柯勒律治出生于英格兰德文郡一个小乡村的牧师家庭。在他九岁时，父亲因病去世，于是他被亲戚送到伦敦的一所基督慈善学校就读。尽管这里对于年幼的柯勒律治来说是一个冷漠无情的地方，但是在这里，柯勒律治有机会阅读了包括哲学、神学在内的大量书籍，并显现出过人的天赋。

1791 年 10 月，柯勒律治进入剑桥大学耶稣学院学习神学和古典文学。在剑桥学习期间，年轻的柯勒律治对政治表现出了强烈的兴趣。他阅读了埃德蒙·柏克（Edmund Burke）、托马斯·潘恩（Thomas Paine）、威廉·葛德文（William Godwin）等的政治著作，并对当时如火如荼的法国大革命表现出强烈的同情。当时的剑桥是英国激进政治的中心，汇集了大卫·哈特利（David Hartley）、约瑟夫·普莱斯特利（Joseph Priestley）等激进政治的代表人物。柯勒律治在接受他们的政治观点的同时，也接受了他们的上帝一位论宗教观。所以，柯勒律治早年的宗教观与他的政治理想紧密联系在一起。1794 年，柯勒律治在与友人的一次郊游中结识了罗伯特·骚塞，两人由于共同的诗歌和政治旨趣一见如故。为了实现自己的宗教和政治理想，他们甚至商议要在美洲大陆建立一个乌托邦式的“大同世界”。这一乌托邦计划却在一年之后因为骚塞离开英国前往里斯本而正式宣告“流产”，二人的友谊也因此逐渐走向破裂。

1795 年，柯勒律治在布里斯托结识了另外一位对他的人生和事业产生重大影响的朋友——华兹华斯。政治理想幻灭之后，柯勒律治全家移居萨默塞特郡的内瑟·斯托威（Nether Stowey），与华兹华斯兄妹的居住地只相隔三英里，因此拉开了与华兹华斯密切合作的序幕。他时常与华兹华斯兄妹一起散步，讨论他们的文学计划。为了实现去德国学习文学和哲学的愿望，他们在1798年9月共同出版了《抒情歌谣集》（*Lyrical Ballads*），此书被认为是英国浪漫主义诞生的标志。在华兹华斯的鼓励下，柯勒律治展现出非凡的诗歌才华。与华兹华斯交往最密切的这段时间，也是他诗歌创作的鼎盛时期。《风瑟》（*The Eolian Harp*）、《午夜之霜》（*Frost at Midnight*）、《这椴树凉亭——我的牢房》（*This Lime-Tree Bower My Prison*）等一系列对话诗以及被收录进《抒情歌谣集》的《老水手行》[①]（*The Ancient Mariner*）、《忽必烈汗》（*Kubla Khan*）、《克丽斯德蓓》（*Christabel*）的第一部等都是在这一时期创作出来的。这些诗歌大都以自然事物为主题，体现了柯勒律治在泛神论阶段对人和自然关系的思考。

《抒情歌谣集》刚一出版，柯勒律治便与华兹华斯兄妹一起启程前往德国。抵达德国后，他先在拉策堡（Ratzeburg）学习德语，后来前往德国哲学的重镇——哥廷根大学学习德国哲学、文学和自然科学。在德国的学习经历成为柯勒律治整个学术生涯的重要转折。自1799年7月返回英国后，他逐渐从诗歌创作中撤离转而投身于文学批评、哲学和神学的思辨中，其宗教立场也逐步完成从泛神论向“三一论”的转变。对于柯勒律治来说，神学具有至高无上的地位，无论文学、哲学还是科学都是对基督教真理的证明。所以，柯勒律治后期的文学理论和哲学思想都体现着他对神学的关切。

为重新恢复事业，柯勒律治在1807年夏天着手创办《朋友》(*The Friend*)杂志。截至1810年春天，他克服重重困难，以一己之力出版期刊超过28期。其中发表的文章在1812年被结集出版，并在六年之后被重新修订扩充为三卷本。虽然这是一本哲学杂志，但它致力于透过日常经验和混乱的社会、政治生活去思考哲学的基本原则，体现了柯勒律治从日常生活中寻求超验的努力。

1808~1819年，柯勒律治在伦敦陆续发表了以“诗歌与趣味的原则”

---

① 另一种更为常见的译法为《古舟子咏》。本书因为采用了杨德豫先生的译文，故遵循杨先生的译法将其译为《老水手行》。

(*Poetry and the Principles of Taste*)、莎士比亚及弥尔顿为题的一系列演讲。这些演讲被后人收录在《文学遗产》(*Literature Remains*) 和《1808～1819：文学讲座》(*Lecture* 1808－1819：*On Literature*) 等文集中。同时，在与华兹华斯亲密合作之后，柯勒律治发现自己与华兹华斯的诗学理念存在严重分歧。他从华兹华斯的自传体诗歌《序曲》(*The Prelude*) 展开了对华兹华斯诗歌的批评，进而论述了他自己作为诗人的原则和实践，准备将其当作自己诗歌集的序言。这一序言最终发展成《文学生涯》(*Biographia Literaria*)，并在 1817 年出版。可以说，这些著作集中了柯勒律治文学批评的精华。他的想象理论、文学的有机观等都对后世文学理论和文学批评的发展产生了深远影响，而这些都有他的神学观点作为支撑。

除此以外，柯勒律治写作和出版了一系列以神学为主要内容的著作。1816 年 12 月，他出版了《政治家手册》(*The Statesman's Manual*)。一年之后，第二版《政治家手册》以《平信徒布道》(*A Lay Sermon*) 为名重新问世。它以社会的中上层为对象，进一步发展了他对宗教解决政治和社会危机的必要性的强调。

后来，受格拉斯哥雷顿 (Archbishop Robert Leighton) 大主教著作的启发，柯勒律治于 1825 年出版了《沉思之助》(*Aids to Reflection*)。此书中，柯勒律治主要思考了人的精神提升和宗教在日常生活中的作用。与《政治家手册》类似，此书在刚出版时也并未引起关注。但随后影响力逐步增大，甚至在 19 世纪后期成为柯勒律治最受欢迎的非诗歌作品。由于詹姆斯·马什 (James Marsh) 的强力推介，此书被引入美国，并在以爱默生为代表的超验主义者中引起了强烈反响，对美国超验主义运动的发展产生了巨大影响。

1829 年，柯勒律治生前最后一部著作《论教会和国家的构成》(*On the Constitution of the Church and State*) 问世，确立了柯勒律治作为声名卓著的保守派英国国教思想家的地位。

1816 年 4 月，柯勒律治为寻求外科医生詹姆斯·吉尔曼 (James Gillman) 的帮助戒除毒瘾，移居位于伦敦北郊的海格特 (Highgate)。直到 1834 年 7 月 25 日逝世，柯勒律治一直居住于此。1822 年春天，他开始为决心致力于文学事业的年轻人开设名为“星期四之夜”的讲座，内容涉及逻辑学、修辞学、哲学和神学等。柯勒律治见地深刻的讲述吸引了约翰·斯图亚特·穆勒（John Stuart Mill）、托马斯·卡莱尔（Thomas Carlyle）、路德维格·蒂克（Johann Ludwig Tieck）、加布里尔·罗塞蒂（Gabriele Rossetti）、菲尼莫·库珀（James Fenimore Cooper）、拉尔夫·沃尔多·爱默生（Ralph Waldo Emerson）等慕名而来的大批听众。柯勒律治也因此被尊称为“海格特圣人”。他的侄子亨利·尼尔森·柯勒律治（Henry Nelson Coleridge）将他的谈话记录下来，并在他去世之后以《席间漫谈》（*Table Talk*）为题结集出版。除了公开出版的著作，他还为后世留下了大量未经出版的手稿，后人对柯勒律治的笔记、书信和边注等文学遗产的整理出版工作一直处于进行中。

第三节　国内外研究现状综述

一、国外研究现状

柯勒律治的思想在西方学术界一度备受争议，既有公开指责，也有热情赞美。但是整体而言，柯勒律治因其思想富于现代性和前瞻性而越来越受到评论界的肯定。而且，他思考问题的丰富性和包容性吸引着一代又一代西方学者从各自不同的领域对他进行研究。目前，国外对柯勒律治的研究领域涉及生平传记研究、影响研究（包括柏拉图、德国古典哲学对柯勒律治的影响及柯勒律治对后世的影响）、文学思想研究、哲学思想研究、宗教思想研究、政治思想研究、自然科学观研究等诸多方面。研究成果可谓汗牛充栋、层出不穷，远远超出本书所能容纳的范围。因此，本书将以“神学”、“自然”和“艺术”为关键词，对与本书主题相关的、有代表性的研究成果进行梳理。需要注意的是，柯勒律治的文学、哲学和神学思想常常交织在一起，所以许多研究成果都有所交叉和重叠。

第一，对柯勒律治神学思想的研究。柯勒律治的文学、诗学和哲学最终都在他的宗教思想中汇集，因此对柯勒律治宗教思想的研究占据了相当大的比例。约翰·缪尔海德（John Muirhead）所著的《作为哲学家的柯勒律治》

（*Coleridge as Philosopher*）虽然以柯勒律治的哲学思想为研究对象，但是在其中一章专门论述柯勒律治的宗教思想，并且深刻地指出“我们能够感觉柯勒律治的整个哲学是一种宗教的哲学”。① 詹姆斯·博尔杰（James Boulger）是全面把握柯勒律治宗教哲学的开拓者。他在《作为宗教思想家的柯勒律治》（*Coleridge as Religious Thinker*）② 一书中对柯勒律治宗教思想的发展进行了历时性梳理，并对柯勒律治的宗教思想进行了高度评价。博尔杰认为，柯勒律治的神学昭示着后来存在主义神学的诞生，并对现代基督教护教学产生了深远影响。托马斯·麦克法兰（Thomas McFarland）在《柯勒律治与泛神论传统》（*Coleridge and the Pantheist Tradition*）③ 中指明，历史上有关泛神论的分歧是有关哲学研究的起点是物质还是心灵的本体论争论。柯勒律治在两种哲学体系中逐渐疏远前者而靠近后者，并最终依靠基督教的“三一论”解决了两者之间的紧张和对立。麦克法兰的著作在很长的一段时间内都是柯勒律治研究的权威和经典。1969 年，罗伯特·巴斯（J. Robert Barth）在《柯勒律治与基督教教义》（*Coleridge and Christian Doctrine*）④ 一书中对柯勒律治有关信仰、原罪、救赎、“三位一体”等基督教的核心教义进行了详细阐述，并探讨了柯勒律治与当代神学思潮之间的关联。另外，海德利（Douglas Hedley）所著的《柯勒律治、哲学和宗教——沉思之助和精神之镜》（*Coleridge, Philosophy and Religion: Aids to Reflection and the Mirror of the Spirit*）⑤ 将柯勒律治与德国哲学亲密接触的动机追溯到英国 18~19 世纪有关上帝一位论和“三一论”的争论，重新确立了柯勒律治作为宗教思想家的地位和当代神学反思的重要源头。

第二，对柯勒律治自然观的研究。相对于柯勒律治神学思想研究领域的丰硕成果，专门对柯勒律治自然观的研究专著相对较少。原因在于许多学者认为在柯勒律治停止自然诗歌的创作之后，他对自然的兴趣就停止了，从而

① John Muirhead. *Coleridge as Philosopher*. London: Allen and Unwin, 1930, p. 217.

② James Boulger. *Coleridge as Religious Thinker*. New Haven: Yale University Press, 1961.

③ Thomas, McFarland. *Coleridge and the Pantheist Tradition*. Oxford: Clarendon Press, 1969.

④ J. Robert Barth. *Coleridge and Christian Doctrine*. Cambridge, MA: Harvard University Press, 1987.

⑤ Douglas Hedley. *Coleridge, Philosophy and Religion: Aid to Reflection and the Mirror of the Spirit*. Cambridge: Cambridge University Press, 2000.

忽略了自然在他后期哲学和神学作品中的重要地位。尽管如此，仍然有学者敏锐地感知到自然以及人与自然的关系在柯勒律治的整个学术生涯中都是他思考的重心，与他的神学观和艺术观都有关联。马迪尔诺（Raimonda Modiano）在《柯勒律治与自然观念》（*Coleridge and the Concept of nature*）[①]中剖析了柯勒律治终生对自然的矛盾心态及早期、晚年自然观发生转变的原因，并指出柯勒律治最终通过基督教的“三位一体”解决了德国自然哲学中的泛神论缺陷。克雷格·米勒（Craig Miller）在其论文《柯勒律治的自然观念》（*Coleridge's Concept of Nature*）[②]中从自然哲学的角度对柯勒律治的自然观念进行了详细解读。道格拉斯·布朗洛·威尔逊（Douglas Brownlow Wilson）在其论文《理解自然的两种方式：略论柯勒律治的象征》（*Two Modes of Apprehending Nature*：*A Gloss on the Coleridgean Symbol*）[③]中指出，柯勒律治通常以两种方式看待自然：一种将自然当作自然中的生成力量；另一种当作这种力量的产品。看待自然的这两种方式是其象征理论的基础。上述两篇论文篇幅虽小，却见地深刻，论及了长期为人所忽视的话题，因此被后来许多专著作者引用。萨曼塔·C. 哈维（Samantha C. Harvey）在《跨大西洋的超验主义——柯勒律治、爱默生和自然》（*Transatlantic Transcendentalism*：*Coleridge*，*Emerson*，*and Nature*）[④]中意识到柯勒律治一直致力于探索上帝、人和自然三者之间的关系，它们共同构成了“浪漫主义三角”。柯勒律治将诗人置于“浪漫主义三角”的中心，追求三者的和谐。她还将视野扩大到柯勒律治的浪漫主义与美国超验主义之间的关联，指明柯勒律治的“浪漫主义三角”深刻影响了美国超验主义者对自然、上帝和人类三者关系的理解。

第三，对柯勒律治艺术观的研究。柯勒律治既是诗人，又是文艺理论和文学批评家，因而对他的艺术观的研究也一直受到学术界的重视。1934 年，瑞恰

① Raimonda Modiano. *Coleridge and the Concept of Nature*. London and Basingstoke：The Macmillan Press，1985.

② Craig Miller. *Coleridge's Concept of Nature*. Journal of the History of Ideas，Vol. 25，No. 1（Jan. -Mar.，1964），pp. 77-96.

③ Douglas Brownlow Wilson. *Two Modes of Apprehending Nature*：*A Gloss on the Coleridgean Symbol*. PMLA，Vol. 87，No. 1（Jan.，1972），pp. 42-52.

④ Samantha C. Harvey. *Transatlantic Transcendentalism*：*Coleridge*，*Emerson*，*and Nature*. Edinburgh：Edinburgh University Press，2013.

兹（I. A. Richards）出版了《柯勒律治论想象》(*Coleridge on Imagination*)① 一书，将柯勒律治定义为早期语义学家，并从语义学的角度分析了柯勒律治的想象理论。虽然瑞恰兹的解读通常被认为脱离了柯勒律治的历史语境，但却确立了柯勒律治在现代批评视野中文学理论家的地位。艾布拉姆斯（M. H. Abrams）在《镜与灯——浪漫主义文论及批评传统》（*The Mirror and the Lamp：Romantic Theory and the Critical Tradition*)② 中花费大量篇幅探讨了柯勒律治美学上的有机整体论，并高度赞扬这一有机整体论在西方整个批评范式转变中的作用。安波亚德（J. A. Appleyard）在《柯勒律治的文学思想——1791~1819 诗歌观念的发展》(*Coleridge's Philosophy of Literature：The Development of a Concept of Poetry* 1791-1819)③ 一书中追溯了柯勒律治 1791~1819 年诗学理论的发展。指出柯勒律治最终依靠神学解决了他的诗学难题，因为只有神学才能确保想象成为具有合成能力和认识终极真理的心灵功能。1976 年，巴斯（Robert Barth）在《象征性想象——柯勒律治与浪漫主义传统》（*The Symbolic Imagination：Coleridge and the Romantic Tradition*)④ 一书中研究了柯勒律治的象征与想象的关系。他指出象征作为想象的结果，与想象一样都具有深厚的神学渊源。同时，它们都是一种与浪漫主义传统深刻联系起来的现象，象征性想象构成浪漫主义诗歌区别于 18 世纪诗歌的基础。保罗·汉密尔顿（Paul Hamilton）撰写的《柯勒律治诗学》(*Coleridge's Poetics*)⑤ 则追溯了诗歌在柯勒律治思想中的地位。《柯勒律治的信仰哲学——象征、语言和诠释学》(*Coleridge's Philosophy of Faith：Symbol，Allegory，and Hermeneutics*)⑥ 的作者哈特（Joel Harter）指出柯勒律治的象征定义是他针对现代异化、对寓意幻境的改造。象征性想象通

---

① I. A. Richards. *Coleridge on Imagination*. London and New York：Routledge，2001.

② M. H. Abrams. *The Mirror and the Lamp：Romantic Theory and the Critical Tradition*. New York：Oxford University Press，1953.

③ J. A. Appleyard. *Coleridge's Philosophy of Literature：The Development of a Concept of Poetry* 1791-1819. Cambridge：Harvard University Press，1965.

④ J. Robert Barth. *The Symbolic Imagination：Coleridge and the Romantic Tradition*. 2nd edition. New York：Fordham University Press，2001.

⑤ Paul Hamilton. *Coleridge's Poetics*. Redwood City，CA：Stanford University Press，1985.

⑥ Joel Harter. *Coleridge's Philosophy of Faith：Symbol，Allegory，and Hermeneutics*. Tuebingen：Mohr Siebeck，2011.

过持续地阐释获得意义，昭示了现代诠释学的诞生。柯勒律治对象征的理解调和了理性和启示，帮助他构建出信仰的哲学。

从以上综述可以看出，国外学者对柯勒律治的研究已经较为全面和深入。在以上研究成果中，已经有部分学者意识到柯勒律治试图将一切知识都统一于神学，所以他的自然观的形成以及他对艺术的看法都不能脱离他的神学思想来研究。同时，也有人注意到柯勒律治对整体性的追求既表现在他对人和自然关系的认识中，也表现为艺术观中的有机美学论。但是，他们却并未完全将柯勒律治神学观、自然观和艺术观结合起来看待。对无所不包的自然整体的追求是核心，神学是实现这一整体的必要前提，艺术则是对这一整体的再现，因而三者在柯勒律治的思想中是不可分割的。此外，他们也并未意识到柯勒律治的神学自然观及建立在他的神学自然观基础上的艺术观对人们重新认识和调整人与自然关系的重要价值。

不过，随着生态批评的兴起和发展，已经有学者意识到柯勒律治所倡导的整体观在当代生态批评视野中的重要价值。艾布拉姆斯在《相似的微风——英国浪漫主义研究文集》(*The Correspondent Breeze*：*Essays on English Romanticism*）中称柯勒律治是“宇宙的生态学家”，意思是他对无所不包的理念的追求与现代生态思想是一致的。[①] 美国生态批评家卡尔·克鲁伯（Karl Kroeber）认为，柯勒律治等浪漫主义作家对人和自然关系整体性的看法表明诗人已经具备“原始的生态观”。[②] 麦克库西克（James McKusick）也指出，“对于英美两国成熟的生态意识的发展最重要的人物就是柯勒律治”，因为他是“第一个表明诗歌形式的整体概念并把这一概念与有机体的科学概念联系起来的浪漫主义作家”。[③] 但是，他们对柯勒律治的神学思想对于他生态意识的形成和发展的作用却并未达成共识。克鲁伯只认可柯勒律治诗歌中反映的生态意识，认为柯勒律治“在与华兹华斯友谊的高峰也写出了与华兹华斯一

① M. H. Abrams. *The Correspondent Breeze*：*Essays on English Romanticism*. New York：Norton，1984，pp. 216-222.

② Karl Kroeber. *Ecological Literary Criticism*：*Romantic Imagining and the Biology of Mind*. New York：Columbia University Press，1994，p. 5.

③ James McKusick. *Green Writing*：*Romanticism and Ecology*. New York：Palgrave Mcmillan，2000，p. 28.

样具有生态意识的诗歌”①，而否认他后期神学和哲学著作中的生态意识。原因在于，克鲁伯认为生态系统的概念必须是唯物主义的，但柯勒律治在其学术生涯很长一段时间里为了反对泛神论放弃了诗歌创作，而把精力放在“超验的基督那里混合人和自然”② 上，这与具有原始生态观点的自然诗歌是相违背的。但是克鲁伯的观点受到了麦克库西克的挑战。麦克库西克对柯勒律治的神学著作的生态价值给予了充分肯定。他认为，柯勒律治的《沉思之助》“为把自然界视为充满整体和循环的过程提供了清楚的哲学基础”，并在后来触发了美国的超验主义的发展。③ 麦克库西克认为，正是柯勒律治的超验主义吸引了后来包括爱默生、梭罗（Henry David Thoreau）、约翰·缪尔（John Muir）、玛丽·奥斯汀（Mary Austin）等美国自然作家。但是，麦克库西克的著作着眼于追寻美国超验主义与英国浪漫主义作家在生态意识方面的延续性，所以只给了柯勒律治一章的篇幅，无法对柯勒律治的生态意识进行全面、深入的考量。遗憾的是，尽管麦克库西克充分肯定了柯勒律治的神学思想的价值，但他在分析过程中仍然主要以柯勒律治的诗歌文本为对象，并未对柯勒律治超验的神学思想进行系统研究。

二、国内研究现状

虽然早在20世纪二三十年代老一辈翻译家卞之琳、辜鸿铭等就将柯勒律治的《老水手行》译介到中国，但是他的诗歌却并未引起评论界的重视。与国外关于柯勒律治的研究一直方兴未艾、各种理论流派轮番登场的兴盛场面相比，中国的文学研究界对柯勒律治的研究起步很晚。受意识形态的影响，湖畔诗人因其作品流露出来的向往神秘世界、渴望回归自然的倾向被贴上了“消极”乃至“反动”的标签而长期受到冷落。从中国知网的检索结果来看，直到1984年柯勒律治的诗歌才引起研究者的注意。1984年7月，余虹在《外

① Karl Kroeber. *Ecological Literary Criticism*: *Romantic Imagining and the Biology of Mind*. New York: Columbia University Press, 1994, p. 58.

② Karl Kroeber. *Ecological Literary Critieism*: *Romantic Imagining and the Biology of Ming* New York: Columbia University Press, 1994, p. 92.

③ James McKusick. *Green Writing*: *Romanticism and Ecology*. New York; Palgrave Mcmillan, 2000, p. 28.

国文学研究》上发表了题为《〈老水手之歌〉简论》[①] 的文章介绍柯勒律治的诗歌，成为目前知网可以检索到的最早的一篇与柯勒律治有关的研究资料。就在余虹的文章发表一个月后，费致德也发表了《柯勒律治的〈老舟子〉咏》[②] 一文，对《老水手行》的宗教背景、故事情节和思想主旨进行了分析。由于尚处于起步阶段，这两篇文章基本停留于对诗歌的介绍，涵盖的内容较多，但分析深度不足。另外，作者也还未完全摆脱意识形态的束缚，依旧把柯勒律治当作消极浪漫主义或是资产阶级的代表。

余虹和费致德的论文为国内冰冻已久的柯勒律治研究打开了缺口，但是在2000年以前，虽然出现了一些有价值的研究成果，但是跟之后的状况相比，进展仍显得比较缓慢。这一时期最有代表性成果的是费致德的《从柯勒律治有关想象（Imagination）的诗论看三首唐人诗》[③]、陆建德的《“我相信，所以我理解”——关于柯勒律治论证循环的思考》[④]、曹京渊的《柯勒律治的文学有机观念述论》[⑤]、萧迟的《王夫之和柯勒律治诗学比较研究》[⑥] 以及蒋显璟的博士学位论文《柯勒律治想象理论中的生机论概念》。[⑦] 剩余的论文仍然基本停留在对《老水手行》《忽必烈汗》等少数几首诗歌的介绍和赏析上。造成这一现象的原因是在当时研究资料较为匮乏，柯勒律治的诗歌译作只有选集而没有全集出版；至于他的理论译作更是缺乏，只有《文学生涯》的部分章节和《论诗或艺术》及有关莎士比亚的演讲等少数几篇文章散见于《缪朗山文集》、伍蠡甫主编的《西方文论选》及刘若端主编的《英国十九世纪诗人论诗》等著作中。研究资料的缺乏客观上阻碍了对柯勒律治的全面研究。此外，柯勒律治的理论著作缺乏体系，大多以片段的形式出现，还有许多重要的观点分散在笔记和书信中，且经常文学批评、哲学、神学乃至政治学等

---

① 余虹：《〈老水手之歌〉简论》，《外国文学研究》1984年第2期。

② 费致德：《柯勒律治的〈老舟子〉咏》，《教学研究》1984年第4期。

③ 费致德：《从柯勒律治有关想象（Imagination）的诗论看三首唐人诗》，《解放军外语学院学报》1993年第2期。

④ 陆建德：《“我相信，所以我理解”——关于柯勒律治论证循环的思考》，《外国文学评论》1993年第3期。

⑤ 曹京渊：《柯勒律治的文学有机观念述论》，《渭南师专学报》1995年第2期。

⑥ 萧迟：《王夫之和柯勒律治诗学比较研究》，《文艺研究》1996年第2期。

⑦ 蒋显璟：《柯勒律治想象理论中的生机论概念》，北京大学博士学位论文，1990年。

思想纠缠在一起，令许多研究者望而却步。

可喜的是，自2000年以来，在前人研究的基础上，随着国内与西方学术交流对话的逐步增多以及研究者外语水平的不断提高，国内学界对柯勒律治的研究也不断深入，研究成果的质量和数量都在飞速提高。近年来，涌现出一批以柯勒律治为研究对象的博士学位论文和硕士学位论文。以柯勒律治为主题的博士论文主要有汪小玲的《神秘与诗意：柯勒律治与爱伦·坡的神秘诗研究》①、刘耀辉的《保守主义与社会批评——柯勒律治社会政治思想研究》②、白利兵的《柯勒律治莎评的有机美学论》③、王著定的《柔韧的生命创塑——柯勒律治的想象理论》④。这些博士学位论文，大都视野开阔、观点新颖、资料翔实，开拓了国内柯勒律治研究的新疆界。除了上述博士学位论文外，还有数十篇硕士学位论文，内容涉及柯勒律治诗歌中的超自然或神秘因素、他的诗学理论和社会文化批评思想等多个方面，但研究的深度和广度基本都未超过以上学位论文的研究范围。

随着国内的学术研究环境日趋宽松，神学研究也不再是文学研究的“禁区”。柯勒律治的神学思想也引起了研究者的注意，并且研究的视角也不尽相同。罗益民⑤、陈清芳⑥等从柯勒律治的诗歌作品中考察了柯勒律治的基督教思想。刘耀辉⑦则研究了柯勒律治的宗教自由主义对后世的影响。李枫和董琦琦则共同意识到柯勒律治诗人和神学家的双重身份使得宗教与文学在柯勒律治的身上交相辉映，实现了完美的结合。因此，李枫在《诗人的神学——柯勒律治的浪漫主义思想》中提出柯勒律治浪漫主义精神的特质在于以诗歌来理解、诠释神学。在他的身上，“艺术之花散发神学与诗学交融的芳香”⑧，

① 汪小玲：《神秘与诗意：柯勒律治与爱伦·坡的神秘诗研究》，上海外国语大学博士学位论文，2002年。

② 刘耀辉：《保守主义与社会批评——柯勒律治社会政治思想研究》，北京师范大学博士学位论文，2005年。

③ 白利兵：《柯勒律治莎评的有机美学论》，首都师范大学博士学位论文，2006年。

④ 王著定：《柔韧的生命创塑——柯勒律治的想象理论》，中国人民大学博士学位论文，2008年。

⑤ 罗益民：《管萧婚曲声中的流浪者——柯尔律治〈古舟子〉咏中的基督教主题》，《国外文学》2006年第3期。

⑥ 陈清芳：《柯勒律治诗歌的基督教主题》，华中师范大学硕士学位论文，2008年。

⑦ 刘耀辉：《论柯勒律治的宗教思想》，《重庆师范大学学报》（哲学社会科学版）2007年第2期。

⑧ 李枫：《诗人的神学》，社会科学文献出版社，2008年版，第46页。

“信仰之光折射神学家与诗人重叠的身影”①。因此，李枫主要从柯勒律治的诗歌入手对柯勒律治的浪漫主义神学思想进行了解读。而董琦琦的《启示与体验——柯勒律治艺术理论的神性维度》② 则从另一个角度探讨了柯勒律治身上文学与神学的关联。董琦琦从启示与体验、艺术与信仰的关系出发，对柯勒律治艺术理论中的“象征”、“天才”和“想象”等核心概念进行了讨论，并挖掘它们与当代相关理论学说之间的联系，凸显出柯勒律治艺术理论的地位和价值。这些研究成果对于柯勒律治神学思想在国内的引介都极具价值，但是它们都没有涉及柯勒律治的神学思想与其自然观的关系及其生态内涵。

近年来，随着生态批评在国内文学研究领域成为“显学”，柯勒律治的作品因为蕴含的生态整体思想而成为学术热点。2006 年 11 月，鲁春芳和刘国清几乎在同一时间分别发表了论文《从〈古舟子咏〉看柯勒律治的自然观与生态意识》③ 和《人类成长的寓言史诗——生态批评视域下的〈古舟子咏〉》④，引领了从生态角度研究柯勒律治自然观的学术潮流。此后，鲁春芳又独立或与他人合作发表《一个优美而机智的“整一”——生态视野中的〈忽必烈汗〉》⑤《论柯勒律治的三首“超自然诗歌”》⑥《柯尔律治自然观与中国“天人合一”生态思想的比较与思考》⑦ 等一系列论文，将柯勒律治的《忽必烈汗》和《克里斯德蓓》也纳入了生态批评的研究视野，并引入了比较文学的研究方法。与此同时，对柯勒律治的神学研究和生态思想研究的深入也令研究者开始从神学的角度来研究柯勒律治自然观的生态内涵。鲁春芳在《神圣自然——英国浪漫主义诗歌的生态伦理思想》一书中，有题为《柯尔律治的神性回归及其生态伦理寓意》的一节涉及柯勒律治的神学思想及其生态伦

① 李枫：《诗人的神学》，社会科学文献出版社，2008 年版，第 50 页。

② 董琦琦：《启示与体验——柯尔律治艺术理论的神性维度》，光明日报出版社，2010 年版。

③ 鲁春芳：《从〈古舟子咏〉看柯勒律治的自然观与生态意识》，《浙江学刊》2006 年第 6 期。

④ 刘国清：《人类成长的寓言史诗——生态批评视域下的〈古舟子咏〉》，《东北师大学报》2006 年第 6 期。

⑤ 鲁春芳：《一个优美而机智的“整一”——生态视野中的〈忽必烈汗〉》，《外国文学研究》2009 年第 5 期。

⑥ 鲁春芳：《论柯勒律治的三首“超自然诗歌”》，《外国文学研究》2013 年第 3 期。

⑦ 鲁春芳、郭峰：《柯尔律治自然观与中国“天人合一”生态思想的比较与思考》，《浙江师范大学学报》(社科版) 2013 年第 2 期。

理寓意。她指出："柯勒律治无疑是最热心于从神性自然的角度表现自然，这使他的诗歌实际上具有'生态自我实现'和'生态中心平等'的隐喻。"[①] 不过，她对柯勒律治神学思想及生态内涵的解读与她的其他研究成果一样，都集中于对柯勒律治诗歌作品的解读。张蔚的硕士学位论文《柯勒律治诗歌之生态神学思想揭示》[②] 从生态神学的视域挖掘了柯勒律治诗歌的生态意蕴，这是一次具有价值的尝试。但是，论文从"三位一体"的角度来阐述柯勒律治诗歌作品中人和自然的关系，说明作者对柯勒律治神学的理解存在偏差，因为作者分析的诗歌都创作于柯勒律治转向"三一论"之前，他们的主导神学思想还是泛神论。

综上所述，尽管目前学界对柯勒律治的生态思想的关注使得国内的柯勒律治研究领域呈现出一片前所未有的繁荣景象，但是综观目前的研究成果，却存在同质化严重的问题。除少数成果外，对柯勒律治自然观及其生态内涵的挖掘基本都集中在对柯勒律治前期诗歌的研究中，与他后期的哲学和神学思想结合起来的很少。但实际情况是，柯勒律治成熟期的神学思想主要表现在后期的非诗歌著作中，这才是柯勒律治有机整体自然观得以形成的基石。另外，在有关他的诗歌作品的研究中，又主要聚焦在《老水手行》上，相当一部分论文都是老生常谈的重复之作。截至 2015 年 3 月初，在中国知网中以"古舟子咏"和"老水手行"加"自然"或"生态"为关键词进行检索，检索到的论文已经多达 69 篇。而同样能表现他对人与自然关系思考的《午夜之霜》《风瑟》《这椴树凉亭——我的牢笼》等对话诗却鲜有人涉猎。此外，对柯勒律治艺术理论的生态内涵更是无人涉及。可以说，国内生态批评研究者对柯勒律治的研究仍然存在巨大的盲点。正是这些盲点为本书从神学的角度全面考察柯勒律治的自然观及神学自然论艺术观留下了广阔的空间。

① 鲁春芳：《神圣自然——英国浪漫主义诗歌的生态伦理思想》，浙江大学出版社，2009 年版，第 173 页。

② 张蔚：《柯勒律治诗歌之生态神学揭示》，中国海洋大学硕士学位论文，2011 年。

第四节　研究意义

本书将在当代生态神学和生态批评的视域中，综合利用柯勒律治遗留下来的诗歌和包括笔记、书信、哲学和神学著作在内的一切作品，从神学的角度对柯勒律治的有机整体自然观进行全面的研究并梳理他的神学自然论艺术观。此外，本书还欲将柯勒律治的自然观和艺术观置于比较的视野中，与华兹华斯和爱默生进行对比研究，以凸显柯勒律治自然观和艺术观的独特性和价值。本书的研究意义将主要体现在以下几个方面：

首先，本书的研究成果将使以柯勒律治、华兹华斯为代表的英国湖畔派诗人的成就和历史地位得到更为公允的评价。众所周知，根据诗人对待法国大革命的不同态度，苏联著名文学家高尔基曾经将英国浪漫派区分为以“湖畔诗人”为代表的“消极浪漫主义”和以拜伦、雪莱为代表的“积极浪漫主义”。高尔基曾说：“在浪漫主义里面，我们也必须分清楚两个极端不同的倾向：一个是消极的浪漫主义——它或是粉饰现实，想使人与现实相妥协，或者就使人逃避现实，堕入内心世界的无益的深渊中去，堕入‘人的命运之谜’，爱与死等思想里去……积极的浪漫主义则企图加强人的生活的意志，唤起人们对于心中的现实、对于现实的一切压迫的反抗心。”① 高尔基在这里明显地表现出扬积极浪漫主义、贬消极浪漫主义的倾向，将“湖畔诗人”远离工业文明、回归自然的举动视为对现实的逃避。在高尔基的影响下，在中国的文学研究界，湖畔派诗人的地位一直居于雪莱、拜伦等“撒旦派”诗人之下，甚至一度因为“向往封建宗法制”被贴上了“反动”的标签。但是，我们应当认识到高尔基的思想是特定历史时期的产物。现在已经时过境迁，人类面对的主要危机不再是民族和国家之间的斗争，而是足以使整个人类都走向灭亡的生态危机。在新的历史环境中，我们必须重新对湖畔诗人的价值进行重估。时至今日，虽然“消极浪漫主义”这一标签的意识形态含义已经大

① 高尔基：《论文学》，人民文学出版社，1978 年版，第 335 页。

大弱化，但是仍有学者用“消极”来定义柯勒律治和华兹华斯[①]。从当代生态批评的角度来看，以柯勒律治为代表的湖畔诗人对神性世界的向往和对自然的眷恋不是消极和反动，而是对工业化进程对人和自然造成的侵蚀的抵制，是对作为生态危机根源的现代性的超前反思。

其次，本书将在一定程度上弥补西方生态批评界对柯勒律治的忽视。在西方生态批评界，以乔纳森·贝特（Jonathan Bate）、克鲁伯为代表的许多研究者已经充分肯定了华兹华斯自然诗歌中的生态价值，但对柯勒律治的研究尚不充分。其根源在于柯勒律治从1802年之后就基本停止了诗歌创作，而全神贯注于形而上的思辨。他的诗歌不但从数量上无法与华兹华斯抗衡，其超自然的写作风格也在一定程度上掩盖了他对自然的关注。所以，有人直接断言：如果在思辨问题上柯勒律治占了上风的话，却是“华兹华斯真正写作了自然诗歌”。[②] 这些学者的偏颇之处在于他们把柯勒律治的诗歌当成他的自然观的全部体现。但实际的情况是，在柯勒律治后期的哲学和神学思辨中自然仍然占据了他思考的中心。因此，只有全面地考察柯勒律治学术生涯不同阶段对自然的看法，才能对他的价值做出公正、合理的评价。

再次，本书或有助于西方环境传统的构建。贝特曾经指出，对浪漫主义诗人的重新解读虽然不能产生直接的政治影响，但是承认环境意识传统的历史延续性对当代环境运动是有价值的和重要的。如果追溯尊重自然、质疑对物质文明的无尽追求等生态观点的历史，将追溯回浪漫主义传统中。[③] 麦克库西克也认可构建环境传统的重要性。他认为，当代环境运动以对消费文化的彻底批判开始，但是当它变成主流后，却暗藏着被消费文化驯化和同化的危险。例如，各种“绿色”广告和宣称“环境友好”的商品中都暗藏着这种危险。但是，为了维持环境运动的道德纯净，把环保主义的源头神秘化为“圣徒传”也是错误的。避免神秘化环境运动源头的唯一办法在于对观念历史的

---

① 卓新平：《基督宗教与欧洲浪漫主义》（下），《国外社会科学》2003年第6期；李枫：《消极浪漫与神学美学——以柯勒律治的诗歌及相关作品为例》，《中国比较文学》2008年第2期。

② Raimonda Modiano. *Coleridge and the Concept of Nature*. London and Basingstoke: The Macmillan Press, 1985, p. 3.

③ Jonathan Bate. *Romantic Ecology: Wordsworth and Environmental Tradition*. London and New York: Routledge, 1991, p. 9.

正确复兴。① 而柯勒律治联结着英国浪漫主义和美国超验主义的两大传统，正是人们需要研究和铭记的西方环境传统的重要源头。

最后，本书具有一定的现实意义。随着生态问题的日益凸显，生态文明建设在中国被提到了前所未有的新高度。其中，如何正确地对待自然以及处理人和自然的关系是推进中国的生态文明建设、实现“美丽中国”的重要前提。这一伟大目标的实现一方面有赖于强有力的政治、经济和法律等政策保障；另一方面则需要我们借鉴古今中外一切倡导人与自然和谐的自然观，从根本上破解人与自然的对立，肃清导致当代生态危机的思想根源。尽管时隔两个多世纪，但是当代中国在工业化进程方面与柯勒律治时代的英国具有许多相似之处，面临着与英国等发达国家在工业化初期曾经遭遇的许多相似的问题。柯勒律治在工业社会的初期对人与自然关系的思考有助于我们正确处理人和自然关系，他把艺术作为调和人与自然途径的设想也将为我们实现人与自然的和谐相处提供一些新的思路。

① James McKusick. *Green Writing*：*Romanticism and Ecology*. New York：Palgrave Mcmillan，2000，p. 13.

第一章　西方文学中自然的位置

众所周知，人类文化与自然处于永恒的互动过程中。自 20 世纪 70 年代以来，生态批评作为新兴的文学研究流派致力于从文学的角度探讨自然与文化之间的关联，追究导致当代生态危机的思想根源。在对生态危机的根源的追溯中，生态批评家们指出，人类现在所面临的生态危机可以归咎于人类文化中根深蒂固的人类中心主义，即“文化对自然的亏欠”①。作为人类所特有的文化形式，文学文本记录和反映了人类对自然环境的态度。美国生态批评家格伦·洛夫在文章《重评自然——走向生态文学批评》(*Revaluing Nature: Toward an Ecological Criticism*) 中指出，文学批评家应正视生态危机的文化根源，重新审视文学生态。洛夫的“重评自然”的实质就是“重审‘自然’在文学中的位置及其再现自然的方式，从而揭示人对自然的态度”。② 从生态批评的角度反思整个西方文学史，它记录了整个西方文化长期张扬人性、忽视自然的倾向，而直到近代的浪漫主义文学中才出现了具有生态意义的自然观。因此，本章将简要回顾西方文学史中自然这一维度的相对缺失以及自然在浪漫主义文学中的回归，以此凸显出柯勒律治把自然置于诗歌创作及诗学和艺术理论的中心的重要意义。

第一节　西方文学人文传统中自然的缺失

美国著名的文学理论家 M. H. 艾布拉姆斯在《镜与灯——浪漫主义文论

---

① 凯特·里格比：《生态批评》，见朱利安·沃尔弗雷斯：《21 世纪批评述介》，张琼、张冲译，南京大学出版社，2009 年版，第 206 页。

② 胡志红：《生态批评对田园主义文学传统的解构与重构——从作为意识形态工具的自然走向生态自然》，《社会科学战线》2009 年第 9 期。

及批评传统》中提出了著名的文学批评的“四要素”说，即作品、宇宙、作家和读者构成了文学理论的四要素。对不同要素及其相互关系的强调导致了西方文学理论从“模仿说”到“实用说”，再到“表现说”和“客观说”的流变。尤其是关注于“作品”与“宇宙”关系的“模仿说”既是最原始的美学理论，又在从古希腊到18世纪的西方文学批评史中长期占据中心地位。“模仿说”将艺术解释为对世间万物的模仿，其中不乏许多批评家直接宣称艺术模仿的对象是自然。但是，假如对西方文学史及文学批评史进行一番仔细审视的话，我们便会发现在西方文学中的大部分时期，对人的反映占据了文学的中心，而“自然”大都是处于缺席状态。

1. 古希腊时期

古希腊文学既是整个西方文学的源头，也是欧洲文学的第一个高峰。古希腊时期，文学艺术的高度繁荣被无数后人仰慕，被视为应当模仿的典范和“理想”。尤其是德国“狂飙突进”运动的代表人物温克尔曼（Johann Joachim Winckelmann）和席勒都对希腊艺术极为推崇。温克尔曼在《希腊人的艺术》中指出，希腊完美的自然条件、自由宽松的政治环境造就了希腊艺术的高度繁荣，而希腊人的艺术中也体现了人与自然的完美融合。因此，希腊艺术成为后世艺术“最纯真的源泉”①。席勒则在《论素朴诗和感伤诗》中通过诗人与自然的不同关系对诗人进行了分类：“诗人或者就是自然，或者寻求自然。在前一种情况下，他是一个素朴的诗人；在后一种情况下，他是一个感伤的诗人。”以古希腊诗人为代表的素朴诗人处于人和自然、个人与社会、人的感性和理性构成的和谐整体中。因此，诗人的任务必然是尽可能地表现现实。马克思在《政治经济学批判导言》中也说，希腊艺术和史诗“能够给我们以艺术享受，而且就某方面说还是一种规范和高不可及的范本”。因此，它“显示出永久的魅力”②。但是从当代生态批评的视角来看，在文学与自然的关系上，正是古希腊文学让文学成为“人学”，为后来整个西方文学对人文主义的强调和对自然的忽视奠定了基调。

---

① 温克尔曼：《希腊人的艺术》，邵大箴译，广西师范大学出版社，2001年版，第2页。

② 马克思：《〈政治经济学批判〉导言》，《马克思恩格斯选集》（第二卷），中共中央编译局编译，人民出版社，2005年版，第114页。

温克尔曼极力推崇古希腊艺术中人与自然的完美融合。不过在他看来，这种完美融合最集中地体现在古希腊的造型艺术中。在这些艺术形式中，对自然的借鉴和模仿最终并未体现为对自然本身的呈现。以“高贵的单纯、静穆的伟大”为核心的希腊艺术之美昭示于超越自然的完美人体中。这种对人类自身的赞美和歌颂同样表现于古希腊的文学作品，尤其是它的悲剧中。古希腊悲剧“特别注重人的地位和尊严，注重理性、节制、现身等英雄主义的精神品德。”[①] 俄狄浦斯、阿克琉斯、普罗米修斯等悲剧英雄无不体现了人在与自然和命运抗争过程中表现出来的人的理性和精神的尊严。对此，美国生态批评家密克尔（Joseph W. Meeker）将人类通过战胜自然来实现自我的方式，追溯到古希腊的悲剧精神。他指出：悲剧就是要“展现无与伦比的个别人可能具有超出普通人之能力的经历……无论是自然法则还是人类法则都绝对不是悲剧英雄不可逾越的界限，而是对他的挑战，他必须以试图超越那些法则来接受考验……个人伟大的实现是以巨大破坏为代价的……但是……为实现无与伦比的人格，付出任何代价都是有理由的”。[②]

与此同时，古希腊文学理论则对文学中重视人、轻视自然的倾向提供了理论辩护。就艺术而言，虽然柏拉图承认艺术模仿现实，但是受其哲学上“理念说”的影响，他坚持理念的世界高于现实世界，而把现实世界贬低为理念世界的模仿和影子，否认现实世界的实在性。艺术作为模仿的模仿、影子的影子也因此不再具有价值。它不仅与真理隔了两层，而且还“培养人性中低劣的部分，摧残理性的部分”[③]，所以，艺术家被要求驱逐出“理想国”。到亚里士多德时，虽然他宣称“诗比历史更真实”，扭转了柏拉图美学中对文艺的贬低，抬高了诗歌的地位，对后来诗学的发展产生了深远影响。不过，在亚里士多德的诗学中仍然找不到自然的位置。他同样认为文艺的本质是模仿，但值得注意的是模仿的对象却不是自然，而是人。以他影响最为深远的悲剧理论为例，作为最高意义上的诗，“悲剧是对于一个严肃、完整、有一定

---

① 杨慧琳：《欧洲中世纪文学史》，译林出版社，2001 年版，第 12 页。

② Joseph W. Meeker. *The Comedy of Survival*: *Studies in Literary Ecology*. New York: Charles Scribner's Sons, 1974, pp. 50-51.

③ 伍蠡甫：《西方文论选》（上卷），上海译文出版社，1979 年版，第 11 页。

长度的行动的模仿。”① 他更明确提出，“悲剧所模仿的不是人，而是人的行动、生活、幸福；悲剧的目的不在于模仿人的本质，而在于摹仿某个行动。”② 这曾经得到过俄国革命民主主义文学评论家车尔尼雪夫斯基的高度赞扬，他于《论亚里士多德的〈诗学〉》一文中评价说：“柏拉图或亚里士多德都认为艺术的尤其是诗的真正内容完全不是自然，而是人生。认为艺术的主要内容是人生——这伟大的光荣应该归于他们……亚里士多德的《诗学》没有一个字提及自然，他说人、人的行为、人的遭遇就是诗所模仿的对象。”③ 可以说，这是对古希腊文学和诗学理论人文色彩浓重、自然遭受忽视的最恰切概括。

2. 古罗马时期

古罗马的文化是在古希腊文化的影响下发展起来的古希腊文化，几乎波及它文化的每一个层面，古罗马文学也具有浓厚的希腊色彩。贺拉斯曾经说：“罗马征服了希腊，但从另一种意义上说，是希腊征服了罗马。”④ 但是与古希腊人相比，“古罗马人崇尚武力，追求社会与国家、法律、集权的强盛与完美，富于牺牲精神和责任观念”，这种民族性格使得古罗马人比古希腊人更注重理性精神和集体意识。表现在文学上，古罗马文学更“强调均衡、严整、和谐，重视修辞与句法，技巧上偏于雕饰与矫饰，在一定程度上丧失了古希腊文学的自然质朴的特征。”⑤

贺拉斯是古罗马奥古斯都时期杰出的讽刺诗人、抒情诗人和文艺批评家。与古希腊时一样，贺拉斯的作品也主要聚焦在社会与人生。其讽刺诗大多针对罗马社会的恶习；他的抒情诗则多以友谊、爱情、诗艺等为题。他的相当一部分抒情诗集中于歌颂当时统治者所提倡的虔诚、正直、坚毅、尚武等美德。在文艺批评方面，《诗艺》是他的代表作，它对后来新古典主义时期的文学批评产生了重要影响。贺拉斯认为诗的本质是对生活的模仿，因此作家应

---

① 伍蠡甫：《西方文论选》（上卷），上海译文出版社，1979 年版，第 57 页。

② 伍蠡甫：《西方文论选》（上卷），上海译文出版社，1979 年版，第 55 页。

③ 李沛：《西方文论的人学阐释——古希腊部分》，《新疆师范大学学报》（社会科学版）1997 年第 2 期。

④ 李赋宁：《欧洲文学史》（第一卷），商务印书馆，1999 年版，第 52 页。

⑤ 郑克鲁：《外国文学史》（上）（修订版），高等教育出版社，2006 年版，第 22 页。

到风俗中寻找模型。在诗歌题材方面，贺拉斯主张诗人应当选择古典题材，把人尽皆知的事物写成新颖的诗歌。艺术中情节和人物的塑造应当合情合理，符合人物的身份和地位。另外，他提出了影响深远的"寓教于乐"说，即诗歌既应当给读者以快感又能给人道德上的教益。总之，贺拉斯的文艺理论是"以普遍人性来阐明写作的准则的"。[①]

古罗马时期的另一部文论作品《论崇高》值得一提。除了在美学史上第一次提出"崇高"这一重要的美学范畴之外，作者朗基努斯强调激情、想象、天才等因素在艺术作品中的作用，与推崇理性的贺拉斯相区别，甚至被人视为浪漫主义的先声。但是他认为崇高并不属于自然界，而是"伟大心灵的回声"。作家凭借自身的激情与想象追求雄伟不凡、遒劲威武的境界，"表现人在宇宙间所处地位的尊严"[②]。同时，朗基努斯认为崇高需要措辞的高妙来体现，崇高语言的来源主要有五个，其中最重要的是高尚的心胸。

3. 中世纪

从公元450年左右罗马帝国衰亡开始，欧洲进入了长达千年的中世纪。尽管在古希腊和古罗马文学中受到赞美的人的精神和理性受到压制，但是自然在文学中的地位却并未得到提高。《圣经》可谓是中世纪影响力最大的作品。而从当代生态批评的角度看，《圣经》中所宣扬的基督教文化对人与自然的关系产生了重大的影响。此时，古代流行的"万物有灵论"被基督教的上帝创世说所取代，自然成为"受造之物"。这一转变对人与自然的关系影响如此重大，以至于有学者指出，"《圣经》对'大自然'一无所知，但唯独了解'受造之物'。'受造'的逻辑，使'自然'离开了原初的位置，因而它既不是宇宙生成的主体，也不是'究元'的对象，甚至不能成为'创造'所凭借的质料。"[③]关于宇宙生成的神学断言，使西方人较早地摆脱了人与自然的含混互证或者人对自然的依赖关系，"自然"也无法成为人类的崇拜对象。[④]与此同时，生态批评家林恩·怀特（Lynn White）指出，上帝创世说也加剧了人对自然的征服与统治的人类中心主义思想。怀特认为，在《创世记》中上帝按

①② 伍蠡甫：《西方文论选》（上卷），上海译文出版社，1979年版，第120页。

③ 杨慧琳：《欧洲中世纪文学史》，译林出版社，2001年版，第27页。

④ 杨慧琳：《欧洲中世纪文学史》，译林出版社，2001年版，第29页。

照自身的形象创造了人类并让人类负责管理其他的“受造之物”，这确立了人类之于非人类的自然的优先性，成为导致人类对自然无度利用的基本前提。①

除《圣经》外，宗教文学在中世纪也占据了文学的主流。当时，纯粹的世俗文学数量很少，大部分文学作品都属于或者带有不同程度的宗教色彩，上帝被许多文学家和文学批评家当作文学艺术的源泉。中世纪文学的代表人物圣·奥古斯丁宣称文艺的根源在上帝，而非现实世界。② 他的《忏悔录》和《论上帝之城》是中世纪基督教文学的优秀代表。尤其是他的《忏悔录》既是对个人经历的叙述，也是与上帝的对话，其宗旨在于“通过自己的觉醒和得救来赞美上帝的真、善、美和天恩的伟大”③。而另外一位宗教思想家托马斯·阿奎那从理论上对艺术与上帝以及自然的关系进行了论述。他主张“艺术作品起源于人的心灵，后者又为上帝的形象和创造物，而上帝的心灵则是自然万物的源泉”。④ 因此，虽然他提到了亚里士多德的模仿说，认为“艺术的过程必须模仿自然的过程，艺术的产品必得仿照自然的产品”⑤，但是从根本上说艺术是人类的心灵对上帝心灵的模仿。

4. 文艺复兴时期

14~16世纪，欧洲国家先后在思想和文化领域发生了一系列的变革，人们从中世纪基督教对人的精神压制中摆脱出来，并且从古希腊和罗马文化中受到启发，重新发现了人的价值。所以，文艺复兴时期的文学完全是以人为中心，其实质就在于“借助古代文化精神摧毁以‘神’为中心的封建的宗教意识形态，建立以‘人’为中心的资产阶级人文主义新的文化体系”⑥。与中世纪文学中对上帝的赞美不同，文艺复兴时期文学的主要任务在于通过文学艺术颂扬人的理性、力量和尊严。同时，也不同于中世纪文学中对人的欲求的抑制，文艺复兴时期的文学则致力于展示人的现世生活中的欲求、渴望和激情。意大利人文主义的先驱薄伽丘抨击禁欲主义，歌颂人的现世生活。他

---

① *Nature in Literary and Cultural Studies*: *Transatlantic Conversations on Ecocriticism*. edited by Catrin Gersdorf and Sylvia Mayer. Amsterdam, New York: Rodopi, 2006, p. 115.

② 伍蠡甫：《西方文论选》（上卷），上海译文出版社，1979年版，第143页。

③ 李赋宁：《欧洲文学史》（第一卷），商务印书馆，1999年版，第92页。

④⑤ 伍蠡甫：《西方文论选》（上卷），上海译文出版社，1979年版，第153页。

⑥ 郑克鲁：《外国文学史》（上）（修订版），高等教育出版社，2006年版，第69页。

在代表作《十日谈》中无情地嘲讽教会的腐化堕落。同时，他在讲述的故事中描绘了国王、僧侣、商人、艺术家、农民等各种人物形象，以至于意大利评论界把《十日谈》评价为可与但丁的《神曲》相媲美的“人曲”。[①] 法国文艺复兴的代表人物拉伯雷在《巨人传》中塑造了两个身体和精神都无比巨大的巨人形象，它成为欧洲近代文学史上“人的形象首次顶天立地地屹立在神的面前的一次成功的尝试”。[②]

英国的菲利普·锡德尼在《为诗一辩》中同样表达了人文主义的理想。他继承了贺拉斯的“寓教于乐”说，强调诗歌的功用在于它对人的道德教诲作用。他指出，诗人比道德家的教诲更具体、更有趣，比历史学家的教诲更自由、更现实，因此诗人是道德家和历史家之间的仲裁者。他的诗论还触及诗歌与其他艺术形式的比较，其区分的依据就是艺术与自然的关系。他认为诗歌与其他的任何艺术都不同，其他的艺术都是以大自然的作品为主要对象的。“没有大自然，它们就不存在，而它们是如此依靠它，以致它们似乎是大自然所要演出的戏剧的演员”。[③] 但是诗人却截然不同，因为诗人“不屑为这种服从所束缚，而是为自己创新的气魄所鼓舞，在其造出比自然所产生的更好的事物中，或完全崭新的、自然中所从来没有的形象中……所以他与自然携手并进，不局限于他的赐予所许可的狭窄范围中，而自由地在自己才智的黄道带中游行……他的世界是铜的，而只有诗人才给予我们金的。”[④] 所以，虽然锡德尼也宣称“诗是一种模仿艺术”，但是自然却被排除于模仿的对象之外。诗歌的模仿不是对自然的模仿，而是“在渊博的见识的控制之下进入那神明的思考，思考那当然的事物”。[⑤]

5. 新古典主义时期

到新古典主义时期，随着笛卡尔唯理论哲学的提出及后来启蒙运动的展开，人们对理性的推崇持续发酵并渗透到文学艺术中，理性在文学艺术的表现原则中占据了主导地位。因此，在新古典主义时期文学艺术对人的理性的

---

① 郑克鲁：《外国文学史》（上）（修订版），高等教育出版社，2006年版，第80页。
② 郑克鲁：《外国文学史》（上）（修订版），高等教育出版社，2006年版，第73页。
③ 伍蠡甫：《西方文论选》（上卷），上海译文出版社，1979年版，第230页。
④ 伍蠡甫：《西方文论选》（上卷），上海译文出版社，1979年版，第231页。
⑤ 伍蠡甫：《西方文论选》（上卷），上海译文出版社，1979年版，第233页。

崇拜和对自然的贬低被推向极致，正如英国18世纪著名诗人、文学批评家蒲伯（Alexander Pope）在他的《论人》中坚持“只有理性能够胜过其他的一切才能”。新古典主义艺术表面上把古希腊、古罗马的文学奉为典范，并推崇艺术形式上的完美、和谐，但其实质在于表现人的理性精神对于人生、社会和自然的全面掌控。英国新古典主义小说家丹尼尔·笛福塑造的鲁滨逊是这一时期的典型形象。流落荒岛的鲁滨逊面对强大的自然并未屈服，而是凭借强大的精神力量，充分利用人的理性，最终实现了对荒岛的征服。鲁滨逊的身上体现了启蒙时期人们对理性可以战胜包括自然在内的一切事物的乐观精神。

布瓦洛的《诗的艺术》则完成了新古典主义文学的理论建设，确立了古典主义的艺术原则。理性是《诗的艺术》中最首要的概念，布瓦洛认为理性赋予诗歌以价值，他声称：“首先须爱理性：愿你的一切文章永远只凭着理性获得价值和光芒。”[①] 除理性之外，《诗的艺术》中第二个核心的概念便是自然，他赞同艺术模仿自然的模仿说，认为“我们永远也不能和自然寸步相离”。但是他的“自然”是否等同于我们所说的大自然呢？布瓦洛对作家如此劝诫：“你们作家啊，若想以喜剧成名，你们唯一该钻研的就是自然，谁能善于观察人，并且能鉴议精审，对种种人情衷曲能洞彻幽深……”[②] 对此，伍蠡甫先生认为，布瓦洛所谓的自然与贺拉斯的自然一样，都是指“人的自然”，即所谓的“自然人性”或“人性”。[③]而英国的蒲伯和萨缪尔·约翰逊也有着与布瓦洛类似的观点。蒲伯在他的《论批评》中也倡导模仿自然，但他进一步阐明，模仿自然就是模仿古人，因为他们离自然最近。[④]约翰逊博士在他的莎评中赞美莎士比亚是“独一无二的自然诗人”，不过他补充说，他是“向他的读者举起风俗习惯和生活的真实镜子”的诗人。[⑤]所以，新古典主义文学中的自然主要不是指自然，而是指理性统治下的人性。新古典主义文学对理性的过度推崇受到了许多学者的攻击，他们指责说：“新古典主义美学的艺术馆的弱点实在太多：它推崇理性走向极端，简单到树立样板的程度，呆板得让

① 伍蠡甫：《西方文论选》（上卷），上海译文出版社，1979年版，第290页。
②③ 伍蠡甫：《西方文论选》（上卷），上海译文出版社，1979年版，第301页。
④ 李赋宁：《欧洲文学史》（第一卷），商务印书馆，1999年版，第413页。
⑤ 伍蠡甫：《西方文论选》（上卷），上海译文出版社，1979年版，第527页。

人感到枯燥乏味，至少是一再重复的固定模式。”[①] 这也正是后来的浪漫主义文学所努力推翻的。

第二节　田园文学中“自然”的辨析

从生态视角对西方文学进行重新审视的过程中，我们发现尽管西方文学的主流是以人为中心，是对人的理性和精神的讴歌和赞美，但是西方文学中同时也存在着源远流长的田园文学的传统。所谓田园文学，当代著名生态批评家劳伦斯·布伊尔将其定义为“赞美乡村、自然或荒野，反对大都市的所有文学”。[②] 所以，不同于“以人为本”的西方文学的主流，田园文学是“探讨人类生活与自然世界之间关系的重要文学形式”。[③] 田园文学对于当代生态批评的发展具有双重意义：一方面，对于田园文学的重要性，英国学者加拉德（Greg Garrard）认为，没用其他任何比喻（Trope）比它更植根于西方文化传统，或能给环保主义带来更严峻的问题。“田园文学显示出它对不同的政治目的具有无限的可塑性，以及在它的张力和回避中的破坏性”。[④] 因此，我们需要在此对田园文学反映的人与自然的关系进行仔细的辨析。

文学史家们的研究将田园文学的起源追溯到希腊化时期的诗人忒俄克里托斯（Theocritus，316-260）。研究者认为，忒俄克里托斯的田园诗（Idylls）及与之相关的改写、批评及译文总是与三个术语紧密相连：“Idyll”原指“小幅图画”或具有诗情画意的装饰画，但后来指逃避或休憩于乡村的情境；“Bucolic”起源于“Boukolos”，意思是“放牛者”，是田园诗中的歌唱者；“Pastoral”被用来指代忒俄克里托斯作品中的牧羊人（其拉丁文是 Pastor），

① 利里安·弗斯特：《浪漫主义》，李今译，昆仑出版社，1989 年版，第 24 页。

② Lawrence Buell. *The Environmental Imagination: Thoreau, Nature Writing and the Formation of American Culture*. Cambridge: The Belknap Press of Harvard University Press, p. 30.

③ 胡志红：《生态批评对田园主义文学传统的解构与重构——从作为意识形态工具的自然走向生态自然》，《社会科学战线》2009 年第 9 期。

④ Greg Garrad. *Ecocriticism*. London and New York: Routledge, 2004, p. 37.

这些牧羊人总是与奶牛或其他牧羊人竞相歌唱。田园诗的出现与希腊文化时期的大规模的城镇化有着密切联系，因此，从一开始田园传统中就存在着两个明显的反差：空间上躁动、腐化的城市和宁静富饶的乡村的对比；时间上牧歌般的过去和堕落的现在。①

到古罗马时期，维吉尔将忒俄克里托斯的田园诗引入到拉丁语诗歌中，也成为忒俄克里托斯最成功的模仿者。维吉尔在他早期的抒情诗《牧歌》中，采用牧羊人对歌或者独唱的形式表达牧羊人的爱情、呈现田园风光以及表现乡村生活的乐趣。比起忒俄克里托斯，维吉尔更系统、更自觉地对乡村中的静思和文明的恶果进行了对比。更重要的是，他在许多地方暗示了与罗马文明有关的环境问题，其中的一个重要问题就是森林退化。② 此外，维吉尔第一次以阿卡迪亚为背景，对后来西方田园文学的发展产生了重要的影响。

文艺复兴时期，经过中世纪的沉寂，西方文学迎来了田园文学的又一次繁荣。菲利普·锡德尼、埃德蒙·斯宾塞等都留下了卓越的田园诗歌。斯宾塞仿照古罗马的维吉尔和文艺复兴时期意大利及法国牧歌写成了《牧人月历》(*Shepherds' Calendar*)。《牧人月历》包括 12 首牧歌，分别以每年的 12 个月为标题，并通过每个月特有的劳作、娱乐、季节特征、宗教节日和黄道带中相应的星座把各首牧歌联系起来，它以广阔的宇宙为背景获得了内在的统一性。锡德尼的长篇散文传奇《阿卡迪亚》同样也继承了田园诗传统。“阿卡迪亚”原本是指古希腊伯罗奔尼撒半岛一个与世隔绝的地方，后来由于维吉尔在其《牧歌》中提到过，所以后来“阿卡迪亚”常常被引申为世外桃源。锡德尼的《阿卡迪亚》以大自然为背景，讲述了阿卡迪亚的公爵为躲避预言中的灾难而移居与世隔绝的乡村的故事。这一时期的田园诗充满了空想和虚幻的色彩，正像詹姆士·特纳所言，17 世纪的英国文学“没有了任何意义上的充满人间烟火的乡村”。

1704 年，英国新古典主义的代表人物之一——蒲伯也出版了《牧歌》(Pastorals)。他效仿斯宾塞的《牧人月历》，按春、夏、秋、冬四个季节分为四篇，并使用忒俄克里托斯和维吉尔用过的牧人名，描写自然的美丽和牧人

---

① Greg Garrad. *Ecocriticism*. London and New York: Routledge, 2004, pp. 38-39.

② Greg Garrad. *Ecocriticism* . London and New York: Routledge, 2004, p. 40.

间的对话、爱情等，尤其歌颂牧人生活的单纯和宁静。1717 年，蒲伯发表文章《论牧歌》作为《牧歌》的前言。其中，蒲伯提出了田园文学的标准并且对忒俄克里托斯、维吉尔、斯宾塞等从古至今的田园诗人进行了点评。他认为“牧歌是对人们所说的黄金时代的一个想象，因此我们不应该把牧人描绘成他们今天的样子，而是必须把他们想象成曾经所是……”①

西方的田园文学中引入了在西方文学中占主流的表现“人文主义”的文学作品中缺席的自然，但是它是否如同当代许多生态文学作品一样，是对自然的真正关怀呢？许多学者对这一问题的回答是否定的。回顾整个田园文学的发展历史，生态批评家吉福德（Terry Gifford）将田园诗分为三类：第一种是从城市向乡村的撤退，它起源于古希腊，并在欧洲文艺复兴时期成为一种主要的诗歌形式；第二种是在更宽泛的意义上“含蓄或明显地将乡村与城市对比的文学”；第三种带有轻蔑的意味，“田园诗”意味着对乡村生活的理想化而模糊了劳动和艰辛的现实。② 加拉德对吉福德的这一分类进行了进一步的阐释，他认为 18 世纪及此前的一切田园文学都属于第一类，并将其命名为“古典田园诗”。③ 然而，从忒俄克里托斯开始，古典田园诗中的自然从来就不是对自然的真实再现，而是如克里斯·费特（Chris Fitter）的研究所表明的那样，“文学幻想和精确观察”④ 的综合体。田园文学中诗人总是从人类的观点出发预设了乡村与城市的二元对立，把自然视为永恒不变的、对抗人类社会中的堕落和腐化的力量。因此，田园诗人对乡村生活的描写远离劳动和自然生长的真实过程，而仅仅把自然美化为可以躲避人类自身困境的更好的地方。卡洛琳·麦茜特在对文艺复兴时期的田园诗的分析中指出，它“代表着自然作为女性的另一类形象，即对过去时代母亲般仁慈怀抱的向往。通过对一个完美无缺的黄金时代的回归，这里的自然成为逃离都市生活的罪恶与不安的避难所。”⑤ 所以，从根本上说，“田园传统根源于对荷马黄金时代的怀

---

① 杨宏芹：《牧歌发展之“源”与“流”——西方文学中的一个悠久的文学传统》，《同济大学学报》（社会科学版）2013 年第 4 期。

② Greg Garrad. *Ecocriticism*. London and New York：Routledge，2004，pp. 37–38.

③ Greg Garrad. *Ecocriticism*. London and New York：Routledge，2004，p. 38.

④ Greg Garrad. *Ecocriticism*. London and New York：Routledge，2004，p. 39.

⑤ 卡洛琳·麦茜特：《自然之死——妇女、生态和科学革命》，吴国盛译，吉林人民出版社，1999 年版，第 9 页。

旧、对未玷污的伊甸园的向往以及对城市的逃遁。”①

因此，在当代许多生态批评家看来，田园文学中对自然的描写并非真正出自对自然的关怀。布伊尔就认为，“如果绿色世界仅仅表现为人们的幻想或社会寓言，那么这样表现出的自然是毫无意义的。”② 更有一部分学者明确地指明田园文学中带有狭隘的人类中心主义的色彩，如密克尔便曾经一针见血地指出：“花园展示的不是自然的形象，而是人类操纵自然的形象”，所以“田园的交响曲完全是一曲围绕人类主题而谱写的乐章”。③ 在此基础上，麦茜特更深入一步地提出，田园传统中自然只是一个提供物质和精神食粮的花园，用来增进人类的幸福舒适，代表了人类养育功能的实现。所以，在田园意象中，“自然和女人都是从属的、本质上被动的”，它“允许人们对自然加以利用和控制”。④

综上所述，西方的田园文学中尽管再现了西方“以人为本”的主流文学中所缺失的自然形象，弥补了西方主流文学的缺失，但是它的基本立场仍然是人类中心主义的，缺乏对自然的真正理解和关怀，也缺少对人与自然关系的正确理解。

第三节　浪漫主义文学中自然的回归

以赛亚·柏林曾经在《浪漫主义的根源》一书中敏锐地指出，对理性的崇拜根植于西方文化的深处，成为几代欧洲人的精神支柱。但是，随着启蒙运动的深入，理性的弱点也逐渐暴露出来。尽管理性的力量推动了欧洲科学技术的快速发展，并创造了前所未有的物质文明，但是它导致的人性的堕落、

① 卡洛琳·麦茜特：《自然之死——妇女、生态和科学革命》，吴国盛译，吉林人民出版社，1999年版，第9页。

② Lawrence Buell. *The Environmental Imagination: Thoreau, Nature Writing and the Formation of American Culture*. Cambridge: The Belknap Press of Harvard University Press, p. 36.

③ Joseph W. Meeker. *The Comedy of Survival: Studies in Literary Ecology*. New York: Charles Scribner's Sons, 1974, pp. 89-90.

④ 卡洛琳·麦茜特：《自然之死——妇女、生态和科学革命》，吴国盛译，吉林人民出版社，1999年版，第10-11页。

私欲的膨胀都使它不断遭受挑战和质疑。作为对启蒙运动的全面反驳，法国大革命之后，浪漫主义运动在欧洲思想界全面爆发。

文学作为浪漫主义运动最先发生的领域也对新古典主义文学中对理性的推崇走向极端的做法发起了挑战。新的浪漫主义文学旨在通过张扬人的情感、想象挑战启蒙运动中的“理性王国”。而随着卢梭“返回自然”的号角，浪漫主义文学从对自然的敌视中摆脱出来，自然成为浪漫主义文学中的重要主题。韦勒克认为“新的自然观、新的想象论及象征的运用等”是浪漫主义时代诗歌的主要特征①。对自然的热爱虽然普遍存在于浪漫主义时期欧洲各国的文学作品中，但在英国浪漫主义诗歌中表现最为明显。在英国，自然主义②的影响如此强大，甚至成为浪漫主义彰显自身的方式。被誉为特纳之后最优秀的欧洲文学批评家的勃兰兑斯曾经如此总结自然主义对英国文学的重要性：“对这些英国的气质追本溯源，它们全都可以归结到一个明显的本源上，即生气勃勃的自然主义……英国诗人全部都是大自然的观察者、爱好者和崇拜者……自然主义在英国是如此强大，以致不论是柯勒律治的浪漫的超自然主义、华兹华斯的英国国教的正统主义、雪莱的无神论的精神主义、拜伦的革命的自由主义，还是司各特对以往时代的缅怀，无一不为它所渗透。它影响了每个作家的个人信仰和文学倾向。”③ 尽管英国浪漫主义的真正开端应当追溯到 1796 年华兹华斯和柯勒律治共同合作的《抒情歌谣集》的出版，但是文学的中心从新古典主义文学中对普遍人性的呈现转向自然却并非一蹴而就，而是经历了较长一段时间的过渡过程。

通常人们把 18 世纪中后期称为“前浪漫主义”时期，也就是“感伤主义”时期。④ 感伤主义因为斯特恩的小说《在法国和意大利的感伤旅行》而得名。这一时期英国文坛先后出现了理查逊的《克拉丽莎·哈洛》、斯摩莱特

---

① Wellek, R. *Romanticism Reconsidered* [A]. In N. Frye (ed.) . *Romanticism Reconsidered* [C]. New York: Columbia University, 1963.

② 这里的自然主义并非是指文学风格流派，如左拉的自然主义创作流派，而是指作品的思想内容，即众多英国浪漫主义诗人对自然的景仰和趋同。参见蓝仁哲：《浪漫主义·大自然·生态批评》，《四川外国语学院学报》2003 年第 5 期。

③ 勃兰兑斯：《十九世纪文学主流》，徐式谷、江枫、张自谋译，人民文学出版社，1984 年版，第四册，第 6-7 页。

④ 利里安·弗斯特：《浪漫主义》，李今译，昆仑出版社，1989 年版，第 33 页。

的《亨弗利·克林克》、哥尔德斯密斯的《威克菲尔德牧师传》等一系列感伤主义小说，共同奠定了感伤主义的基调。除了感伤主义的小说，以爱德华·杨格和托马斯·格雷为代表的“墓园派诗人”的诗作中也充满了哀婉和感伤的情绪。感伤主义文学注重人的内心情感、强调感情的自然流露，因而它们虽未突破此前的文学中对人自身的关注，但它对情感的重视却打破了新古典主义文学中理性一统天下的局面，成为浪漫主义的先声。

感伤主义在转向人的内心和情感领域的同时，也注重从外部世界去寻找自然和自发的事物。英国文坛从 18 世纪早期就出现了一批“自然描绘”诗歌。此时，自然不再是古典田园文学中人逃避人类社会罪恶的工具，而是被看作自发的、有自身独立价值的存在物。汤姆逊的《四季》、哈勒（Haller）的《阿尔卑斯山》、圣·朗贝尔（St. Lanbert）的《四季》等作品都反映了这一倾向。尤其是汤姆逊的《四季》标志着英国诗歌中表现自然现象的新阶段。不同于之前的田园传统，汤姆逊并没有局限于对乡村景象的抽象描写，而是通过对真实物种的分类描写表现出一种精确性，同时也令害虫、寄生虫、食肉动物、昏暗的山丘、恐怖的暴风雨等都成为他诗歌的组成部分。汤姆逊的诗歌因为融合了田园传统、科学描绘、壮丽的景色，受到第一代浪漫主义诗人的追捧。不过，生态批评家麦克库西克却认为，尽管汤姆逊的诗歌中具有感性传统，但却达不到对自然真正的生态理解。“因为他只描写令人吃惊或愉悦的景色及对其戏剧化的反应，而不是当地环境的栖居者”。①

1796 年，华兹华斯和柯勒律治共同出版了《抒情歌谣集》，标志着英国浪漫主义运动的真正开端。此后，以华兹华斯和柯勒律治为代表的英国浪漫主义诗人发表了众多以自然或人与自然的关系为主题的诗歌，并对它们进行了诗学的探讨，代表了一种新的浪漫主义自然观的形成。在这些诗歌中，新古典主义文学中备受推崇和颂扬的“有教养的人”失去了踪影，取而代之的是自然中的花草树木、飞禽走兽以及生活在偏僻乡村中的底层人民。华兹华斯曾经对当时的文学趣味加以指责说，从弥尔顿到汤姆逊之间的那个时代中，“英国诗歌中几乎没有出现过一个有独创性的大自然的形象或者对大自然作出

① James McKusick. *Green Writing*: *Romanticism and Ecology*. New York: Palgrave Mcmillan, 2000, p. 23.

崭新的描绘”。[①] 浪漫主义诗人则把注视的目光投向了大自然。华兹华斯在他的一首小诗《写于早春》中通过对“绿荫中的樱草花丛”、“长春花在把花圈编织”、“四周的鸟儿跳了又要”[②] 等自然景物的详尽描写呈现出自然万物的和谐共处。与他类似，柯勒律治早年在他题为《致一头小驴——母驴拴在它身旁》的诗中以一头小驴作为歌咏的对象，甚至写道：“我向你致敬，我的兄弟！”完全突破了新古典主义对文学题材的限制。

但是，假如认为浪漫主义诗人的成就仅仅在于对自然景色进行描绘、抒发对自然的热爱之情的话，那么他们与此前的田园诗人和汤姆逊等自然诗人之间将没有本质的区别，因此对他们的这种理解将是过于狭隘了。浪漫主义诗人，尤其是英国的湖畔诗人的诗歌中表现出来的自然观与以往的田园文学最主要的差异表现在：首先，柯勒律治和华兹华斯都不仅是自然景色的外在观察者，而且还是湖区的居住者，他们对当地的自然景物、四季变化等都了如指掌。通过对当地自然事物的深入观察，他们在诗歌中展现出一切生命形式的相互联系，彻底突破了当时的理性主义者把自然视为一架巨大的机器的机械论自然观，将自然呈现为始终处于变化过程中的有机整体。其次，在他们的诗歌中自然不是与人类毫无干系的存在或是可供人类剥削利用的工具，而是表现出心灵与自然永恒的相互依存。在湖畔诗人的诗歌中，人的心灵总是不能离开自然的滋养，“人在自我忘却和近乎无意识的状态下，作为宇宙伟大和声中的一个音符和自然融为一体。”[③] 所以，湖畔诗人不但使在以往文学中被忽视的自然成为文学的主题，而且他们表现出的这种自然观已经具备了现代的生态意识。麦克库西克将这种观察和再现自然的视角称为“有关自然界的生态视角”，因为他们的诗歌“不断表达了把自然界看作一切生物的栖居之地的浓厚兴趣”。在把地球当作家园，即相互依存的生物圈的栖居之所的方

---

① 勃兰兑斯：《十九世纪文学主流》，徐式谷、江枫、张自谋译，人民文学出版社，1984 年版，第四册，第 40 页。

② 《英国诗选》，卞之琳编译，商务印书馆，2005 年版，第 245 页。

③ 勃兰兑斯：《十九世纪文学主流》，徐式谷、江枫、张自谋译，人民文学出版社，1984 年版，第四册，第 43 页。

面，华兹华斯和柯勒律治的诗歌明确预示了现代的生态科学。[①]

柯勒律治的诗歌创作就发生于浪漫主义时期自然在文学中回归的大背景之下。在与华兹华斯合作出版的《抒情歌谣集》中，柯勒律治贡献了名留史册的《古舟子咏》，并在此后创作了《忽必烈汗》《克里斯德蓓》等一系列“超自然”的诗歌和《午夜寒霜》《风瑟》等对话诗。尽管与华兹华斯诗歌风格上存在巨大差异，但对人和自然关系的探讨贯彻于他诗歌创作的始终。从当代生态批评的角度来看，这本身就是巨大的进步。与此同时，作为当时重要的哲学家和文艺理论家，柯勒律治比当时其他的浪漫主义诗人在理论深度方面更胜一筹。他不仅将对自然的有机整体性及人和自然的整体关系的思考上升到了哲学和神学思辨的层面，还在他的艺术理论中对诗与自然的关系进行了深入思考。因此，在接下来的部分，本书将对柯勒律治自然观形成背景、有机整体自然观的内涵及其在艺术中的呈现进行细致的梳理，并对他的自然观与华兹华斯的自然观进行对比以凸显他们各自的特点。

① James McKusick. *Green Writing*: *Romanticism and Ecology*. New York: Palgrave Mcmillan, 2000, pp. 28-29.

第二章　柯勒律治自然观的形成背景

第一节　社会历史背景

柯勒律治生活的年代，即从18世纪末期到19世纪早期，对英国和欧洲大陆来说是一段充满变革和动荡的时代。这一时期，爆炸式出现的新观念、新的政治愿望、新技术为英国浪漫主义诗人带来了众多的选择，也为他们文化上的创新提供了新的机遇。尤其是在经济领域和政治领域爆发的两场革命——工业革命和法国大革命，不但完全改变了英国的社会面貌，也在欧洲大陆的思想领域引发了一场革命，浪漫主义即是这场革命的产物。而柯勒律治的自然观同这两场革命也密切联系在一起，甚至有人断言，“他对整体哲学的追求及其得失成败皆是根植于柯勒律治时代英国和其他欧洲国家重大的政治和社会变动”。①

一、工业革命的影响

美国历史学家R. R. 帕尔默认为，在历史影响力方面，工业革命或许比法国大革命和其他任何革命都更为重要。“纵观世界历史，似乎可以认为，过去一万年中人类经历的两次最大变革：一是农业革命（或新石器革命），二是工业革命。前者开始于大约公元前8000年，迎来了人类文明的曙光，而后者则开创了过去两个世纪的现代全球文明”。② 工业革命引发了一系列社会的变革，

---

① *The Cambridge Companion to Coleridge*. ed. Lucy Newlyn. Cambridge: Cambridge University Press, 2002, p. 17.

② 帕尔默：《工业革命——变革世界的引擎》，苏中友等译，世界图书出版公司，2010年版，第1页。

甚至被称为“改变世界的引擎”，浪漫主义即是它的产物之一。

柯勒律治等浪漫主义诗人恰好生活在工业时代的早期，处于英国从农业社会向工业社会的转变过程中。帕尔默等的研究表明，尽管很难准确地界定工业革命开始的具体时间，但到1780年左右，工业革命对英国的影响已经非常引人注目。[①] 随着蒸汽机和纺纱机等的应用，纺织业等行业率先发展起来，大批工人不断涌入新兴的城市，出现了以曼彻斯特为代表的多个工业中心。与工业的发展和城市的崛起同时发生的还有旧的农业经营模式的彻底瓦解。自工业革命发生以来，机械化进程也同样蔓延至农业生产中。为使土地更加集中，从1760年开始，英国议会先后通过了多个圈地法案，将已经持续了几个世纪的圈地运动推向高潮。大批农民被迫离开自己的土地，进入工厂成为产业工人。随着工业革命的进展，人和自然的逐渐疏离成为显而易见的事实。正因为如此，格拉肯（Clarence Glacken）将他对西方文化与自然关系的追溯终止于18世纪，理由在于，“在18世纪，西方文明中人与自然的关系走向终结。接下来的是完全不同的秩序……”[②]

另外，随着浪漫主义时期城市人口剧增和工业经济的快速发展，人类历史上也第一次出现了大规模的环境污染。贝特认为，正是在浪漫主义时期，“‘污染’一词获得了它的现代意义”。[③] 帕尔默这样描述当时的城市环境：“新兴城市群落是土褐色的，由于煤时代早期大量煤烟的熏染而变黑。工厂和工人住宅区也同样到处都是沉淀物。由于中部地区的气候很少晴天，这些地区在最好时也是阴暗的。”[④] 与此同时，工业的发展对于英国的生态环境也造成了极大的破坏。纺织工业产生的大量废水排入河中，导致河流被污染；钢铁工业的发展则导致了森林被大肆砍伐，大片的森林不断从英国的土地上消失。所以，对柯勒律治及其同时代人来说，对原野、森林等乡村生活的回忆与他们生活的浓烟滚滚、拥挤嘈杂的城市形成了强烈的反差。这促使他们不得不认真思索工业文明对自然的破坏及自然对人类的意义。

---

① 帕尔默：《工业革命——变革世界的引擎》，苏中友等译，世界图书出版公司，2010年版，第2页。

② Karl Kroeber. *Ecological Literary Criticism*: *Romantic Imagining and the Biology of Mind*. New York: Columbia University Press, 1994, p. 26.

③ Jonathan Bate. *The Song of the Earth*. Cambridge, Mass: Harvard University Press, 2000, p. 137.

④ 帕尔默：《工业革命——变革世界的引擎》，苏中友等译，世界图书出版公司，2010年版，第10页。

二、法国大革命的影响

新历史主义者曾经完全从意识形态的角度来解读华兹华斯的诗歌，认为他在诗歌中对自然的呈现是他对叛变法国大革命理想的掩饰和移置。尽管这一说法遭到贝特、克鲁伯等生态批评者的严厉批判和彻底否定，但是通过对相关文献的分析，我们认为虽然新历史主义者的结论过于绝对，但是不能否认无论是对于华兹华斯还是对于柯勒律治，法国大革命的确与他们后来对待自然的态度之间存在某种关联。

1789 年 7 月 14 日，巴黎人民攻陷巴士底狱，标志着法国大革命的爆发。它不仅推翻了法国 1000 多年的封建专制制度，而且其影响很快波及整个欧洲大陆。由于标举着“自由、平等、博爱”的旗号，法国大革命受到了当时欧洲各国青年知识分子的热烈欢迎。他们赞同法国大革命倡导的社会政治原则，欢呼巴士底狱的倒塌。曾经在法国大革命期间亲自游历法国的华兹华斯在其自传体长诗《序曲》中这样表达自己的兴奋之情：“法国站在黄金时代的顶峰上，人性似乎获得了再生。”① 这一兴奋之情并非为华兹华斯所独有，当时几乎所有欧洲的年轻人都在热切等待自由、平等之时代的来临。此时，年轻的柯勒律治同样被卷入了法国大革命的旋涡之中。

1789 年，法国大革命的消息传来，17 岁的柯勒律治曾经写过颂诗《巴士底狱的陷落》歌颂法国大革命。进入剑桥大学后，更是热衷于各种政治活动。他大量地阅读了柏克、潘恩等的政治学著作，尤其是对潘恩在《人权》(*Rights of Man*) 中对法国大革命共和原则的维护产生了共鸣。而他也经常与人就大革命的问题彻夜长谈，参与剑桥大学的各种政治集会。离开剑桥大学后，他还曾经一度作为政治演说家公开批判英国政府对法国的战争及其他勾结起来镇压法国大革命的各种势力。

然而，随着罗伯斯庇尔当政后他和继任者推行“恐怖统治”，成千上万的人被送上了断头台，柯勒律治开始对他早年对“自由”的理想产生动摇。从他创办的政治期刊《守望者》(*Watchman*) 中，我们便可以清楚地看出他政治立场的转变。1796 年 3 月，《守望者》正式出刊。在《守望者》的创办初期，

① 李赋宁：《欧洲文学史》(第二卷)，商务印书馆，1999 年版，第 52 页。

柯勒律治还发表对政府的反对意见，但是它的反对性逐渐减弱。到这一期刊的末期，柯勒律治转为批评法国的立法者背叛了法国大革命的理想，其自身的立场越来越与英国政府趋向一致。1796 年 5 月，柯勒律治在停办《守望者》的同时，也决定从激进的政治活动中抽身，并转向诗歌和自然。

诗歌《咏法兰西》（*France*：*An Ode*）就表现了他因为政治理想破灭而转向自然的过程。他在诗中哀叹法兰西对瑞士的侵略，并且重新定义了自由——人与自然的和谐交流。他从自然过程中发现了真正的自由和自我实现。对此，克鲁伯评论道："对柯勒律治来说，自由不仅是一个政治口号，还是一种物理经验的可能性（Physically Experiential Possibility）。他所呈现的经验是个体参与到显现在白云、海浪和森林的不可控制的生命力中。"① 另外，学者汤姆·保罗（Tom Paul）也指出，此时柯勒律治"神秘的激进主义"逐步被艺术上的自然化（Naturalising）和精神化（Spiritualising）所取代，这一趋势日益成为他保守主义的特征。②

柯勒律治由于政治理想的幻灭而转向自然的观点显然不是两位学者的主观臆测，因为柯勒律治在 1798 年 3 月给哥哥乔治的一封信为他们的说法提供了证据。柯勒律治在信中表示要从激进的政治中抽身，并宣布要致力于深化人们对自然的感受力这一更有价值的事业中。他告诉他的哥哥他已经放弃了对革命和社会变革的关注，他意识到"把政府当作影响人们美德及幸福的护身符这一错误"。政府的兴衰如同"因为发烧导致的脓肿"，它们更擅长激起而非治愈人们身上罪恶的倾向。另外，自然能够为人们注入对善的热爱以及满足人们对道德重生的愿望："我带着一种看得见的喜悦之情（Visionary Fondness）热爱田野、森林和山川——因为随着那种热爱之情的增长，我发现自己更加仁慈和宁静，因此我希望通过我把它们也植入他人的心灵中——通过使坏的激情陷入瘫痪而不是与它们斗争来摧毁它们。"③

---

① Karl Kroeber. *Ecological Literary Criticism*：*Romantic Imagining and the Biology of Mind*. New York：Columbia University Press，1994，p. 13.

② *The Cambridge Companion to Coleridge*. ed. Lucy Newlyn. Cambridge：Cambridge University Press，2002，p. 5.

③ Samuel Taylor Coleridge. *Collected Letters of Samuel Taylor Coleridge*，ed. Earl Leslie Griggs，6 vols，Oxford：Clarendon Press，1956. I，p. 397.

此外，后来成熟期的柯勒律治从哲学的角度对法国大革命做了一系列的反思。在《平信徒布道》中，他指出基督教世界中划时代的革命都与形而上学体系的兴衰密切相关。无论是法国大革命还是随之而来的恐怖都是法国长期追随机械论哲学体系以及忽视真正哲学的后果。在对法国大革命的反思中，对机械论哲学的批判推动了他有机动态哲学观的形成，从而对他以有机整体的自然观取代机械论的自然观也间接地起到了促进作用。

第二节　哲学背景

这一转变之所以能够完成，则如同柯勒律治研究的权威人士之一——麦克法兰所说："柯勒律治通常以及首先受益于柏拉图和康德。"①

一、柏拉图主义的影响

虽然柯勒律治毫不掩饰对柏拉图的崇拜之情，他宣称"柏拉图是他的第一位精神导师"②。他本人也深刻意识到柏拉图对自己的哲学发展的重要性。在《文学生涯》中，柯勒律治说，他的体系不过是"复杂的混合体中毕达哥拉斯和柏拉图体系的再生或纯净化"。③ 但是，如谢默思·佩里（Seamus Perry）所说，"宽泛的柏拉图传统与柏拉图本人一样吸引柯勒律治：事实上，在18世纪这两者很难彼此区分"④。所以准确地说，这里的柏拉图体系并不局限于柏拉图本人的学说，而是包括柏拉图、普罗提诺、普罗克洛斯（Proclus）和后来的"剑桥柏拉图学派"的学说共同构筑起来的柏拉图主义传统。根据英国浪漫主义时代另一位伟大的作家，也是柯勒律治在伦敦的慈善学校就结识的好友——查尔斯·兰姆（Charles Lamb）的回忆，还在慈善学校读书时柯勒律治就已经"用深沉、悦耳的语调朗读扬布里科斯（Jamblichus）或者普罗

① Thomas, McFarland. *Coleridge and the Pantheist Tradition*. Oxford: Clarendon Press, 1969, p. 44.

② James Vigus. *Platonic Coleridge*. Legenda, p. 1.

③ Samuel Taylor Coleridge. *Biographia Literaria*. ed. Ernest Rhys. London: J. M Dent & Sons Ltd., 1906, p. 263.

④ Seamus Perry. *Coleridge and the Uses of Division*. Oxford: Oxford University Press, 1999, p. 44.

提诺（xPlotinus）的神秘著作”[①]。之后，柯勒律治一方面通过舍夫茨别里、贝克莱后期的著作间接了解了柏拉图的学说；另一方面他还阅读了17世纪剑桥柏拉图主义的代表人物之一——拉尔夫·卡德沃思（Ralph Cudworth）的著作以及托马斯·泰勒（Thomas Taylor）所译的普罗泰科拉等的作品。[②] 再后来，据尼尔森·柯勒律治整理的《圆桌谈话》显示，柯勒律治声称自己“以极大的注意力、多次读过柏拉图的几部作品”。[③] 柯勒律治在柏拉图主义的哲学中发现了笛卡尔、牛顿等的机械论哲学中所缺乏的东西，并深深为之吸引。

柏拉图主义对柯勒律治的影响渗透于柯勒律治思想的方方面面，如他对哲学和宗教的调和、哲学观点的诗意表达方式等都带有柏拉图的印记。同时，柏拉图主义对他后来接受德国的先验唯心主义及跳出后者的局限都有重要作用。但就柯勒律治的自然观而言，柏拉图主义的影响主要集中在以下方面：

首先，是柏拉图主义的核心概念——“理念”说的影响。所谓“理念”，柏拉图使用的原文是Idea和Eidos（多数时候用的是前者），它们均出自动词Idein（看），本义指“看见的东西”即形状，转义为灵魂所见的东西。柏拉图在《国家篇》中把世界分为理念的世界和现实的世界，理念的世界是永恒、普遍、绝对和必然的，现实世界则是个别、相对和偶然的，并始终处于生灭之中。柏拉图认为理念的世界才是真正的实在，而现实世界只是理念的摹本和影子。新柏拉图主义者普罗提诺发展了柏拉图的这一理念说，把最高的理念命名为“太一”（One）。“太一”自身是完满无缺的实在，它的“流溢”产生了理念、灵魂和其他的世间万物。理念在柯勒律治的理论中同样具有重要作用。他把“太一”的概念与基督教的“三一论”结合起来，认为圣父、圣子、圣灵构成的“三位一体”是最高的理念，世间万物都是由它创造而来。所以，尽管事物形态各异，但是柯勒律治始终相信它们共同存在于一个统一体中，即“多样性中的统一”（Unity in Multeity）。但是“三位一体”的理念与“太一”的不同之处在于，上帝是通过意志主动创造了世界，而不是自然

① *The Works of Charles and Mary Lamb*, 6 *vols* E. V. Lucas ed. London: Methuen, 1903. I, p. 21.

② James Vigus. *Platonic Coleridge*. Legenda, p. 13.

③ *Specimens of the Table Talk of the Late Samuel Taylor Coleridge*. ed. Henry Nelson Coleridge. 2 vols. New York: Harper & Brothers, 1835. I, pp. 98-99.

的“流溢”。另外，柏拉图对理念的世界和现实世界的二重划分也为柯勒律治后来“有生气的自然”和“无生气的自然”的区分提供了原始的模型。柯勒律治的“有生气的自然”和“无生气的自然”与柏拉图的理念世界和感官世界在某种程度上非常相似。他认为“彼岸世界是‘有生气的自然’之栖息地，它折射出的‘自然之光’能够流溢到‘无生气的自然’之中，现实事物因为有了‘有生气的自然’的神圣光晕而变得生气活现”。[①] 但是，柯勒律治的“无生气的自然”的概念却没有柏拉图理论中对可感的现实世界的否定和轻视，因为“有生气的自然”必须有“无生气的自然”作为“象征”才能得以存在。这一点将在后文中详细论述。

其次，是柏拉图主义的“回忆”说的影响。在《斐多篇》中，柏拉图曾经用“回忆”说来解释我们为什么能够获得有关理念的知识。他认为，我们之所以能够知道特定的木棒和石头具有同等大小是因为我们的灵魂在我们出生之前就已经见过名为“相等”的理念。这一“回忆”理论意味着人类与生俱来就已经具有某些理念，而不是完全通过感观经验来获得知识。后来，这一观点被剑桥柏拉图主义者维切克特（Benjamin Whichcote）、摩尔（Henry More）和卡德沃思等进一步发挥。如维切克特相信宗教真理有两个来源：一是来自上帝创造之光的理性之光；二是经文或启示之光。上帝首先通过将某些原则注入人的本性，然后通过圣经的启示来教化人类。[②] 这些预先存在于人身上的原则使得人在自然之中不仅是被动的接受者，而且是能动的主体。所以，柯勒律治说，柏拉图主义的一个优势就是“它从来不会让它的信徒忘记自身，迷失和消散在感官的对象中”。[③] 由于柯勒律治早就熟知柏拉图主义的这些观点，所以后来面对康德的先验哲学也很快接受。柏拉图主义和康德哲学有关心灵能动性的观点共同赋予了柯勒律治反对经验主义“白板”说的武器。对心灵在自然中具有能动性的认可使得柯勒律治对人和自然关系的重新定义成为可能，并且是“有生气的自然”得以呈现的必要前提。

---

① 董琦琦：《论柯勒律治“自然”的诗性形而上学》，《齐鲁学刊》2006 年第 1 期。

② *Platonism and the English Imagination*. ed Anna Baldwin & Sarah Hutton. New York：Cambridge University Press，p. 141.

③ Samuel Taylor Coleridge. *The Notebooks of Samuel Taylor Coleridge*. ed. Kathleen Coburn，5 vols，London：Routledge，2002. III，p. 3935.

最后，是柏拉图主义艺术观的影响。柏拉图本人对艺术的敌视人尽皆知。他在《理想国》中曾经以画家为例来说明他贬低艺术的缘由。以他的理念说为基础，柏拉图认为现实事物是对理念的摹仿，而艺术又是对现实事物的摹仿，那么艺术便是“摹仿的摹仿”。诗歌也同样如此。它不但“与实在隔了两层”，而且迎合人性中低劣的部分、摧残理性的部分，所以柏拉图建议把诗人从理想国中驱逐出去。但是在新柏拉图主义者那里，这种艺术观得到了扭转。普罗提诺提出艺术家并非摹仿现实事物，而是直接摹仿理念，因此艺术高于现实世界。普洛克拉斯也主张，除了柏拉图所谓的摹仿现实世界的诗，还有有关知识的诗和有灵感的诗（Inspired Poetry）。尤其是有灵感的诗，是诗的最高等级。这种诗的创作者——有灵感的诗人能够超越外在世界实现与神灵的神秘合一。新柏拉图主义的这一艺术观深刻影响了柯勒律治对诗人、诗歌与自然的关系的看法。他同样认为诗人摹仿的对象不应是自然的表象，而是“有生气的自然”。通过天才诗人的作品人类可以更好地理解自然，实现人和自然的合一。

二、德国先验唯心主义哲学的影响

正如麦克法兰所指出的，除柏拉图之外，另一个对柯勒律治产生重大影响的哲学家便是康德。这里，对柯勒律治产生影响的并不仅限于康德本人的理论，而且包括康德和费希特，尤其是谢林在内的后康德哲学传统。在探讨柯勒律治的自然主义时，丹麦著名文学史家勃兰兑斯曾经评论道，柯勒律治的“头脑中浸透了德国哲学理论”，他的哲学“完全是非英国式的；他与英国科学的实验性质相反，是纯粹先验性的”。[①] 正是在德国哲学的影响下，柯勒律治才真正摆脱了英国的经验主义传统。另外，学术界有关柯勒律治对谢林“剽窃”的指控和辩护已经存在了近两个世纪。虽然其中的是非曲直我们难以论断，但是这也从一个侧面表明德国哲学对柯勒律治影响之深确是不争的事实。

前文已经提到，出于对德国的向往，柯勒律治和华兹华斯预先支取了

① 勃兰兑斯：《十九世纪文学主流》，徐式谷、江枫、张自谋译，人民文学出版社，1984 年版，第四册，第 5 页。

《抒情歌谣集》出版商支付的稿酬，在诗集出版之后立刻启程前往德国。柯勒律治除了在哥廷根大学旁听哲学讲座外，还在返回英国时带回了大量的德国哲学著作，为他后来研究和吸收德国哲学思想提供了准备。1801 年左右，柯勒律治仔细地读了康德的主要著作，这对他的哲学思想的发展产生了巨大影响。柯勒律治在《文学生涯》中曾经如此盛赞康德："格尼斯堡的圣杰、批判哲学的开创者的著作比其他任何人的作品都更迅速地激发和训练了我的理解力。《纯粹理性批判》《判断力批判》《自然哲学的形而上学要素》（Metaphysical Elements of Natural Philosophy）以及纯粹理性范围内宗教的思想的原创性、深度和简练性；新颖和精妙，再就是可靠性和区分的重要性；逻辑的严密、清晰和明确性像用巨人的手把我紧紧握住。"①尽管康德哲学主要是以对人类心灵功能的探索为目标，但是仍然对柯勒律治自然观的形成具有重要的作用。

首先，康德对心灵能动性的强调。康德在《纯粹理性批判》中发动了认识领域的"哥白尼革命"，综合先验理性论和经验实在论研究了先天综合判断何以可能的问题。不同于洛克经验哲学中把人的心灵视为完全被动的白板，康德强调人的心灵在经验知识形成过程中的能动性。他认为人的直观能力先于直观对象，并且决定了他所能够直观到的内容；不仅如此，人的概念对直观内容作出进一步的判断，形成经验知识。人的这种直观能力和概念，都是先于、独立于外在对象的。② 由此可见，在康德看来，知识是人的心灵和客观世界共同作用的结果，这打破了经验哲学中心灵与自然互不渗透的观点，使得心灵与自然的交流成为可能，不过，他随之坚持心灵之于自然的优先性，宣称"人为自然立法"。而柯勒律治与此不同，拒绝心灵与自然分离的观念，他认为离开了自然，心灵的活动也无以为继。

其次，康德对知性和理性的区分的影响。有学者认为，柯勒律治的哲学最终可以归结为理性和知性两种能力的区分③，这一区分同样是受益于康德。康德将知性定义为运用概念进行思维的能力，它把通过感性直观得到的质料

---

① Samuel Taylor Coleridge. *Biographia Literaria*. ed. Ernest Rhys. London：J. M Dent & Sons Ltd.，1906，p. 86.

② 赵敦华：《西方哲学简史》，北京大学出版社，2001 年版，第 302 页。

③ Arther O. Lovwoy. "Coleridge and Kant's Two Worlds". ELH，Vol. 7，No. 4（Dec.，1940），pp. 341-362.

以范畴的形式呈现出来，其对象是经验之物；而理性则是把知性规则统一于原则之下的能力，它的最高概念是灵魂、世界和上帝，是超验之物。受此影响，柯勒律治对知性和理性作出了区分。知性是“根据感官作出判断的能力”，而理性是“形成普遍和必然的信念的能力，是感官之上的真理的源泉和本质”。[①] 柯勒律治一再强调理性和知性之间存在质的不同，而不仅是程度的差异。通过知性和理性，人感知到的自然有着根本的差异，“有生气的自然”是人类运用自身的理性感受到的自然整体，而通过知性人类则只能把自然理解为孤立、零碎的片段，即“无生气的自然”。同时，柯勒律治把是否拥有理性当作人和自然的根本区别，人因为具有上帝赋予的理性而成为自由的主体；而自然缺乏理性，因此受制于时空中的必然律。拥有理性既让人区别于自然，同时也让人成为自然中对自然负有责任的主体。

最后，康德的目的论的影响。康德的目的论以有机生命和人为对象，提出了“自然的合目的性”概念，成为连结知性的自然概念和实践理性的自由概念的桥梁。康德认为有机体具备一种“内在的自然目的”，它的“各个部分不仅互相依赖，不仅只有在与全体的关系之中才能部分，而且互为目的与手段、互相产生出来，因而是‘有组织和自组织的’；它并不以外在东西为目的，而只把那些东西当作维持自己生存和延续的手段”。如此一来，“整个无机自然界都可以作为产生有机体的手段而被连结在一个以自然物本身（有机体）为目的的大系统中”。[②] 在柯勒律治对自然的分析中，他经常仿照康德的论述来描述自然整体与部分的相互依存的关系。但是康德宣称人是自然的终极目的，把人视为绝对的目的，而自然只是手段，这是对人主体性的张扬，是启蒙精神的集中体现。[③] 而浪漫主义者柯勒律治在肯定人的主体性的同时，也同样认可自然本身的价值，而不仅是人实现自身目的的工具。

康德去世后，费希特对康德哲学进行了改造。他首先将物自体当成完全

---

① Samuel Taylor Coleridge. *Aids to Reflection. The Complete Works of Samuel Taylor Coleridge, with an Introductory Essay upon His Philosophical and Theological Opinions*. ed. W. G. T. Shedd. New York: Harper & Brothers, 1856, p. 241.

② 叶秀山、王树人：《西方哲学史》（学术版）第六卷，凤凰出版社、江苏人民出版社，2004 年版，第 206 页。

③ 俞吾金：《如何理解康德关于“人是目的”的观念?》，《 哲学动态 》2011 年第 5 期。

没有实在性的虚构从哲学中排除。然后指出，哲学的根本问题是意识与对象的关系；在此问题上，只有两种可能的答案：或者从意识到对象，或者从对象到意识。前者是唯心主义的路线，后者是独断论的路线，费希特自然选择了前者。他把自我设定为形而上学体系的起点，通过“自我设定自身”、“自我设定非我”和“自我与非我的统一”三条原则构建起他的“知识学”体系。其中，他的“自我”是行动，而不是实体；一切都因为自我意识的活动而发生，都只能作为自我意识的表象而存在。[①] 柯勒律治在《文学生涯》中对费希特的成败进行了点评。他认为，起初费希特的哲学体系是以“行为”而非物质为起点，是真正的形而上学，它为康德的理论增添了“拱顶石”（Key-stone of the Arch）。但是随着他这一根本概念上堆砌了过多的观念和任意反思的行为，它的理论退化为“粗暴的利己主义和对自然洋洋自得的敌视，把自然当成是无生命、非神圣的”[②]。因此，柯勒律治最终抛弃了费希特的理论。

继费希特之后，谢林也拒绝了康德的物自体概念，并同样认可知识中存在主观和客观的两极，但他却认为知识的唯一前提在于二者的同一。因此，他主张自然哲学和先验哲学相互补充、殊途同归，“使客观的东西为先，从而引出主观的东西，这是自然哲学的任务。假如有一种先验哲学，那么，留给它的只能是相反的方向，那就是，把主观的东西作为在先的、绝对的出发点，从而引申出客观的东西”。[③] 在《先验唯心主义体系》中谢林说“一切知识都以客观东西与主观东西的一致为基础”[④]，由于这种同一性只能存在于自我意识（也就是绝对）中，所以，谢林把自我意识当作先验哲学的起点，研究自然如何通过自我意识产生出来。在谢林看来，绝对并非任何静止的实体，而是永恒的“自我认识行为”和生成。在自我认识的过程中，绝对在具体事物身上得以客观化，形成自然；与此同时，绝对也感知到自己是纯粹的主体，

① 赵敦华：《西方哲学简史》，北京大学出版社，2001 年版，第 330-332 页。

② Samuel Taylor Coleridge. *Biographia Literaria*. ed. Ernest Rhys. London: J. M. Dent & Sons Ltd., 1906, pp. 101-102.

③ 《西方哲学原著选读》（下册），北京大学哲学系外国哲学史教研室编译，商务印书馆，1982 年版，第 353 页。

④ 谢林：《先验唯心论体系》，梁志学、石泉译，商务印书馆，2006 年版，第 3 页。

是一切事物的源泉；绝对最终意识到自己是主体和客体、自我和自然的同一。因此，自然是自我意识获得外化并了解自身的途径，是绝对的象征。

柯勒律治在谢林的思想中找到了极大的共鸣。他在《文学生涯》中承认，“在谢林的《自然哲学》和《先验唯心主义体系》中，我首先发现了与我自己正费力寻找的东西之间有种熟悉的巧合，对我接下来要做的有着巨大的帮助”①。谢林最吸引柯勒律治的地方在于他主张自然和人类心灵具有同样的基础，因此它们是永远连结在一起的。但是，柯勒律治感到谢林把自然解释为自我意识的产物意味着以自然的、升华的形式出现的东西以把自然简化为自我的想象性投射而结束。这在柯勒律治看来，并不意味着向精神理想（Spiritual Ideal）的提升，而是堕入将人引向不断的孤立和艺术枯竭的“无底深渊”。②所以，柯勒律治的自然观总是试图寻求实在性与观念性的平衡。

第三节　文学背景

浪漫主义文学是浪漫主义思想运动的重要组成部分。浪漫主义作家敏锐地感知到工业和科技的发展不仅引发了自然的大规模污染和破坏，同时也给人类带来了前所未有的精神危机。由于对人的工具理性的片面推崇，人的感性和想象不断遭受压制。与此同时，人越来越囿于对物质的追求之中，失去了对永恒和无限的神性世界的信仰。在这样的背景之下，浪漫主义作家试图通过文学中的想象行为打破理性对人的精神和自然的统治，破解工业社会中不断加剧的人和自然的对立，通过诗歌实现神、人、自然的和谐相处。作为英国浪漫主义诗歌的开创者之一，柯勒律治既是这一文学潮流的引领者，也是浪漫主义文学思潮发展的产物。他的艺术理论始终是在与当时欧洲整个浪漫主义文学思潮，尤其是德国早期浪漫主义的互动中形成和发展的。

18 世纪末期，德国文学领域空前活跃，狂飙突进运动、古典主义和浪漫

① Samuel Taylor Coleridge. *Biographia Literaria*. ed. Ernest Rhys. London: J. M Dent & Sons Ltd., 1906, p. 102.

② Raimonda Modiano. *Coleridge and the Concept of Nature*. London and Basingstoke: The Macmillan Press, 1985, pp. 65-66.

派文学相继出现，涌现出歌德、席勒、施莱格尔兄弟、诺瓦利斯等一大批文学巨匠以及谢林等关注艺术的哲学家。18 世纪 70 年代到 80 年代中期，德国文坛爆发了声势浩大的“狂飙突进运动”。此时的德国知识分子拥护卢梭“返回自然”的主张，要求与自然结合；他们推崇“天才”、呼唤自由，成为德国浪漫主义的先声。歌德和席勒曾经是“狂飙突进运动”的中坚力量，他们张扬情感、抵制理性，但是随着他们转向古典主义，狂飙突进运动也随之结束。到 18 世纪末期，德国的浪漫主义思潮正式兴起。德国浪漫派十分鲜明地分为两代人：早期浪漫派和鼎盛浪漫派，或者又被称为耶拿浪漫派和海德堡浪漫派。对柯勒律治产生影响的主要是早期的耶拿浪漫派，它以施莱格尔兄弟为中心，其主要成员还包括谢林、诺瓦利斯、蒂克、瓦肯罗德尔等。根据柯勒律治写给朋友的书信，他在剑桥学习期间，就已经读过席勒的作品。去德国学习之前，也已经读过莱辛的著作。在德国学习期间，柯勒律治阅读了大量的德国早期浪漫主义者的文学作品。另外，柯勒律治对谢林的艺术哲学也进行了深入研究。总之，对德国早期浪漫主义作家的学习和借鉴为他后期艺术理论的形成做好了铺垫。

不同于新古典主义文学对人性和理性的片面强调以及自然在文学中的缺失，“自然”成为德国早期浪漫主义文学中的关键词之一。但是德国早期浪漫主义者笔下的自然完全不同于古代田园诗中自然的宁静优美，而总是与黑暗、森林、死亡等连在一起。亚历山大·冯·洪堡曾经敏锐地指出德国早期浪漫主义文学中自然形象的不同之处：“古人只是当自然在微笑、表示友好并对他们有用的时候才真正发现自然的美。浪漫主义者则相反：当自然对人们有用的时候，他们并不认为它美；他们发现自然在蛮荒状态中，或者当它在他们身上引起模糊的恐怖感的时候，才是最美的。黑夜和峡谷的幽暗，使心灵为之毛骨悚然、惊慌失措的孤寂，正是浪漫主义者的爱好所在……”① 对此，有许多学者将德国早期浪漫主义者的这一倾向定义为“消极”或对现实的逃避。但是，对德国浪漫主义有着深入研究的我国学者冯至先生认为，这体现了浪漫主义者对世界作为一个永远在流动和运行的巨大有机体的感知。那些在之

① 勃兰兑斯：《十九世纪文学主流》，徐式谷、江枫、张自谋译，人民文学出版社，1984 年版，第二册，第 139 页。

前的文学中相互对立的概念，如白昼与黑夜、光明与黑暗、肉体与精神在诺瓦利斯等人的诗歌中都结合在一起，这表明“一切极端的东西在永恒的循环中都彼此应和、息息相关”。同样地，生命和死亡也体现了自然中生命的循环过程，正如同“从种子生长出一个有机体，这个有机体以后又结出新的种子，新的生命再次从种子中萌芽”。因此，生命和死亡在德国浪漫主义者那里是同一的，生命是死亡的开始，而死亡也是新生命的开始。[①]

由此可见，德国早期浪漫主义文学中对极端因素的融合表明了浪漫主义者对宇宙中原初同一的渴望。从温克尔曼开始，到后来的康德、席勒、施莱格尔等都无不仰慕希腊文化中人和自然的和谐以及人性的完整。比较之下，浪漫主义者发现，自近代以来，由于科技的发展和人类对工具理性的崇拜，人类陷入了主体与客体、精神与自然、理性与感性“普遍分裂”的境地。诗人荷尔德林在他的诗歌《离别》中这样哀叹人与神、自我与自然、感性与理性的分离：“我们愿意彼此分离吗？以为这是美好和明智的吗？然而我们分离了，这为什么像谋杀一样令人战栗？”[②] 诺瓦利斯也认为“古老的世界已垂向终点……大自然空旷寂寥，了无生机。干瘪的数字和严格的规范用锁链将它束缚起来。”[③] 弗雷德里希·施莱格尔则把近代称为“化学时代”，其特征在于分裂和分解。并且他剖析了造成这一分裂和分解的根源在于“理智的解放”。在施莱格尔看来，“理智”（Verstand）与“理性”不同：理性的始源意义是“倾听”（Vernehmen），即在良心中倾听启示的召唤和神的声音；而理智的本质却在于“分解”。他说，“孤立的理智所着手进行的就是割裂自然整体并使之个别化”[④]。施莱格尔更进一步悲观地断言：“作为个体的人并不是完整的人，只是碎片。人从来就不会存在。”[⑤]

虽然生存于“普遍分裂”的世界中，但是德国早期浪漫主义者却把恢复原初同一、主客体完全合一的“绝对”的希望寄托于艺术中。但是在他们看

① 冯至：《自然与精神的类比——诺瓦利斯的气质、禀赋和风格》，《外国文学评论》1993年第1期。

② 曼弗雷德·弗兰克：《德国早期浪漫主义美学导论》，聂军译，吉林人民出版社，2006年版，第57页。

③ 诺瓦利斯：《夜颂》，《诺瓦利斯选集》卷一，林克译，华夏出版社，2007年版，第38页。

④ 李永平：《通往永恒之路——试论德国早期浪漫主义的精征》，《外国文学评论》1999年第1期。

⑤ 张继云、陆杰荣：《施莱格尔的“无限性”理论探究》，《哲学研究》2011年第8期。

来，无论是科学还是哲学都只是通过对世界的分割，实现对“有限”的知识的把握，无法呈现“绝对”。因此，科学与哲学都不能担负起呈现整体的重任。人类唯有通过艺术实现世界的“浪漫化”才能重建主体与客体、有限与无限的统一。诺瓦利斯用他充满诗意的语言写道：

> 世界必须浪漫化，这样才能找回它的原本意义。浪漫化不是别的，是一种质的乘方。这种做法使低级的自我与一个更美好的自我等同起来，就如我们自己是这样一个质的乘方级数一样。这种做法还不大为人知晓。给低级的东西赋予高尚的意义，给普通的东西披上一层神秘的外衣，使熟知的东西获得未知的尊严，让有限的东西发出无限的光芒，这就是浪漫化——反过来，这种做法表现出了高尚、未知、神秘、无限的东西。通过这种联系，这一切就变成了对数——成为普通的表达方式。浪漫的哲学，浪漫的语言，交互上升和下降。①

这里，诺瓦利斯所谓的浪漫化即通过世界的诗化来实现低级与高尚、熟悉与新奇、有限与无限的调和。而施莱格尔同样试图通过“浪漫诗”实现“有限”和“无限”的统一。在《雅典娜神殿断片集》中，他宣称：“浪漫诗是渐进的总汇诗”以及“（浪漫诗）永远只在变化生成，永远不会完结，这正是浪漫诗的真正本质。浪漫诗不会为任何一种理论所穷尽，只有预言式的批评才敢于刻画浪漫诗的理想。只有浪漫诗才是无限的，一如只有浪漫诗才是自由的，才承认诗人的随心所欲容不得任何限制自己的法则一样”②。即作为“总汇诗”的浪漫诗可以消除事物中的一切界限，把全部的事物综合为统一的整体；同时，浪漫诗中的世界始终处于动态的生成过程，永不消亡。

除了诺瓦利斯、施莱格尔等文学家感悟式的批评，谢林更是从哲学的高度论证了艺术如何成为人类得以把握“绝对”的方式。谢林将“绝对”（the

---

① 曼弗雷德·弗兰克：《德国早期浪漫主义美学导论》，聂军译，吉林人民出版社，2006年版，第202-203页。

② 施勒格尔：《浪漫派风格——施勒格尔批评文集》，李伯杰译，华夏出版社，2005年版，第71页。

Absolute)，也就是主观和客观完全统一的无差别状态视为哲学的起点。但是，“绝对”出于自我实现的需要永不停息地进行着将自身分化为主体与客体并回归同一的辩证发展过程。因而“绝对”的同一状态不能从外部通过描述或概念来言传或理解，而只能加以直观。谢林将直观分为两种：哲学的直观和美感直观。前者不是感性的，而是理智的；它不以客观事物或主观事物为对象，而是以绝对同一体为对象。但是这种直观是自我意识中纯粹内在的直观，它本身不能变为客观的，出现在普遍意识中。只有经过美感直观，也就是艺术的理智直观才能变为客观的，它指向外部，能够出现在每一个意识中。所以对于谢林，艺术不是任何对外在事物的模仿，而是绝对的自我直观，是自我意识发展的最高阶段。艺术能够向人类呈现那种在自我中就已经分离了的绝对统一体。谢林说：

> 艺术是哲学的唯一真实而又永恒的工具和证书，这个证书总是不断重新确证哲学无法从外部表示的东西，即行动和创造中的无意识事物及其与有意识事物的原始同一性。正因为如此，艺术对于哲学家来说就是最崇高的东西，因为艺术好像给哲学家打开了至圣所，在这里，在永恒的、原始的统一中，已经在自然和历史里分离的东西和必须永远在生命、行动与思维里躲避的东西仿佛都燃烧成了一道火焰。哲学家关于自然界人为地构成的见解，对艺术来说是原始的、天然的见解。①

谢林最终用神化艺术的方式完成了他的哲学体系，同时也将艺术抬高到至高无上的位置。这并非因为他从其他任何形式的哲学中得来的艺术理论，而是因为他意识到心灵和自然的结合发生在艺术中，艺术以其自由与必然、精神与自然、主观与客观的同一性能够揭示存在的本质。并且艺术能够实现有限与无限、理性与感性、人与自然之间的调和，抵制工具理性的霸权、抗衡功利的世界。

柯勒律治被德国浪漫主义者试图以艺术为手段调和自然与精神、有限与

① 谢林：《先验唯心论体系》，梁志学等译，商务印书馆，1976年版，第276页。

无限的努力深深吸引。德国文学与德国哲学遥相呼应，推动了柯勒律治浪漫主义思想的形成和发展。柯勒律治的艺术理论明显地带有德国浪漫主义的印记，尤其是谢林的艺术哲学对他艺术理论的发展产生了不可估量的影响。作为伟大的浪漫主义诗人和文艺理论家，柯勒律治主张艺术是对上帝创造行为的模仿，坚信艺术能够让人类理解世界的完整性，抵制科技和工具理性对世界的分割，从而在一个日趋分裂的时代中，承担起调和神、人和自然之间关系的重任。

第四节　自然科学背景

一、自然科学对柯勒律治自然观形成的影响

众所周知，浪漫主义时期，哲学和科学之间存在一种奇妙的联姻。当时最伟大的哲学家如康德、歌德、谢林等同时也是自然科学家。哲学家的许多理论都建立在最新的科学进展之上，柯勒律治也同样如此。此前，在国内的柯勒律治研究中，自然科学的发展对柯勒律治的影响一直被人忽视。然而，事实是对柯勒律治来说，自然科学在他的诗歌及哲学和神学理论的建构中起到了极为重要的作用。如同欧文·巴菲尔德（Owen Barfield）所评价的：“任何想严肃对待柯勒律治的人，如果不能考虑他的思想和科学之间的关系，就是在逃避问题。”①

柯勒律治的时代虽然还没有正式形成生态学的概念，但是当时科学的进展已经足以向他表明：自然中的一切事物都构成一个有机的整体，并处于永恒的相互转化中。早在1628年，解剖学家哈维（William Harvey）就发现心脏如同水泵一般使得血液在一个封闭的系统中循环，这说明包括人类在内的一切高等的有机体内都充满了循环过程。瑞典植物学家林奈（Linnaeus）预见到整个地球是一个由循环过程构成的相互联系的网络，包括蒸发、冷凝、降雨等水循环过程。1751年，林奈的信徒艾萨克·比伯格（Isaac Biberg）发表了

① Owen Barfield. *What Coleridge Thought*. London：Oxford University Press，1972，p. 131.

文章《自然的经济》（*The Oeconomy of Nature*），描述了水循环如何在地球上分配水，并维持一切生命形式；他同时描述了食肉动物和被捕食动物同时存在于等级分明的食物链中，从而能够维持不同物种的数量平衡。比伯格的文章为把世界看成和谐的、自我规定的系统奠定了基础："通过自然的经济，我们可以理解造物主与自然物之间明智的配置，通过可以产生基本的目的和循环的用途。"1772 年，化学家约瑟夫·普莱斯特里（Joseph Priestley）偶然发现了光合作用，这也证明一切物种都生活在相互依存的关系网中。1774 年，约翰·普林格尔（John Pringle）发现"遥远的荒无人烟的区域"的植物对净化城市被污染的空气具有重要作用。伊斯拉莫斯·达尔文（Erasmus Darwin）在《植物园》（*The Botanic Garden*）的第一部分，即《植物的经济》（*The Economy of Vegetation*）中进一步表明绿色植物通过光合作用制造氧气和糖对环境必不可少的作用。他同时提出了一种进化理论，尤其是个体之间的竞争会导致物种有益的变化，这更是预见了他的曾孙查尔斯·达尔文真正的进化论的诞生。① 自然科学的这些进步都在一定程度上改变了之前机械论的自然观，使人们对自然有了新的认识。

与此同时，柯勒律治早年的交往和阅读经历意味着他对这些科学的进展极为熟悉。1795 年柯勒律治在布里斯托的一场政治集会上认识了在牛津大学教授化学的托马斯·贝多斯（Thomas Beddoes）。之后，与贝多斯的密切交往点燃了柯勒律治对科学的热情，并阅读了贝多斯收集的大量科学书籍。据多伦多大学的科学史家特雷弗·利沃尔（Trevor Levere）对柯勒律治的书信和笔记的考证，1795～1796 年，柯勒律治阅读了大量牛顿、普莱斯特里等的著作。② 他不但阅读过伊斯拉莫斯·达尔文的《植物园》，还在 1796 年 1 月，与达尔文亲自会面。在哥廷根学习期间，柯勒律治不仅学习德国的哲学，还旁听了当时德国首屈一指的生理学家和自然史家布鲁门巴赫（Johann Friedrich Blumenbach）的讲课。在他的课堂上，学到了生理学、解剖学和自然史等系统的科学知识。回到英国后，通过贝多斯，柯勒律治又结识了后来曾经担任

① James McKusick. *Green Writing: Romanticism and Ecology*. New York: Palgrave Mcmillan, 2000, pp. 38-39.

② Trevor H. Levere. *Poetry Realized in Nature: Samuel Taylor Coleridge and Early Nineteeth-century Science*. Cambridge: Cambridge University Press, 1981, p. 13.

英国皇家学会主席的著名化学家汉弗莱·戴维（Humphry Davy）。戴维的电化学研究成果更令柯勒律治感受到物质之间的相互联系。

艾布拉姆斯曾经认为，浪漫主义时期，诗歌与科学势不两立。但对于柯勒律治来说，此话并不完全准确。应该说柯勒律治反对的仅是牛顿式、为了研究事物的本质而把物质不断分解到极致的科学。而真正的科学能够“揭示和构成自然中的关系”，也就是说它能帮助柯勒律治认识事物之间的相互联系，因此，它对柯勒律治极为重要。① 柯勒律治本人也认为科学能为他的哲学建构提供材料，哲学又反过来支持神学并最终被神学所超越。他在1817年的一封信中写道：“真正的哲学植根于科学，目的是为了在宗教中绽放。”同时，科学又能与诗歌形成互补，帮助人们“了解自己是一个奇妙整体的部分”②。可以说，自然科学的进展一方面引发了柯勒律治对自然的兴趣，另一方面也为他提供了一个关于自然的整体的图示。另外，自然科学知识也为他的哲学论证提供了大量的术语和例证。

二、德国自然哲学对柯勒律治的影响

自然科学的进展赋予柯勒律治观察自然的新视野。除此之外，另一种形式的自然科学——自然哲学（Naturphilosophie）也对柯勒律治的自然观产生了深远影响。尤其是在柯勒律治学术生涯的后期，当他早年对外部自然的兴趣逐步被对自然内在构造及发展规律的关注所取代时，自然哲学更显得尤为重要。

所谓自然哲学，是指“以概念、推论、假说来研究当时的自然科学问题”。国际上许多重要科学史著作都反复强调，自然哲学是德国自然科学发展史上的一种特殊形态。整个18世纪，德国的自然科学研究基本上就是以自然哲学的形态出现。③ 它不同于自然科学从外部对自然进行的观察，而是致力于

---

① Trevor H. Levere. *Poetry Realized in Nature*: *Samuel Taylor Coleridge and Early Nineteeth-century Science*. Cambridge: Cambridge University Press, 1981, p. 4.

② Samuel Taylor Coleridge. *Collected Letters of Samuel Taylor Coleridge*, ed. Earl Leslie Griggs, 6 vols, Oxford: Clarendon Press, 1956. IV, p. 768.

③ 叶秀山、王树人：《西方哲学史》（学术版）第六卷，凤凰出版社、江苏人民出版社，2004年版，第79页。

发现自然之所以成为自然的构成原理。当时德国最著名的自然哲学家包括布鲁门巴赫、康德、谢林、费希特、黑格尔、洛伦兹·奥肯（Lorenz Oken）和海因里希·斯蒂芬①（Heinrich Steffen）等。其中，康德、谢林和斯蒂芬对柯勒律治的影响最大。

尽管自然哲学家的学术生涯各异，但是他们在对自然现象的探讨中有许多共同的关注点。他们都反对牛顿将自然进行物质化的解释，推崇用极性力量解释自然的构成。康德在他的《自然科学的形而上学基础》中说，任何"通过最小成分的构成来解释特定物质"的理论都将导致"机械的自然哲学"。而在此书中，康德用"存在于内部的吸引和排斥的运动力量"来解释物质的多样性。但对于谢林来说，康德的体系仅仅关注物理对象，并没有触及自然的内在精神。柯勒律治与谢林看法类似。在他看来，康德首要的贡献是用两种力量来构建物质，但他的缺陷在于忽略了物质和精神的关系，在物质的自然中缺少精神。他认为这些力的概念总是某些有限的东西，但如果没有第三种力量的存在，这两种力的作用将不能持续。而这第三种力量必须是高于一切物理法则的精神力量。② 所以，经过谢林的改造自然哲学赢得了柯勒律治更多的认同。

前文提到，谢林的自然哲学是他整个哲学体系的第二部分，即通过客观的方面来解释主观的产生。在谢林的自然哲学中，同样拒绝用物质来解释自然，而是沿着康德开辟的道路，通过极性力量来构造出他的自然体系。他认为自然界是某种存在于人之外的精神无意识地创造的，而自然中任何创造活动都必须遵循的基本原则是极性原则，即精神的创造活动中都必然包含着两种对立的力量——肯定的力量和否定的力量，二者的结合将形成更高的"合题"。"合题"中再分化出新的两极，直至把自然形成一个不可分割的整体。依据这一极性原则，谢林勾勒出了从星球的诞生到人的出现的整个宇宙的起源和演变过程。此后，谢林的门徒斯蒂芬把谢林的自然哲学与具体的自然科学知识结合起来，提出了发展更完备的自然体系及一系列解释物理现象的术语。

---

① 斯蒂芬生于挪威，但后来长期在德国学习和工作，其主要的学术成就都是在德国取得的。

② Raimonda Modiano. *Coleridge and the Concept of Nature*. London and Basingstoke: The Macmillan Press, 1985, pp. 141-142.

从当代科学的视野中回望德国的自然哲学，我们不能否认由于时代所限，它的理论中存在许多荒谬之处。但是，毫无疑问地，它在机械论自然观占统治地位的时代为人们提供了新的看待自然的方式。正是在德国自然哲学的影响下，柯勒律治拒绝了机械—粒子论的自然观，而把自然看成生生不息、永远在生成转化中的动态整体。另外，谢林的自然哲学中对自然的创造力量与创造产品的区分也成为柯勒律治“有生气的自然”和“无生气的自然”的直接来源。不过，虽然柯勒律治被德国自然哲学家的理论深深地吸引，但是他也深刻地意识到他们把极性等同于神性，把自然视为自给自足的体系便是混淆了自然与上帝，陷入了泛神论的深渊。这对于柯勒律治这个虔诚的基督教徒来说是不可容忍的。所以，为了避开泛神论的威胁，最终柯勒律治用他改造后的“三一论”解决了德国自然哲学的不足。在他的自然观中，既保留了自然的极性活动和内在整体，又保留了对上帝的绝对信仰。因而，柯勒律治的自然观的建构最终需要通过神学来圆满。

第五节　宗教背景

在柯勒律治一生复杂多变的思想历程中，宗教一直占据着重要位置。他出生于一个宗教氛围极为浓厚的家庭，父亲是一位英国国教会的乡村牧师，并且曾经出版过对《士师记》的评注。年少时的柯勒律治因为天资聪颖，受到父亲的特别偏爱。在所有的家庭成员中，柯勒律治与父亲的关系最为亲密，并被父亲视为他牧师职位的接班人。柯勒律治回忆说他在三岁时就已经读过《圣经》。① 他在伦敦的慈善学校就读期间，其阅读范围也涉及神学。早年的经历令柯勒律治对宗教问题始终抱有极大的兴趣。进入成年时期，柯勒律治的宗教思想与哲学思想交织在一起，始终处于动态的发展过程中，先后经历了上帝一位论、自然神论及泛神论阶段，最后回归正统的基督教，并通过基督教的“三一论”最终完成了他的有机动态哲学。

---

① *The Cambridge Companion to Coleridge*. ed. Lucy Newlyn. Cambridge: Cambridge University Press, 2002, p. 17.

年轻时，柯勒律治在追随哈特利和普莱斯特里等人的必然论哲学的同时，也接受了他们上帝一位论的宗教思想。上帝一位论者否认上帝由圣父、圣子、圣灵三个位格构成，强调上帝只有一位。《文学生涯》中，柯勒律治承认："在那时（1795）及之后很长一段时间，尽管我在哲学上是一个三一论者，但是在宗教上我是一个狂热的上帝一位论者。"① 沉浸在上帝一位论中的柯勒律治主张上帝就是一切并且上帝即是爱。也就是说，在柯勒律治最早的宗教观念中，"'神'是'非人'的，是被设定于某一固定程序中的一个'命定'了的过程，宇宙间的一切都被有规律地纳入这一必然的宇宙和谐之中"。② 受上帝一位论的影响，柯勒律治认为世界必须存在于一个巨大的整体中，正如他告诉朋友塞尔沃尔（John Thelwall）："我的心灵感到他渴望领悟和了解某个伟大的事物——某个整一的、不可分割的东西。"③

不过，随着柯勒律治的思想日渐成熟，他对上帝一位论的信念开始动摇，逐步转向自然神论。仍在剑桥求学的柯勒律治曾经给他的哥哥乔治写信说，他当时的宗教理念"是由福音派与自然神论派哲学观点所组成，是处在宗教信仰的过渡阶段"，他正逐渐"以有所保留的态度接受自然神学的合理部分"。④ 自然神论派认为尽管上帝创造了宇宙和它的运行规则，但在此之后上帝却不再影响世界的发展，即"上帝作为'第一推动者'一次性地创造了世界之后，就任凭世界按照理性的法则永恒地、不受任何外来干扰地运行下去"⑤。由于世界按照上帝设定的理性法则运行，自然神论者又由此主张通过对自然的认识，人便可以认识上帝。柯勒律治虽然在自然神论思想中只做了短暂停留，他却从此"体悟出上帝对世界的创造性参与，由此启发他进而探

---

① Samuel Taylor Coleridge. *Biographia Literaria*. ed. Ernest Rhys. London：J. M Dent & Sons Ltd.，1906，p. 114.

② 李枫：《诗人的神学——柯勒律治的浪漫主义思想》，社会科学文献出版社，2008 年版，第 182 页。

③ Samuel Taylor Coleridge. *Collected Letters of Samuel Taylor Coleridge*，ed. Earl Leslie Griggs，6 vols，Oxford：Clarendon Press，1956-71. I，p. 349.

④ 李枫：《诗人的神学——柯勒律治的浪漫主义思想》，社会科学文献出版社，2008 年版。

⑤ 李枫：《诗人的神学——柯勒律治的浪漫主义思想》，社会科学文献出版社，2008 年版，第 185 页。

讨世界、自然存在及发展的意义”①。

之后，柯勒律治的《风瑟》（1795）及写作于1798年前后的《午夜寒霜》《孤独中的忧思》（*Fears in Solitude*）等诗歌又流露出强烈的泛神论倾向。所谓泛神论是指把上帝等同于宇宙、认为上帝之外无他物的观点，或者反过来说，它拒绝承认其他任何认为上帝与自然分离的说法。② 应该说，柯勒律治从上帝一位论到自然神论和泛神论之间的演变并没有明确的时间界限；而且柯勒律治也没有对它们进行过深入的理论探讨，大都通过他的诗作流露出来。不过它们之间的共同点在于它们都与必然论哲学相联系，认为上帝已经预先决定了世间的一切，而心灵都仅仅视为表达宇宙秩序的被动的工具。而随着柯勒律治从必然论转向康德的先验哲学，之前宗教思想中有关心灵被动性的观点开始变得让他无法接受。由于泛神论在当时的欧洲思想界影响力最大，所以柯勒律治主要将泛神论当作“真理的最大敌人”，对泛神论的态度由赞同转向批判。

1803年，他在给韦奇伍德（Thomas Wedgewood）的一封信中写道：“对我来说，生命是一种普遍的精神，它既没有也不能有对立面。上帝无处不在且到处发挥作用。”③ 表明了他的泛神论立场。然而，此后不久他的笔记和书信就表现出新的倾向，开始以超验的上帝取代无处不在的上帝。到写作《文学生涯》时，虽然柯勒律治的立场已经转变，但他仍对泛神论保持了一定的容忍，认为“虽然它可能以无神论的方式传达，但并不必然意味着无信仰的或异教的”④。不过最终柯勒律治与泛神论针锋相对，强调泛神论与无神论是同义词：声称“一切都是上帝”也就是拒绝上帝；如果世界中没有不是上帝

① 李枫：《诗人的神学——柯勒律治的浪漫主义思想》，社会科学文献出版社，2008年版，第187-188页。

② Michael Levine. “Pantheism”. *The Stanford Encyclopedia of Philosophy*. 2012. 见 http://plato.stanford.edu/archives/sum2012/entries/pantheism/，2014年9月5日访问。

③ Samuel Taylor Coleridge. *Collected Letters of Samuel Taylor Coleridge*, ed. Earl Leslie Griggs, 6 vols, Oxford: Clarendon Press, 1956-71. II, p. 916.

④ *The Cambridge Companion to Coleridge*. ed. Lucy Newlyn. Cambridge: Cambridge University Press, 2002, p. 189.

的事物，那么“上帝”这一术语便是毫无意义和肤浅的。[①] 柯勒律治认为尽管泛神论中也存在上帝与人、精神与自然、心灵与物质等不同的术语，但在本质上却只有自然。自然是唯一的实体，其他一切都是它的变体和发展。在泛神论体系中，完全没有自我意识和个体自由的存在空间。尤其是在面对以谢林学说为代表的德国自然哲学时，他一方面承认谢林的泛神论在摧毁机械论的自然观方面的重要意义，同时也对谢林理论中的泛神论思想进行了严厉批判。他指出，尽管斯宾诺莎哲学的起点是物质，而谢林的是自我意识，但他们都从根本上拒绝上帝和自然界具有任何差别，因此谢林同样滑向了泛神论，他与斯宾诺莎的区别仅是语词上的。[②]

为了避开泛神论的陷阱，柯勒律治最终走向基督教的“三一论”神学。在他看来，“三一论”是唯一能够保留“太一”作为宇宙的根本缘由，又能远离泛神论威胁的途径。[③] 他将柏拉图的“理念”与基督教的“三位一体”概念结合起来，声称“‘三位一体’是最首要的理念，其他一切理念都从它而出”[④]，以及它是“上帝的理念唯一可能的形式，否则它就是斯宾诺莎式的上帝或把世界当作上帝”[⑤]。然而，柯勒律治的“三位一体”与基督教中正统的“三位一体”有所不同，他在传统的圣父、圣子、圣灵三个要素之外添加了第四个要素，即上帝还没有分化的绝对统一的状态，并把它与绝对意志等同起来。通过神圣意识中的“内在能量”（Immanent Energy），上帝彰显自身，成为由圣父、圣子、圣灵构成的动态复合体。圣父和圣子分别代表绝对中相对主观和客观的方面，二者又通过上帝的“第二能量”（Second Energy）形成更高的复合体——圣灵。其中，柯勒律治强调圣子虽为圣父所生，但却不能如

---

① *The Cambridge Companion to Coleridge*. ed. Lucy Newlyn. Cambridge：Cambridge University Press，2002，p. 190.

② Samuel Taylor Coleridge. *Aids to Reflection. The Complete Works of Samuel Taylor Coleridge*，*with an Introductory Essay upon His Philosophical and Theological Opinions*. ed. W. G. T. Shedd. New York：Harper & Brothers，1856，pp. 20-24.

③ Thomas，Mc Farland. *Coleridge and the Pantheist Tradition*. Oxford：Clarendon Press，1969，p. 228.

④ Samuel Taylor Coleridge. *The Notebooks of Samuel Taylor Coleridge*. ed. Kathleen Coburn，5 vols，London：Routledge，2002. IV，p. 5294.

⑤ *Coleridge's Miscellaneous Criticism*. ed. Thomas Middleton Raysor. 2 vols. Cambridge，Mass：Harvard University Press，1936. II，p. 1145.

圣父一般进行自我创造。学者博尔杰（James D. Boulger）认为柯勒律治对圣子的殊异性的强调表明了“一种造物主和被造物、绝对的和个体的意志、上帝和被造的有限物质之间哲学上的二元对立的力量”。①

总之，对于柯勒律治而言，“三一论”已经不仅关乎宗教信仰，而是成为连接宗教和哲学的纽带，柯勒律治最终通过它完成了自己形式上零散但实质上已经较为完整的自然观念。不同于德国自然哲学将自然视为自给自足的存在，柯勒律治首先肯定了自然是上帝创造的产物，上帝既在自然中显现自身，又超验其外。其次，圣父、圣子、圣灵“三位一体”的整体性是“一切其他整体的原型、本质和要素”②，所以它成为自然中整体性与多样性共存的基础。此外，更重要的是他将意志视为上帝一切实在性的前提以及人类心灵的最高能力，上帝持续不断地创造行为为人类心灵在感知自然中的创造活动提供了范例。所以，柯勒律治通过“三一论”使得自然的实在性、心灵的能动性和对上帝的信仰紧紧地联系在一起。如同他自己所言：“能够给予理念实在性、能够把理念的高贵赋予实在、能够把所有实验哲学家的一切常识和柏拉图主义者的所有伟大方面结合起来的东西，就是我们从基督教中找寻到的。”③

① James D. Boulger：*Coleridge as Religious Thinker*. New Haven：Yale University Press，1961，p. 138.

② Samuel Taylor Coleridge. *Collected Letters of Samuel Taylor Coleridge*，ed. Earl Leslie Griggs，6 vols，Oxford：Clarendon Press，1956-71. II，p. 1196.

③ Samuel Taylor Coleridge. *The Philosophical Lectures of Samuel Taylor Coleridge*. ed. Owen Barfield and Kathleen Coburn，princeton University Press，1949，p. 223.

第三章　柯勒律治的“三一论”神学与有机整体自然观

浪漫主义时期，浪漫主义者致力于以有机生命的概念取代机械论时代机器的隐喻，“有机”概念在文学、哲学及自然哲学领域都产生了深远影响。卡西尔这样评价有机概念在浪漫主义时期的重要性：“浪漫主义的有机观念不是一个单一的自然事实或一组特定的、有限的客观现象……而是一个普遍的理论原则。这一原则是浪漫主义理论真正的终极目标和中心点。有机问题是浪漫主义者从各个不同领域时常回到的一个中心点。”[①] 对于柯勒律治，有机概念不但贯穿了他本人的哲学、美学和文学批评中，而且影响了当时英国哲学和美学的发展走向。艾布拉姆斯认为，正是柯勒律治“使机体说得以流入英国美学那条迄今是清澈的、如果还不是太深的溪流之中”。[②] 以有机整体哲学取代此前的机械—粒子论哲学成为柯勒律治后半生的最大追求，这一追求同样在他的自然观中得到了体现。从根源上说，柯勒律治的有机整体自然观是通过他的“三一论”神学实现的。

第一节　从泛神论向“三一论”的转变

从18世纪中后期开始，泛神论作为一种神学思潮席卷欧洲大陆，柯勒律治也被卷入其中。从词源学上来讲，“泛神论”（Pantheism）一词由 Pan 加

① Cassire，Ernst. *The Philosophy of Symbolic Forms*. 3 vols. New Haven：Yale University Press，1991. I，p. 154.

② 艾布拉姆斯：《镜与灯——浪漫主义文论及批评传统》，郦稚牛、张照进、童庆生译，北京大学出版社，1989年版，第260页。

theism 组成。在希腊语中，Pan 相当于英文中的 all，意思为“全部”或“所有”；theism 即“有神论”，来源于希腊语中的 theos，意思是“神”或上帝，相当于英文中的“God”。按字面意思来理解，所谓泛神论就是“一切都是上帝”。根据斯坦福哲学百科的定义，泛神论就是把上帝等同于宇宙、认为上帝之外无他物的观点，或者反过来说，它拒绝承认其他任何认为上帝与自然分离的说法。① 1705 年，英国著名自由思想家约翰·托兰德（John Toland）最先在他的著作《泛神论要义》（*Pantheisticon*）中使用了“泛神论者”（pantheist）一词。在 1709 年，他的一位论辩对手又提出了泛神论的说法。

尽管作为一个专有名词，“泛神论”出现的时间较晚，但是作为一种神学思想泛神论却早已存在。以至于西方许多哲学百科中将泛神论详细区分为“古代泛神论”、“中世纪泛神论”和“近代泛神论”。荷兰哲学家斯宾诺莎被认为是近代泛神论体系的开创者。针对笛卡尔将世界划分为“物质”和“心灵”两大互不渗透的实体，斯宾诺莎提出了他自己一元论的本体论学说。斯宾诺莎认为，世界只能存在一个实体（Substance），它是“在自身内而通过自身被认识的东西”②，实体也就是神、也就是自然。因而斯宾诺莎在论述中经常使用“神或实体”、“神或自然”的说法。正因为如此，虽然斯宾诺莎本人并未使用“泛神论”一词，但他将神和自然等同起来的观点仍被认为是近代泛神论体系的集大成者。

泛神论的上帝与正统基督教中的上帝的区别在于：第一，不同于“三一论”中以仁慈的圣父形象存在的人格化上帝，它是非人格化的。斯宾诺莎公开反对将神赋予形态的说法，因为假如神具有形态，那么就应当具有长、宽、高的属性，这与神的无限的性质完全相悖。第二，泛神论的上帝不是基督教传统中外在于自然的创造者，而是存在自然之中，上帝是内在的（Immanent），或者说上帝就等于自然整体本身。在此基础上，泛神论者认为既然上帝存在于万物之中，那么整个世界因为神的不可分割性将成为一个不可分割的整体。托兰德曾经对泛神论者的立场进行了概括：“世界上万物是

① Michael Levine. “Pantheism.” *The Stanford Encyclopedia of Philosophy*, 2012. 见 http://plato.stanford.edu/archives/sum2012/entries/pantheism/，2014 年 9 月 5 日访问。

② 斯宾诺莎：《伦理学》，贺麟译，商务印书馆，1997 年版，第 3 页。

一，一是万物中的一切。万物中的一切者即是上帝，永恒无限，不生不灭。我们在上帝中生活、运动和存在。万物皆由上帝而来，且将与上帝重新合而为一，上帝是万物的开端和终极。"[①] 上帝与万物的区别仅在于它永恒无限、不生不灭，万物则受生灭规律支配。而且上帝弥漫于整个大地、天空和海洋中，因此也赋予了所有自然物以神性和灵气。如同托兰德所说，"牧人和野兽在出生时全都承受了有灵气的生命，当其解体时则又回到这里。没有死亡，一切都是不朽的，一切都投向苍穹，驻留在自己专有的星座上"。[②] 也就是说，泛神论者一方面主张万物一体构成上帝，另一方面由于上帝的内在性，万物都分有了上帝的神性和生命。所以，泛神论者的自然是一个充满神性和灵性的世界。

从 18 世纪后半期开始，面对工业和科技对自然的促逼，泛神论把自然等同于上帝的观点恰好满足了当时思想界"返回自然"的诉求，因此整个欧洲几乎都被卷入泛神论的狂潮之中。当时德国成为泛神论最繁荣的国家，除康德和雅各比外，赫尔德、莱辛、歌德、施莱尔马赫、谢林、荷尔德林在内的众多哲学家、思想家和诗人都成为泛神论的狂热拥趸。在法国，早在大革命爆发之前，泛神论思想也开始流行。伏尔泰、狄德罗等在法国也发展了泛神论。在英国，泛神论则以上帝一位论的形式出现，其代表人物有哈特利和普莱斯特利等。柯勒律治就是从他们身上获得了泛神论思想。

在第二章中提到，哈特利是英国"联想说"的代表人物。他把心灵视为科学研究的对象，试图用牛顿和洛克有关心灵和物质运动的概念为基础来解释精神活动。他说外界对心理的刺激将引发一系列必然的"联想"，并不可避免地引起对第一缘由或上帝的概念。这样，哈特利便证明了宗教和道德观念与我们所见的树木和巨石等一样是有效的，并且这些观念与对自然界的观念具有同样的必然性。在一个科学日益受到重视的年代，哈特利为宗教信仰提供科学证明的努力满足了柯勒律治对宗教的热情。因此，柯勒律治不仅接受了哈特利的必然论哲学，也接受了他有关上帝的学说。那么哈特利宗教观念中的上帝形象又是怎样的呢？他说，既然我们在经验中发现一切幸福的总和大于痛苦的总和，我们对上帝的观念就是他是"无限仁慈的"。既然经验让我

---

① 约翰·托兰德：《泛神论要义》，陈启伟译，商务印书馆，1999 年版，第 33-34 页。

② 约翰·托兰德：《泛神论要义》，陈启伟译，商务印书馆，1999 年版，第 38 页。

们将愉悦与它们的缘由联系起来，我们最终都将一切愉悦与上帝联系起来。“既然上帝是我们一切快乐的源泉，以及至少表现为这样（即与我们的一切快乐相联系）。接下来似乎应当是上帝的观念，以及他的善和幸福得以昭示的方式最终必须取代或吸收其他的一切，他自身变为一切的一切。”① 柯勒律治在后来的反思中指出，上帝一位论否认上帝的位格，认为上帝吸收其他的一切并自己变身为一切的观点本质上就是泛神论，所以他后来说上帝一位论“一定会走向泛神论”②。

柯勒律治早年深受哈特利等的泛神论思想的影响。他在《1795 年政治与宗教演讲集》中，重点论及“天启宗教”的特点及意义，认为“天启宗教”所揭示的上帝与“人”截然不同，因而上帝只有“一位”，没有必要包含“人”的位格。耶稣作为“圣子”，其实质只是一个人，不能分享上帝的位格。如果认为“天启宗教”包含了人格化的上帝，则会导致这一宗教的腐败。③ 此后一年，在写给塞沃尔的信中，柯勒律治也对自己当时的宗教观进行了阐述。他说：“现在基督教给我们的宗教无非是：第一，存在一个具有无限力量、智慧和善的、无处不在的上帝，我们于其中运动，并得以存在；第二，当我们濒死的时候，我们并不完全消失，而是在此生之后继续享受或忍受我们现在形成的习惯的后果，不管是好是恶。这就是基督教，也是基督教的全部。”④ 对上帝的这一认识最终影响到了他的自然观，并在他早年的诗歌中得到了明确体现。

在受泛神论影响最深刻的那段时间，柯勒律治创作了《夜莺》《这椴树凉亭——我的牢房》《午夜寒霜》等一大批以自然事物为对象的诗歌。在这些诗歌中，柯勒律治笔下的自然物各不相同，但共同点是它们都是有生命的，充满了目的、智慧乃至创造性的力量。不仅如此，柯勒律治在早年的诗歌中还

---

① qtd. in Richard Haven. “Coleridge, Hartley, and the Mystics.” *Journal of the History of Ideas*, Vol. 20, No. 4 (Oct. - Dec., 1959), pp. 477–494.

② Samuel Taylor Coleridge. *Coleridge on the Seventeenth Century*. ed. Roberta F. Brinkley. Durham: Duke University Press, 1955, p. 381.

③ J. Robert Barth. *Coleridge and Christian Doctrine*. Cambridge, MA: Harvard University Press, 1987, p. 6.

④ qtd. in S. F. Gingerich. “From Necessity to Transcendentalism in Coleridge.” *PMLA*, Vol. 35, No. 1 (1920), pp. 1–59.

拒绝了启蒙理性将自然不断分解的做法，主张自然的整体性。他认为上帝的力量无处不在，使整个自然形成一个不可分割的整体。这种生命力量不断弥散、交织，并最终构成“一个生命”的观点在他的许多作品中都得到了明确表达并被他多次提及。

“万物一体”的观点就是柯勒律治早年的《宗教的沉思》的重要主题。他说：“上帝弥漫于万物之中，这令万物成为一个整体。”能够感知到自己是“一个奇妙整体”的部分，是人类的“崇高”之处，是我们的“最高威严”。①只要我们意识到这无处不在的灵魂，我们将能够重返神圣的源头，重新与上帝合为一体。除了《宗教的沉思》，他的另外一首诗——《风瑟》也充分体现出他的泛神论的整体自然观。诗歌中，诗人面对风瑟发出的优美的旋律，陷入了沉思之中。对于诗人来说，轻风对风瑟的抚弄似乎让他看到了生机勃勃的宇宙。他写道：

> 又何妨把生意盎然的自然界万类
> 都看作种种有生命的风瑟，颤动着
> 吐露心思，得力于飒然而来的
> 心智之风——慈和而广远，既是
> 各自的灵魂，又是共同的上帝？②

也就是说，柯勒律治在这段话中将人和一切充满生机的自然万物比作有机的风瑟，而把上帝比作“智性之风”（Intellectual Breeze）。他用轻风这一自然物与上帝进行类比显示出他当时强烈的泛神论倾向，即上帝就存在于自然之中，自然就是上帝。而他将人和世间万物比作风瑟的意图则是在于解释自然中一切事物的相互联系性和整体性。无论是一片树叶，还是一棵树、一只狗或者一个人都是一架风瑟，“智性之风”会不断吹向他们。在后来对这首诗

① Samuel Taylor Coleridge. “Religious Musings.” *Poetical and Drama Works*. In vol. VII of *The Complete Works of Samuel Taylor Coleridge, with an Introductory Essay upon His Philosophical and Theological Opinions*. ed. W. G. T. Shedd. New York: Harper & Brothers, 1856, p. 74.

② 柯勒律治：《风瑟》，见《老水手行——柯尔律治诗选》，杨德豫译，译林出版社，2012年版，第7页。

进行的修改中，柯勒律治增加了有关"一个生命"的说法："我们身内、身外的同一生命，是寓于一切活动之中的灵魂，是声中之光，光中的如声之力，是全部思维的节奏，是随处的欢愉——"①。柯勒律治这段话里进一步明确地指出了他的观点：上帝作为一切事物、一切活动的灵魂处于人们身内、身外的一切生命之中，并且人们又同属于"一个生命"，即人们始终都处于一个整体之中。

柯勒律治早年对自然的整体性的追求同样体现在他最具代表性的作品《老水手行》中。《老水手行》讲述了一个老水手因为无意杀死信天翁而遭受惩罚，真诚忏悔后又得救的奇幻故事。在故事的结尾诗人以老水手的口吻忠告人们要对上帝进行真诚的祈祷，并且特意指出"对人类也爱，对鸟兽也爱，祷告才不是徒劳。"对于《老水手行》，英国生态批评家 N. 罗伯茨和吉福德曾经断言它是英国文学史上"最伟大的生态寓言"②。从柯勒律治的神学背景来看，可以说这一"最伟大的生态寓言"背后即有柯勒律治的泛神论思想作为其神学支撑：上帝就是爱，他的爱无处不在，"上帝爱一切生灵——一切都由他创造"。上帝的爱使得人和自然必然地处于一个整体之中。老水手故意射杀信天翁、使人类刻意与其他生物疏离开来，这就破坏了自然的整体性，将必然遭受来自上帝的惩罚。因此，在诗歌中，上帝化身为来自"雾乡雪国"的神怪一路追随老水手的船为信天翁进行复仇。人类自身也因为上帝的惩罚而陷入混乱和支离破碎的状态。只有通过老水手意识到自己的罪恶、对代表自然的水蛇进行真诚的祝福和祈祷之后，并通过上帝之爱的救赎，整个人和自然才能再一次恢复为统一、和谐的共同体，人类也才能重新找回自己的精神家园。因此，有学者评价说，《古舟子》是柯勒律治追求整体性的"最高和最终形式的表达"③。

在泛神论的影响下，柯勒律治把自然视为有自己生命的存在，并且所有的自然都处于"一个生命"的整体之中，这令他摆脱了以往机械论哲学中僵死的和分裂的自然观。但是随着柏拉图主义和康德先验哲学的影响不断加深，

① 柯勒律治：《风瑟》，见《老水手行——柯尔律治诗选》，杨德豫译，译林出版社，2012 年版，第 6 页。

② 王诺：《欧美生态文学》，北京大学出版社，2003 年版，第 103 页。

③ S. F. Gingerich. "From Necessity to Transcendentalism in Coleridge." *PMLA*, Vol. 35, No. 1 (1920), pp. 1-59.

柯勒律治在哲学上从必然论转向先验唯心主义，他越来越多地发现了他的泛神论自然观中的缺陷。

首先，柯勒律治逐步认识到，泛神论主张上帝存在于自然之中，自然有自己的生命的观点是一种自然的神化。把自然等同于上帝就等于取消了自然和上帝的区分，宣称一切都是上帝就等于没有上帝。因此，柯勒律治后来认为泛神论与无神论事实上是同义词。他直截了当地指出，“在天主教的‘三位一体’的整体和用自相矛盾的词语‘泛神论’作为掩饰的无神论之间，没有也不可能有任何中间地带。因为一切都是上帝和没有上帝是相同的立场。”① 对柯勒律治的思想发展影响深远的哈特利的哲学和神学也被柯勒律治指责为“现代异教徒的无信仰的形而上学”②。

其次，柯勒律治认为泛神论尽管自然观强调自然的整体性，保证了世间万物都处于一个整体之中，避免了启蒙理性对自然的切割。但它为了保证整体而忽略了其中的个体，也就是说它为了保持整体而抹煞了个体的真实存在。在近代泛神论的源头斯宾诺莎那里，只有实体是真实的存在，个体事物只是实体（也就是上帝）某些属性的分殊。换句话说，在斯宾诺莎的泛神论体系中，个体事物的存在只有在形式上是可能的，而并不具备真实有效性。因此，泛神论的公式就是“一”与“多”的同一。也就是说，在柯勒律治看来，泛神论的整体并不是如同生命体一样的有机整体。但是，对于自然中的整体与个体以及它们之间的相互关系是一个一直吸引柯勒律治的生命之谜，他不止一次地表达过对“一”与“多”问题的关注。1799 年，他曾经说过，“我要到阿拉伯半岛滚烫的沙子中来一次朝圣之旅，或者找一个人能够对我解释在无限多的感知中存在一个‘一’，并且必然存在一个‘一’，它不是紧密的联合而是绝对的统一。”③ 1803 年，柯勒律治再一次重申：“我想到阿拉伯的沙漠中进行一次朝圣之旅，找人为我解释‘一’如何能成为‘多’！永恒的宇

① Samuel Taylor Coleridge. *Aids to Reflection*. In vol. I of *The Complete Works of Samuel Taylor Coleridge, with an Introductory Essay upon His Philosophical and Theological Opinions*. ed. W. G. T. Shedd. New York: Harper & Brothers 1856, p. 220.

② qtd. in S. F. Gingerich. “From Necessity to Transcendentalism in Coleridge.” *PMLA*, Vol. 35, No. 1 (1920), pp. 1-59.

③ Samuel Taylor Coleridge. *The Notebooks of Samuel Taylor Coleridge*. ed. Kathleen Coburn. 5 vols, London: Routledge, 2002. I, p. 556.

宙之谜！它看上去似乎是不可能的；但是它又无处不在！在术语上它的确是个悖论，但也仅仅在术语上！”① 由此可见，在柯勒律治看来，泛神论为了保留整体而牺牲其中个体的实在性的做法也不能令他感到满意。

最后，也是在柯勒律治看来最致命的缺陷是，泛神论自然观只强调自然，而导致了心灵的被动性，忽略了人的心灵在自然整体中的作用。斯宾诺莎在《伦理学》中提出，包括人的心灵在内的一切事物中，没有任何偶然的东西，“一切事物都受神的本性的必然性所决定而以一定方式存在和动作”②。因此，斯宾诺莎的泛神论体系中，人没有任何自由，只是被必然性的铁链紧紧捆绑。斯宾诺莎的反对者康德就曾指出，在斯宾诺莎的体系中“自由无法挽回”。如果接受了斯宾诺莎主义，“人将是一只牵线木偶或机器，由最高等的手艺大师制作出来并穿上细绳。尽管自我意识会令他成为会思考的机器，但是对其自发性的意识（如果这一自发性等同于自由的话）将仅仅是一种幻觉。”③

泛神论体系中心灵的被动性和人的主体性的缺失也在柯勒律治早期的思想中有所体现。当时，他诗歌中的主要人物几乎都是缺乏自我意识和被动的。在《老水手行》中，老水手射杀信天翁的行为完全是被动的，不是自己主动发出的行为。当船上的其他船员把他们遭受的一系列厄运的原因都归结到老水手射杀信天翁时，老水手也是平静接受，毫不质疑他们的论断。在整个过程中，他完全没有自己的主观意志和价值判断，仿佛被一种神秘的力量牵引，做出了射杀信天翁的行为，并完全被动地承担这一行为的结果。同样地，柯勒律治的另一首代表作《克里斯德蓓》中的女主角克里斯德蓓跟老水手一样，也是被动的，完全被化身美女的女巫吉若丁发出的魔力所控制。柯勒律治写道：“你的抗争是徒劳，别的事你无能为力，唯一可行的是宣告：在那片昏黑林子里，听到了一声呜咽或低语，瞧见了一位明艳的淑女，你出于仁爱，带她回家来，从那片瘴气里救她出来。”④ 所以，从老水手到克里斯德蓓等有代

---

① Samuel Taylor Coleridge. *The Notebooks of Samuel Taylor Coleridge*. ed. Kathleen Coburn. 5 vols. London: Routledge, 2002. I, p. 561.

② 斯宾诺莎：《伦理学》，贺麟译，商务印书馆版，1997 年版，第 29 页。

③ qtd. in Thomas McFarland. *Coleridge and the Pantheist Tradition*. Oxford: Clarendon Press, 1969, p. 90.

④ 柯尔律治：《克里斯德蓓》，见《老水手行——柯勒律治诗选》，杨德豫译，译林出版社，2012 年版，第 108 页。

表性的人物都是被动的，他们都被某种神秘的、无形的力量或者命运的必然性所控制。在心灵与自然的关系上，早年的柯勒律治认为上帝存在于自然之中，所以人应当崇拜自然，主动地投身于自然之中，与自然合为一体。《午夜寒霜》中，柯勒律治以教诲儿子哈特利的口吻说上帝“在永恒中取法于万物，而又让万物取法于他”，所以，柯勒律治称上帝为“宇宙的恩师”。既然上帝存在于万物之中，因此人应当允许心灵在自然中对上帝索取，接受上帝的颁赐。至于诗人，更应当投身自然，在自然中寻找诗歌灵感。柯勒律治在《夜莺》中提出诗人应当到自然中寻找灵感，诗人其冥思苦想、雕章琢句，不如沐浴于自然中。唯有如此，才能使自己的诗歌“像自然一样动人”。

但是，在柏拉图主义和康德先验哲学的影响下，柯勒律治开始逐步笃信心灵的能动性，对一切主张心灵被动性的哲学表示出强烈的不满。1801 年，在写给普尔的信中，柯勒律治借批评牛顿来批评一切将心灵视为被动的哲学。他指出：“牛顿仅仅是一个唯物主义者。在他的体系中，心灵对于外部世界总是被动的，是一个懒惰的旁观者。如果心灵不是被动的，如果它真的是按上帝的形象造就的，以及在最崇高的意义上，是按造物主的形象造就的。我们有理由怀疑，建立在心灵被动性之上的体系作为体系是错误的。”①

出于以上原因，柯勒律治对自己早年的泛神论进行了彻底否定。在此后长达二三十年的时间中，柯勒律治把泛神论作为真理的主要敌人进行了一系列批判。他声称自己在哲学和神学上的主要目标就是推翻泛神论：“现在我的体系的主要目标就是推翻泛神论，通过全部被造物确立造物主的多样性，推论出 personeity，即上帝的‘我是’。并在同一个证明过程中证明道德罪恶的实在性和始源性，并且解释有限自然的事实。”② 柯勒律治最终发现，他为自己设定的这一系列目标只有在基督教的“三一论”中才能得到满足，“三一论”也是唯一能够让他避开泛神论的途径。因此，柯勒律治最终转向了“三一论”，并在“三一论”的框架下形成了新的有机整体自然观。

---

① qtd. in S. F. Gingerich. “From Necessity to Transcendentalism in Coleridge.” *PMLA*, Vol. 35, No. 1 (1920), pp. 1-59.

② James Boulger. *Coleridge as a Religious Thinker*. New Haven: Yale University Press, 1961, p. 129.

第二节 “三一论”神学观与有机整体自然观的形成

在柯勒律治看来，泛神论不能容纳世界的丰富性和人的自由性，并且在实质上是一种无神论，因而他彻底抛弃了泛神论，并将它当作“真理遇到的最强大敌人”进行批判。同时，他接受了雅各比的观念，即任何完整的哲学体系都必然会走向泛神论。因此，他不得不转向宗教，并最终在基督教的“三一论”中找到了有关自然和人类关系的理想模式，并建立起新的有机整体的自然观。

1806年，在柯勒律治写给乔治·傅立克（George Fricker）的信中提及上帝圣父、圣子、圣灵的位格，即上帝从本质上既是统一又是相互区别的“三位一体”①。这表明，柯勒律治已经否定了之前的上帝一位论，在宗教立场上开始逐步转向“三一论”。到1814年，在写给约瑟夫·科特尔（Joseph Cottle）的信中彻底否认索奇尼教是宗教，承认“三一论”是“经文的明确启示”，柯勒律治完全转向了“三一论”。② 他认为，“‘三位一体’的确是最首要的理念，其他一切理念都从它而出——或者如同《启示录》所言，它是藏着一切知识宝库的秘密。”③ 柯勒律治对“三一论”极为拥护。在他看来，“三位一体”必然地包含在上帝的理念之中，“三一论”也是真正的宗教唯一可能的形式。他指出：“除了‘三一论’和‘三一论’的真理的扩充，没有也不可能有任何宗教或理性；简而言之，一切其他所谓的宗教，无论是异教或基督教都是无神论。”④ 他还说过，“三一论”“从它的重要方面和在圣经中

① Samuel Taylor Coleridge. *Collected Letters of Samuel Taylor Coleridge*, ed. Earl Leslie Griggs, 6 vols, Oxford: Clarendon Press, 1956. II, pp. 1189-1190.

② Samuel Taylor Coleridge. *Collected Letters of Samuel Taylor Coleridge*, ed. Earl Leslie Griggs, 6 vols, Oxford: Clarendon Press, 1956. III, p. 480.

③ Samuel Taylor Coleridge. *The Notebooks of Samuel Taylor Coleridge*. ed. Kathleen Coburn, 5 vols, London: Routledge, 2002. IV, p. 5294.

④ Samuel Taylor Coleridge. *The Literary Remains of Samuel Taylor Coleridge*. ed. Henry Nelson Coleridge. 4 vols. London: William Pickering, 1836. IV, p. 222.

的显著性来说，是信仰的伟大信条，以及整个基督教的基础。”① 更重要的是，柯勒律治认为“三一论”是唯一能使对“一”的假设作为宇宙的缘由，同时远离泛神论的途径。除了“三一论”，其他一切对于上帝的理念都不可避免地导致泛神论。他明确意识到，“‘三一论’是上帝的理念成为可能的唯一形式，否则他实质上就是斯宾诺莎式的上帝或把世界当作上帝。”② 为了了解柯勒律治作出如此论断的依据，我们有必要首先厘清柯勒律治对“三一论”的理解及“三一论”对柯勒律治后期自然观发展的影响。

不同于上帝一位论阶段时反对上帝位格的区分，认为上帝只有一个位格，柯勒律治转向“三一论”之后坚持对上帝的位格进行区分。他强调如果上帝是一位的，那么上帝将不能成为上帝。上帝为了成为上帝，首先必须成为耶稣。同时，这一区分也是理解柯勒律治“三一论”自然观的关键。不过与西方正统基督教中的“三一论”概念相比，柯勒律治对它进行了改造和变革，在传统的圣父、圣子、圣灵之外添加了第四个要素——之前没有区分、绝对统一的状态。他认为上帝起初是形式与实质、主体和客体同一的绝对整体③，他的实在性就存在于自身之中并且同时拥有自身所有的理念和属性④。柯勒律治把神圣意识中这一没有区分、无所不包的状态称为“在一切之中、通过一切存在和在一切之上的‘一’（the One in all& through all, and over all）”，并把他与绝对意志、绝对主体性和作为神圣基础的上帝等同起来。可以看出，不同于泛神论中上帝不具有意志、只受必然性控制的观点，在柯勒律治的上帝概念中，绝对意志被认为是先于一切并维持一切事物的存在的。他认为“三一论”的第一理念就是“绝对意志，它因此也从根本上是实在的始因，并

① Samuel Taylor Coleridge. *Collected Letters of Samuel Taylor Coleridge*, ed. Earl Leslie Griggs, 6 vols, Oxford: Clarendon Press, 1956. III, p. 486.

② Samuel Taylor Coleridge. *Aids to Reflection*. In vol. I of *The Complete Works of Samuel Taylor Coleridge, with an Introductory Essay upon His Philosophical and Theological Opinions*. ed. W. G. T. Shedd. New York: Harper & Brothers, 1856, p. 36.

③ Samuel Taylor Coleridge. *The Notebooks of Samuel Taylor Coleridge*. ed. Kathleen Coburn, 5 vols, London: Routledge, 2002. III, p. 4427.

④ Samuel Taylor Coleridge. *Collected Letters of Samuel Taylor Coleridge*, ed. Earl Leslie Griggs, 6 vols, Oxford: Clarendon Press, 1956. II, p. 1195.

因此是他自身实在的始因；无论如何，是从未衰退和不可衰退的根本始因。”①同时，绝对意志的理念中包含了上帝的自我实现，柯勒律治称之为Personeity，并在此基础上提出了第二理念：“因此意志作为存在，并且因为意志因此作为一种人格化的存在，它自身的存在的始因、基础或原则都存在于它永不枯竭的起始力量（Causative Might）中。”② 也就是说，与正统基督教中的“三位一体”概念不同的是，柯勒律治要求区分作为一切实在的基础的上帝（Ground）和人格化的上帝（Personeity）。作为一切实在的基础的上帝是“实在的始因并因此是自身实在的始因”；而作为人格化的上帝，他与人类需要在对外物的同情中获得自我实现一样，为了寻求自我实现，也必须指向自我之外的实在。因此，下一步必然是朝向自我之外的、实在的某种行为或运动。接下来，作为人格的上帝为了自我实现，分化为圣父和圣子。圣父代表了“我中的我”（I am in that I am）这一上帝最初的自我确认行为，并代表了上帝中相对主观性的一面（或Ipseity）；同时，上帝在自我确认的行为中也创造了圣子。圣子代表了上帝中相对客观性的一面（或Alterity），他变成了逻各斯、圣言和“存在的家”（the Pleroma of Being）。至此，上帝分化为圣父和圣子。对于圣父来说，圣子既是自身又是他者。他们就像一个人之于另外一个人，极为相似、但不完全相同。圣子虽然出自于神的基础，但是他与他的圣父“同一但不相同”（One with but not the Same as）③。他与圣父和绝对意志一样是自给自足，但不是起始于自身的。圣父和圣子的区分对于柯勒律治极为重要。如果人不能理解圣父和圣子之间的区分，那也几乎不可能理解其他的区别，尤其是“神和被造物之间无限的鸿沟”④。

但是，上帝分化的过程至此还未完成，因为还必须存在能够使圣父和圣子同一的行为，这一同一的过程就是圣灵。圣灵从圣父出发到达圣子，再从

① qtd. in J. Robert Barth. *Coleridge and Christian Doctrine*. 2nd edition. New York：Fordham University Press，1987，p. 88.

② qtd. in J. Robert Barth. *Coleridge and Christian Doctrine*. 2nd edition. New York：Fordham University Press，1987，p. 89.

③ qtd. in Raimonda Modiano. *Coleridge and the Concept of Nature*. London and Basingstoke：The Macmillan Press，1985，p. 198.

④ Samuel Taylor Coleridge. *Marginalia*. ed. George Whalley，princeton：Princeton University Press. I，pp. 573-574.

圣子回到圣父。通过圣灵的作用，上帝重新获得主体和客体的统一并回归自己的最初形式，即二者的绝对同一。对于圣灵的本质，柯勒律治认为它就是一种爱的精神，一种类似于父亲与孩子之间的爱。柯勒律治说："他自身就是一切，他与他者交流如同与自己交流，这样一种交流就是爱。并且在把自身重新归属于交流者的过程中也只有爱。这也是爱，是子女对长辈的爱。爱就是上帝的精神，并且上帝就是爱。"① 这样，上帝完成了从同一到分化为圣父、圣子，再通过圣灵回归同一的过程。不过需要特别强调的是，上帝从同一到分化、再回归同一的过程的次序只是逻辑上的，而非时间上的，从分化到同一的过程在本质上是同一的。这一过程可以通过下面的图示②来表示：

同一

（绝对意志；善；基础）

Ipseity　　　　Alterity

（我；圣父；最高意志；存在）（真理；最高心灵；逻各斯；圣言）

共同体

（生命；爱；圣灵；行动）

从相信上帝只有一个位格到认为上帝是由圣父、圣子、圣灵构成的辩证统一体，柯勒律治的神学立场彻底从泛神论转向了"三一论"。新的"三位一体"的观念对柯勒律治自然观的转变至关重要，它成为柯勒律治新的有机整体自然观的基础和前提。"三一论"神学对柯勒律治新有机整体自然观的意义主要表现在以下几个方面：

第一，它帮助柯勒律治解开了"一"与"多"的关系之谜。柯勒律治认为"三位一体"的概念是内在于基督教的教义中的。他说，"从《创世记》到《启示录》的一切经文都宣称，有且只有一个上帝。但《新约》提到存在三个不同的主体——圣父、圣子和圣灵……每一个不同的名字都被赋予上帝

---

① qtd. in J. Robert Barth. *Coleridge and Christian Doctrine*. 2nd edition. New York: Fordham University Press, 1987, pp. 91-92.

② Raimonda Modiano. *Coleridge and the Concept of Nature*. London and Basingstoke: The Macmillan Press, 1985, p. 191.

不同的称呼及单独的属性。因此，上帝有三个位格，这三个位格又是统一的。”① 因而，圣父、圣子、圣灵永远共同存在，并且是以圣父产生圣子、圣灵，从它们二者而出的形式共同存在的。这三者之间的关系既是相互独立的，又能构成一个整体。柯勒律治特意强调，“三位一体”的整体也是“个体性最强烈的整体，其中的区别是最明显、最坚不可摧的区别”，这种整体的模式必然是“其他一切整体的原型、实质和要素”。② 所以，“三位一体”既是“整体中的三位”（Trinity in Unity）也是“三位中的整体”（Unity in Trinity）。因此，“三位一体”的存在模式能够帮助柯勒律治解释为何在自然的无限多样性中必然存在着整体性。此外，不同于泛神论为了保证整体的实在性而牺牲其中的个体的做法，“三一论”也为柯勒律治解释自然的整体为何是多样性中的整体提供了有效的依据。由此可见，在“三一论”影响下，柯勒律治新的自然观有效地解决了泛神论自然观不能调和“一”与“多”之间关系的缺陷，既保留了自然的整体性，又同样认可其中的个体性和多样性。

第二，“三位一体”的上帝观确立了上帝与自然的创造关系。在斯宾诺莎的泛神论中，自然和上帝是同义词，上帝就是自然；柯勒律治在上帝一位论阶段虽然没有完全否认上帝是自然的创造者，但是他认为上帝存在于自然之中，也就是很大程度上把自然神化为上帝。而在“三位一体”的上帝观中，柯勒律治将上帝和自然的关系确立为造物主和被造物的关系。作为人格的上帝出于自我实现的需要主动分化为圣父和圣子，并创造了自然。柯勒律治认为《出埃及》中的“我就是我”（I am who I am）非常重要，它是一切事物无条件的缘由。“上帝，不仅从本质上说是宇宙的基础”，还是“由于他的智慧和神圣意愿成为他的制造者和判决者”。③ 上帝不是自然，因为上帝是自然的创造者。如同神学家卡尔·巴斯（Karl Barth）所言：“上帝是一回事；天与

① qtd. in J. Robert Barth. *Coleridge and Christian Doctrine*. 2nd edition. New York: Fordham University Press, 1987, p. 100.

② Samuel Taylor Coleridge. *Collected Letters of Samuel Taylor Coleridge*, ed. Earl Leslie Griggs, 6 vols, Oxford: Clarendon Press, 1956. II, p. 1196.

③ Samuel Taylor Coleridge. *Biographia Literaria*. ed. Ernest Rhys. London: J. M Dent & Sons Ltd., 1906, p. 106.

地、人和宇宙是另一回事；这另一回事便不是上帝。”① 在柯勒律治看来，将上帝和自然之间的关系定义为造物主和被造物之间的关系能够使人避开泛神论混淆自然与上帝的错误。他声称，“上帝是一切事物绝对的创始人，不只是它们的形式和关系，而是它们的存在本身的创造人……这一论断将排除一切宇宙神论、泛神论…… 简而言之，各种把自然或自然的部分视为不朽的形式……一切已经存在、现存及将要存在的视为都只能在上帝中拥有自身的开端。”② 这一创造观不只避免了泛神论混淆上帝和世界的错误，它还确立了人和自然同为上帝所造的原则。因而，人和自然有着共同的基础，这为柯勒律治接下来定义人和自然的整体关系以及他象征观的提出奠定了基础。

第三，柯勒律治把绝对意志作为一切实在的起点也昭示了他对人的自由意志的强调。《创世记》中，上帝在创造的第六天按照自己的形象创造了人，人因而与上帝享有同样的形象。对于柯勒律治来说，作为世界的基础的上帝首先是绝对意志和最高理性，因此在人的层面上他最关注的兴趣点则是人的有限意志和人的理性。人因为拥有了意志和理性而成为自然中自由的主体并超越了自然。柯勒律治对人的理性和自由意志的强调令柯勒律治在“三一论”的神学框架下重新定义人和自然的关系成为可能。

第四，上帝通过两极的调和形成更高的统一体的存在模式为柯勒律治用极性力量（Polar Forces）的相互作用来解释一切事物之间的相互联系和动态生成过程提供了依据。极性思想早在古希腊哲学家毕达哥拉斯的哲学中就已经存在，之后在中世纪被乔尔丹诺·布鲁诺（Giordano Bruno）广泛运用于物理学和形而上学中。到 18 世纪，谢林、史蒂芬、奥肯等德国自然哲学家经常用对立两极的调和来解释自然的构成。柯勒律治从布鲁诺及德国自然哲学家那里接受了极性的概念，并把它与基督教的“三位一体”概念结合了起来，使得极性成为柯勒律治除了“三位一体”之外的另一个根本的理念。柯勒律治认为极性是一切事物存在的根本方式：“自然和精神中的每一种力量都包含了对立面，这是它彰显自身的唯一途径和条件，并且一切对立面都具有重新

① Karl Barth. *Dogmatics in Outline*. New York：Harper Perennial，1959，pp. 54-55.

② J. Robert Barth. *Coleridge and Christian Doctrine*. 2nd edition. New York：Fordham University Press，1987，p. 113.

统一的趋势。”[①] 整个世界都是通过极性力量的辩证运动而形成的整体。对此，玛丽·安·帕金斯（Mary Ann Perkins）评价道：“创造行为就是通过把无区分状态转化为整体并把多样性转化为个体性的极性活动实现的。”[②] 上帝“三位一体”的存在方式成为其他一切创造行为的原型。

总之，柯勒律治通过回归基督教传统的“三一论”概念并结合德国有机哲学的理论对其进行了改造，为他接下来重新阐释自然的有机整体性和人与自然的相互关系做好了神学上的准备。

第三节　自然的有机整体性

韦氏大辞典（*Merriam-Webster*）对“有机”（Organic）一词的解释是：“①整体中的各部分互相依存，内在相关；②一种复杂物质，其中整体大于部分的总和；部分参与到整体之中而获得自身的生命与特色。”[③] 而《剑桥哲学词典》（*The Cambridge Dictionary of Philosophy*）对“有机”的解释更为详尽：

> 部分之间的组织和内在关系类似于生物体中各个部分的组织和关系。有机整体就是有机的整体。这些术语主要用于非生物体、但是类似于生物体的事物。有机整体观一般应用于艺术作品、国家（如黑格尔）和宇宙（如绝对唯心主义）。这一观念的主要因素就是对部分的理解要建立在对整体的贡献指数之上。不能用对部分化约后的解释来描述一个事物的有机整体性。反之，部分的某些特性必须依据整体的特性才能得到解释。所以，它通常要涉及整体论的形式。有机整体观还有另外一些特性，如各个部分之间以及部分与整

---

① Samuel Taylor Coleridge. *The Friend: A Series of Essays to Aid in the Formation of Fixed Principles in Politics, Morals, and Religion, with Literary Amusement Interspersed*. ed. Henry Nelson Coleridge. 3 vols. London: William Pickering, 1837. I, p. 94.

② Mary Ann Perkins. *Coleridge's Philosophy: the Logos as Unifying Principle*. Oxford: Clarendon Press, 1994, pp. 122-123.

③ http://www.merriam-webster.com/dictionary/organic，2015 年 3 月 25 日访问。

体之间的相互依存，对部分的目的论解释与整体的目的相关。[①]

由此可见，有机论自然观，与机械粒子论自然观相对，代表了一种着眼于整体与部分的辩证关系的自然观。此外，对柯勒律治的有机理论评价甚高的艾布拉姆斯如此定义有机说，认为它的“主要范畴都是从有生命的、成长的事物的属性中通过隐喻得出的”[②]，并且指出柯勒律治的最终把生长的植物确立为自己有机论的根本隐喻，与机械-粒子论的机器隐喻相区别。因而艾布拉姆斯以生长的植物为例考察了柯勒律治有机概念的内涵：第一，植物源于种子，这表明在有机体中整体是第一位的，部分是第二位的，由整体产生出来；第二，植物生长，这意味着有机过程是一个不断变化的生长过程；第三，植物在生长过程中不断把空气、水、泥土等不同的元素同化于自身；第四，植物从内在的能量源泉中自然产生，因此有机体的发展的动力来自于自身，而非外力；第五，植物成熟的结构是一个有机的整体，其中的部分以一种复杂的、特别内在的方式相互联系，并同植物联成一个整体。[③] 纵观韦氏大辞典、剑桥哲学辞典对“有机”一词的定义以及艾布拉姆斯对柯勒律治的有机观念的分析，我们可以看出有机概念的主要范畴应该包括：第一，整体性；第二，个体性与整体性的辩证统一；第三，动态生成性。因此，有机整体的自然观从本质上应当区别于机械论的自然观，它的整体与部分之间不应当是互不渗透的个体，而是部分之间的相互作用共同构成了不可分割的整体。同时，它也应当区别与泛神论的那种为了保留整体而否定个体的整体论自然观，而是整体与个体的共存。

柯勒律治的有机论自然观的形成除了受益于德国的康德、谢林等的有机论哲学和当时自然科学对自然有机性的深入了解之外，更主要的是它根植于他的“三一论”神学观中。前文说过，“三一论”确立了自然为上帝所造的

---

① *The Cambridge Dictionary of Philosophy*. 2nd Edition. ed. Robert Audi. Cambridge: Cambridge University Press, 1999, p. 635.

② 艾布拉姆斯:《镜与灯——浪漫主义文论及批评传统》，郦稚牛、张照进、童庆生译，北京大学出版社，1989 年版，第 260 页。

③ 艾布拉姆斯:《镜与灯——浪漫主义文论及批评传统》，郦稚牛、张照进、童庆生译，北京大学出版社，1989 年版，第 262-267 页。

创造论自然观，并且柯勒律治明确地指出，世界来自圣言，因而上帝是其存在的缘由和基础。他说：“通过信仰，我们能够理解世界是通过上帝的圣言形成的。”① 他还强调，我们始终应当牢记“一切真正实在的基础和证据都存在于意志中。没有意志，实在自身只能是煞费苦心的影子游戏，以抽象开始、以混乱结束”。② 自然是上帝的创造物，这是自然的有机整体性得以存在的神学前提。在柯勒律治看来，上帝作为自然的创造者，他既是绝对意志，也是最高智慧和绝对理性，因而这样的上帝“决没有为自己创造出一架机器的动机”③。所以柯勒律治说，哪怕一个对自然有着深入研究的植物学家也必须承认，物理学和生理学中必须存在一个神学的基础。正是因为它的存在，自然才不是盲目的和无生命的机器。作为全知全能的上帝创造的产品，自然处处表现出手段对目的的适应、部分与整体的和谐，完全是一个类似于生物学中有机的整体。根据柯勒律治的观点，自然的有机整体性主要表现在：

第一，自然中存在一个先在的整体。为与泛神论相区别，柯勒律治提出自然中没有任何事物是始源性的，自然是“我们用来理解能够以时空形式呈现、受制于因果关系的一切事物的术语”④。意思是说，自然中没有任何事物是自由的，一切自然事物的产生和发展都受制于自然法则（Law）。那么，何为自然法则呢？柯勒律治断言：“法则来自于上帝，它就是圣言。”⑤ 对于法则，柯勒律治还认为，法则在它绝对完美的意义上，只能是上帝的属性，与上帝不可分割。上帝不仅为每一个事物安排好了自身的位置，并且在那一位

---

① Samuel Taylor Coleridge. *The Friend: A Series of Essays to Aid in the Formation of Fixed Principles in Politics, Morals, and Religion, with Literary Amusement Interspersed.* ed. Henry Nelson Coleridge. 3 vols. London: William Pickering, 1837. III, p. 183.

② Samuel Taylor Coleridge. *The Friend: A Series of Essays to Aid in the Formation of Fixed Principles in Politics, Morals, and Religion, with Literary Amusement Interspersed.* ed. Henry Nelson Coleridge. 3 vols. London: William Pickering, 1837. III, p. 211.

③ Samuel Taylor Coleridge. *The Friend: A Series of Essays to Aid in the Formation of Fixed Principles in Politics, Morals, and Religion, with Literary Amusement Interspersed.* ed. Henry Nelson Coleridge. 3 vols. London: William Pickering, 1837. III, p. 206.

④ Samuel Taylor Coleridge. *Aids to Reflection.* In vol. I of *The Complete Works of Samuel Taylor Coleridge, with an Introductory Essay upon His Philosophical and Theological Opinions.* ed. W. G. T. Shedd. New York: Harper & Brothers, 1856, p. 220.

⑤ qtd. in Trevor H. Levere. *Poetry Realized in Nature: Samuel Taylor Coleridge and Early Nineteenth-century Science.* Cambridge: Cambridge University Press, 1981, pp. 99-100.

置上赋予了事物作为某一特殊事物的特性，这就是法则。因而柯勒律治一直强调，法则构成了一个事物真正的存在，是它实在性的基础。他说，“法则等于属于一个事物的存在的必然性原则……这一使它存在的原则决定了它的运动，或者说它根据使得它的存在方式成为必然的原则运动……法则因此是必然地决定任何事物的存在方式、它的形式、程度、运动方向和关系的东西。一切法则中都内置了一种必然性，否则它就不是法则。”① 既然法则就是圣言本身，并且法则构成了一切事物实在性的基础，那么上帝的整一性就决定了在一切事物中都事先存在着一个整体。

《沉思之助》中，柯勒律治提出，自然中处处存在整体的证据，并以一朵番红花为例对自然的整体性进行了详尽的说明。他说：“对于这株番红花或者其他任何读者可以见到的以及幻想出来的花朵，附着于同一株植物的根、茎、叶、花瓣等都是由于种子中先在的力量或原则已经被从周围的土壤、空气和水分中激发出来，这一原则在构成番红花的大小和可见性的物质粒子存在之前就已经存在。”② 番红花的情况同样适用于种子——它也包含了从它的母体中传下来的“先在的整体性”。在它的生长行为和后来的有机形式存在之前，已经包含了“保存和繁殖的力量”。柯勒律治认为，这一事先存在的整体就是法则。也就是说，由于法则的存在，番红花的根、茎、叶、花瓣等共同存在于一个整体之中。番红花的各个部分共同构成了整体，而番红花的整体本身又是包括土壤、空气和水分在内的更大的整体的一部分。以此类推，整个自然便存在于一个无所不包的整体之中。或者反过来说，任何事物都不能离开整体而存在。对于这株番红花来说，它的根、茎、叶及花瓣等不同部分依赖彼此之间的相互关系构成了自身的存在，而番红花这株植物本身也是依赖于周围的空气、土壤、水分才得以存在。无论是番红花中的部分，还是番红花本身都不能离开整体而孤立地存在。

第二，自然是个体性与整体性的辩证统一。在泛神论阶段，柯勒律治曾

① qtd. in Trevor H. Levere. *Poetry Realized in Nature*: *Samuel Taylor Coleridge and Early Nineteenth-century Science*. Cambridge: Cambridge University Press, 1981, p. 100.

② Samuel Taylor Coleridge. *Aids to Reflection*. In vol. I of *The Complete Works of Samuel Taylor Coleridge, with an Introductory Essay upon His Philosophical and Theological Opinions*. ed. W. G. T. Shedd. New York: Harper & Brothers, 1856, p. 150.

经认为上帝无处不在，将自然构成一个绝对的整体。但是，泛神论的整体中只有整体是真实存在的，而个体不具备真实有效性，即它为了保存“一个生命”的整体性而牺牲了个体性。到了“三一论”阶段，柯勒律治自然观与此前最大的转变就是他认为自然不仅存在一个整体，而且这个整体是多样性的统一，是其中的个体之间的相互作用构成的整体。柯勒律治认为法则不只决定了自然中存在一个无所不包的整体，而且预先决定了其中的个体。柯勒律治主张，“作为实现目的的手段，各个部分从先在的方法或自我组织的意图中获得它们作为某一特殊事物的位置、个性乃至存在本身。”[①] 因此，与整体性一样，整体中部分的真实性也是由法则也就是上帝决定的。意思是说自然中不仅存在整体，其中的个体也是以相互区分的状态存在。柯勒律治指出，自然中的一切事物，包括从房顶的杂草到森林中的参天大树、从树荫中的昆虫到在树根中打洞的鼹鼠，再到树顶建巢的雄鹰和以树枝为食的大象，都受制于普遍的法则。通过它，每一种事物都属于整体，渗透了整体的力量。与此同时，为了每个特殊物种的福祉和存活，特殊法则的干预使得普遍法则被悬置或削弱。因此，我们能够看到在每个物种和每个物种中的个体也变成一个独立的系统，有它自己的世界。正因为如此，柯勒律治认为，整体中的个体与整个体系和世界的一致性要求事物自身也要有自己先在的整体，所以“决不能排除或悬置每个之中的个体的法则和整体的原则”。[②]

事实上，柯勒律治对自然中的个体性极为看重，以致有学者评价道，柯勒律治对整体的追求常常“被对特殊的追求所抵消”[③]。在他的《生命理论》（*The Theory of Life*）一文中，柯勒律治甚至明确将生命定义为“个体化的趋向”（Tendency to Individuation）。这里，柯勒律治的“生命”从广义上来说是指一切创造物；具体来说，则是指个体的事物。如同上帝是圣父和圣子两极的对立统一，柯勒律治认为一切生命中都应该包含可以相互抵消的两种倾向：

---

① Samuel Taylor Coleridge. *The Friend*: *A Series of Essays to Aid in the Formation of Fixed Principles in Politics*, *Morals*, *and Religion*, *with Literary Amusement Interspersed*. ed. Henry Nelson Coleridge. 3 vols. London: William Pickering, 1837. III, p. 181.

② Samuel Taylor Coleridge. *Aids to Reflection*. In vol. I of *The Complete Works of Samuel Taylor Coleridge*, *with an Introductory Essay upon His Philosophical and Theological Opinions*. ed. W. G. T. Shedd. New York: Harper & Brothers, 1856, p. 151.

③ Seamus Perry. *Coleridge and the Uses of Division*. Oxford: Clarendon Press, p. 23.

其一为“从普遍生命分离”，即个体化的倾向；其二为“回归普遍生命”，即回归自然整体的倾向。因而，从上帝或者宇宙的角度来说，生命是“多样性的统一”（Unity in Multeity）的原则；但是从每个人或者个体的事物来说，生命是一种个体化的原则（the Principle of Individuation），或将给定的一切连结为由部分预先决定的整体的能力。能够将这两个方面连结起来并贯穿其中的纽带就是“个体化的趋向”。①所以，在柯勒律治看来，“个体化的趋向”就是生命的本质，它存在于一切生命中，构成了一切生命的共同特征，甚至在最低级的动植物世界中，整体性也开始变为个性。“个性化的趋向”的实现程度不同代表了不同的生命并能将某种特定的生命与地球上的其他生命区别开来。这意味着只有通过“个体化的趋向”才能确立一个事物独一无二的实在性。

但是，我们需要指出，虽然柯勒律治重视自然的个体性，但是这与他对整体性矢志不渝的追求并不矛盾。因为“个体化的趋向”作为联结事物的个体化过程和回归整体过程的纽带，它同时也是对个体事物与整体关系的界定。生命个体通过“个体化的趋向”寻求自己个体之内的整体性，同时也寻求在更广阔的范围内与其他一切生命形式构成有机统一的整体。“个体化的趋向”本身必然是既独立又依附、既分离又结合的。所以柯勒律治认为，所谓“个性”就是一种将整体和个体结合起来的能力。整体越能将特殊的事物整合于自身，部分之间的依存性越强，生命便越强烈；反过来，部分对整体的依赖与整体对部分的依赖结合得越紧密，其个性也越强。由此可见，自然事物的个体绝非孤立存在的个体，而是整体中的个体，个体性必须在普遍性和无限性中才能获得存在。所以，柯勒律治强调“个体性只有在与普遍和无限并置在一起并在其之中才是可能的。它既不能在普遍和无限之前，也不能在其之后。”② 因此，柯勒律治的自然整体是个体中的整体，个体是整体中的个体，二者不可分离，有机统一。由此可以看出，在“三位一体”的模式之下，他

① Samuel Taylor Coleridge. *The Theory of Life*. In vol. I of *The Complete Works of Samuel Taylor Coleridge, with an Introductory Essay upon His Philosophical and Theological Opinions*. ed. W. G. T. Shedd. New York: Harper & Brothers, 1856, p. 387.

② Samuel Taylor Coleridge. *The Friend: A Series of Essays to Aid in the Formation of Fixed Principles in Politics, Morals, and Religion, with Literary Amusement Interspersed*. ed. Henry Nelson Coleridge. 3 vols. London: William Pickering, 1837. III, p. 211.

彻底实现了自然中整体和部分的辩证统一。

第三，自然是一个动态生成的过程。如果仅有整体和部分的存在还难以将自然称为一个有机体，因为正如艾布拉姆斯对植物特征的分析，任何有机体都不能是僵死的，而是存在一个不断生长、变化的过程。在柯勒律治看来，上帝不断分化为圣父和圣子，并通过圣灵的连结作用重新回归统一体的模式是自然的存在模式的神学基础，而且法则也预先设定了个体之间的相互作用和相互关系。因而柯勒律治认为自然不是像在机械论哲学中那样静止和僵死不变的，而是处于永恒的动态生成过程中。他说：“自然（Natura）这一词语本身已经用最强烈的形式表明了这一点：它是永远在生成的事物。”① 同时，他指出，自然中动植物的器官与机器有着根本的区别。机器只是零件之间的简单相加，而器官独特的形状不仅是“从不可见的中心力量发展而来”②，更重要的是它的发展和生长也是依靠自身的同化作用而非被动地累加。因此，他认为整个自然界就是不同个体之间相互转化形成的整体。他指出：

> 植物的原始的力量把固定不变的空气和水转化进青草或者树叶之中；在有机原则方面，公牛或者大象能够表现出更了不起的“炼金术”。随着不可见的主体令它神奇地涡流前进，叶子毫无差别地变为骨头和骨髓、柔软的大脑或者坚硬的象牙。你所见的是血液、肉体，是其结果本身，或者我要说，是不可见的能量的半透明性。不久将使它们屈从于低一级的力量（因为在自然的活动中没有停顿或断层），并根据它们的种类重复类似的转化过程。③

柯勒律治指出，这些不是幻想、推测甚至假说，而是事实。所以“否认它们是不可能的，不去反思它们则是耻辱的。”因此，我们应当对它们进行反

---

①② Samuel Taylor Coleridge. *Aids to Reflection*. In vol. I of *The Complete Works of Samuel Taylor Coleridge, with an Introductory Essay upon His Philosophical and Theological Opinions*. ed. W. G. T. Shedd. New York：Harper & Brothers，1856，p. 263.

③ Samuel Taylor Coleridge. *Aids to Reflection*. In vol. I of *The Complete Works of Samuel Taylor Coleridge, with an Introductory Essay upon His Philosophical and Theological Opinions*. ed. W. G. T. Shedd. New York：Harper & Brothers，1856，p. 359.

思，以便清楚地看出“洋洋自得的机械-粒子论哲学彻底的无知和无意义。”①

如果说在上面的论述中，柯勒律治从自然界整体的视角论证了不同生命之间在自然界中的相互转化和生成，那么在《生命理论》中柯勒律治则从自然中具体生命的微观角度指出，动态生成性也是生命个体的根本属性。他认为如同磁铁的两极共同构成了彼此，对立面的存在是一切生命存在的前提。一切生命中都存在相互对立和冲突的两种力，这两种力相互作用在一个综合体中整合起来并形成新的生命。因而，柯勒律治主张，“生命是一个系动词（Copular），或者说是正题（Thesis）与反题（Antithesis）、立场（Position）与反立场（Counterposition）的集合。”② 在生命中，这两种力的斗争和调和永远不会终止。在两种相反的力的相互作用中，生命会持续；在冲突中，它会存在；在调和中，它将立即死亡，并以新的形式重生或回到整体的生命中，或者在个性化的过程中重新开始。

综上所述，柯勒律治打破了机械—粒子论哲学对自然的分割，认为自然作为最高智慧、最高理性创造的产物，不是任何孤立、僵化的机械般的存在，而是一个永远处于生成过程中的整体。同时，它也不同于泛神论中否定个体性的整体，而是由部分和整体相互作用及相互转化而形成的动态有机体。

第四节　人与自然的有机整体性

正如约翰·拜尔（John Beer）所见，从柯勒律治早年对自然的细心观察到他最后对上帝的沉思，自然与人类以及自然与上帝的关系“一直位于柯勒律治学术生涯的中心”。③ 所以，通过“三位一体”的神学观，柯勒律治不仅

---

① Samuel Taylor Coleridge. *Aids to Reflection*. In vol. I of *The Complete Works of Samuel Taylor Coleridge, with an Introductory Essay upon His Philosophical and Theological Opinions*. ed. W. G. T. Shedd. New York：Harper & Brothers，1856，p. 359.

② Samuel Taylor Coleridge. *The Theory of Life*. In vol. I of *The Complete Works of Samuel Taylor Coleridge, with an Introductory Essay upon His Philosophical and Theological Opinions*. ed. W. G. T. Shedd. New York：Harper & Brothers，1856，p. 392.

③ Laura Dassow Walls. “Coleridge' s Responses，Volume III：Coleridge on Nature and Vision.” *The Coleridge Bulletin：The Journal of the Friends of Coleridge*，*New Series*，33（2009），pp. 128－132.

把整个自然界理解为一个动态的有机体，他还在更大的范围内寻求神、人和自然的统一。

我们说过，上帝是“在一切之中、通过一切存在和在一切之上的‘一’”，这决定了包括人和自然在内的整个世界都处于上帝创造的整体之中。但是，这一整体却并非泛神论阶段的整体，而是由对立面的相互调和而形成的整体。与任何事物都要求有对立面的存在一样，精神的对立面就是自然。因而在《朋友》《沉思之助》等著作中，柯勒律治不再把自然与精神等同起来，而是认为自然与精神是对立的，所谓精神就是那些超自然的事物。他说：

> 自然和精神（Spirit）是截然对立的：所以自然最一般和否定性的定义便是任何非精神的事物；精神反过来也如此，即不包含在自然中的事物；或者用此前的圣人的话说，那些超自然的事物。自然是我们用来理解能够以时空形式呈现、受制于因果关系的一切事物术语；因此，他的存在的缘由永远只能从其他先在的东西中去寻找。Natura 这一词语本身已经用最强烈的形式表明了这一点：它是永远在生成的事物。而任何能够发起自己的行为或在任何意义上在自身之中包含自身状态缘由的任何事物都必须是精神的，因此也是超自然的。①

在精神和自然对立的基础上，柯勒律治更进一步指出，人的身上也具有精神的因素：“我想让读者们确信人的身上有着超出自然的生命和组织的机械装置之处；即他拥有超出这一装置的意志；这一意志是我们人性中特殊和卓越的精神部分。”② 由此说来，人由于身上具有精神的因素与自然也是对立的。正因为如此，自然和上帝以及自然和人类在人的感官中都处于相互对立的状态。但是，正如上帝的“三位一体”既是“整体中的三位”也是“三位中的

① Samuel Taylor Coleridge. *Aids to Reflection*. In vol. I of *The Complete Works of Samuel Taylor Coleridge, with an Introductory Essay upon His Philosophical and Theological Opinions*. ed. W. G. T. Shedd. New York: Harper & Brothers, 1856, p. 263.

② Samuel Taylor Coleridge. *Aids to Reflection*. In vol. I of *The Complete Works of Samuel Taylor Coleridge, with an Introductory Essay upon His Philosophical and Theological Opinions*. ed. W. G. T. Shedd. New York: Harper & Brothers, 1856, p. 193.

整体”，世界上的一切对立最终也将在上帝之中统一。在柯勒律治看来，上帝、人和自然最终得以统一的基础在于理性。从神学根源上来说，无论是自然还是人都是上帝创造的产物。上帝本身是绝对理性，同时也在自然和人身上灌注了同样的理性。上帝的理性以法则的形式存在于自然之中，同时也以人的理性的形式存在于人类心灵中。其中，对人的理性的界定是理解柯勒律治的整体自然观以及其中人和自然的相互关系的关键。

柯勒律治将人的心灵的功能分为三个层次：感官、知性和理性。所谓感官，是指“我们存在中被动的东西，它不涉及任何唯物主义或非唯物的问题”，它是“无论他的外感官和想象力的内感官的感觉和印象”。① 对于知性，柯勒律治认为它是一种“根据某些独立存在的规则，在感官提供的信息基础上进行思考和形成判断的能力”②，或者“根据感官做出判断的能力。”③ 理性则是“有关普遍的和必然的信念的能力”，是一切超越感官的真理的源头和本质。柯勒律治根据理性运用的不同方式和它指向的对象的不同，进一步将理性区分为思辨理性和实践理性：当理性被当作形式原则的基础，即它被认为与形式的或抽象的真理有关时，它是“思辨理性”；当它作为理念的源泉和良心之光，即它被认为与精神的真理有关时，我们称它为“实践理性”。④ 感官、知性和理性这三种能力从低到高依次上升。

在这三者之间，知性和理性的区分是柯勒律治哲学中的核心问题，也是柯勒律治最看重的。他说：“除非你已经掌握了理性和知性作为人类心灵的能

---

① Samuel Taylor Coleridge. *The Friend*: *A Series of Essays to Aid in the Formation of Fixed Principles in Politics*, *Morals*, *and Religion*, *with Literary Amusement Interspersed*. ed. Henry Nelson Coleridge. 3 vols. London: William Pickering, 1837. III, pp. 239–240.

② Samuel Taylor Coleridge. *The Friend*: *A Series of Essays to Aid in the Formation of Fixed Principles in Politics*, *Morals*, *and Religion*, *with Literary Amusement Interspersed*. ed. Henry Nelson Coleridge. 3 vols. London: William Pickering, 1837. I, p. 240.

③ Samuel Taylor Coleridge. *Aids to Reflection*. In vol. I of *The Complete Works of Samuel Taylor Coleridge*, *with an Introductory Essay upon His Philosophical and Theological Opinions*. ed. W. G. T. Shedd. New York: Harper & Brothers, 1856, p. 241.

④ Samuel Taylor Coleridge. *Aids to Reflection*. In vol. I of *The Complete Works of Samuel Taylor Coleridge*, *with an Introductory Essay upon His Philosophical and Theological Opinions*. ed. W. G. T. Shedd. New York: Harper & Brothers, 1856, pp. 241–242.

力在种类上是根本不同的，你才能避开哲学中的上千种困难。”① 在柯勒律治看来，知性和理性之间存在着质的不同，而不仅是程度的差异。在对知性和理性的区分中，他引用了大量当时最新的自然科学成果向人们证明，知性如同感官一样，也是人和动物共有的，并不能构成人和动物的根本区别。而是否具有理性才构成人和其他生物的根本区别，因为理性是上帝按照自己的形象赋予人类的。众所周知，《圣经·创世记》中曾经写道，上帝在创世的第六日，照着自己的形象、按着自己的样式创造了人。柯勒律治对上帝“照着自己的形象”这一说法进行了阐释。在他看来，上帝“照着自己的形象”创造了人并非是说赋予了人类上帝的外形，而是按照上帝自身的形象赋予了人类特殊的精神特质。他说：

> 除了感官、知觉和本能的或通过感知器官获得的实际判断等这些小狗和他的主人共同拥有的能力；除了这些，上帝给了我们理性，与理性一起，他给了我们反思的自我意识；给了原则，它们因其自身绝对的和根本的普遍性和必然性与从外部经验中获得准则和结论相区别；最重要的是，在理性之外还增添了自由意志这一神秘的能力以及随之而来的个人的顺从。他给了我们良知的法则……它要求我们无条件地把实在和真实的存在归因于灵魂、自由意志、不朽和上帝的理念。②

从这段话中，我们可以看出，柯勒律治认为感官、直觉和本能是人和其他动物共有的，并不能构成人与其他动物的根本的区别。人和动物根本的区别在于是否具有理性、自由意志和良知。而是否具有理性又是这些区别中最根本的区别，因为自由意志和良知都跟随理性而来。因此，柯勒律治宣称理

---

① qtd. in Samantha C. Harvey. *Transatlantic Transcendentalism*: *Coleridge*, *Emerson*, *and Nature*. Edinburgh: Edinburgh University Press, 2013, p. 59.

② Samuel Taylor Coleridge. *The Friend*: *A Series of Essays to Aid in the Formation of Fixed Principles in Politics*, *Morals*, *and Religion*, *with Literary Amusement Interspersed*. ed. Henry Nelson Coleridge. 3 vols. London: William Pickering, 1837. I, pp. 146-147.

性是“来自上帝的最好、最神圣的礼物”。[①]

正是由于知性和理性具有不同的神学渊源，所以知性和理性面对的是完全不同的对象，是具有根本差异的两种心灵功能。柯勒律治在很大程度上借鉴了康德对知性和理性两种能力的划分，他指出知性的对象是现象界，也就是人的感官对象。它考虑的是时空中特殊事物的数量、质量和相互关系，能把现象归为不同的种类。知性的功能在于为经验提供规则并构成经验的可能性。他认为人类心灵通过知性只能感知到主体与客体、精神与自然的二元对立。但是理性却全然不同，它所面对的对象完全是超感官的。在柯勒律治对理性的分析中，他拒绝限制理性的功能，他的理性不是启蒙式的工具理性，也区别于康德的受制于一系列“二律背反”的纯粹理性，而是在更广泛的意义上把理性作为一种直觉的、精神的能力来使用。[②] 在柯勒律治更为宽泛的理性定义中，理性变为一种信仰的和超验的能力，远远超过了康德对理性不能了解物自体的限制。他认为理性不仅是感知的“器官”，还等同于它感知的事物，人通过理性能够理解上帝：“理性是与它的对象等同的器官。因此，上帝、灵魂、永恒的真理等都是理性的对象；并且它们自身就是理性。我们把上帝称为最高的理性。”[③] 因此，通过理性的力量，人类能够感受到上帝的存在，并意识到人和上帝之间的密切联系。因而他称道理性是“人与上帝之间结合的纽带”[④]。

除此之外，理性的特点就是能够揭示自然中的关系，在多样性中构建出整体。他说：“事实上，理性的职责就是让我们的一切概念和知识具有整体性。这是一切体系的基础；没有它，对于自然和我们的心灵，我们都不能进

①④ Samuel Taylor Coleridge. *The Friend: A Series of Essays to Aid in the Formation of Fixed Principles in Politics, Morals, and Religion, with Literary Amusement Interspersed*. ed. Henry Nelson Coleridge. 3 vols. London: William Pickering, 1837. I, p. 259.

② 对于柯勒律治来说，启蒙理性面对的是人的感官对象，因此，从根本上来说等同于柯勒律治的知性。正是在这种意义上，柯勒律治才一再宣称他所生活的时代是被知性统治的时代。

③ Samuel Taylor Coleridge. *The Friend: A Series of Essays to Aid in the Formation of Fixed Principles in Politics, Morals, and Religion, with Literary Amusement Interspersed*. ed. Henry Nelson Coleridge. 3 vols. London: William Pickering, 1837. I, p. 156.

行有关联的反思。”① 理性能够通过知性提供的材料，发现自然中一切事物的相互联系，并最终将其提升为法则。也就是说，虽然人通过知性只能感觉到自然是个体的集合以及人和自然的对立，但是通过理性这一更高的能力，人类能够重新将自然感知为一个有机的整体，同时感知到人和自然的共同源头——上帝。总之，人类最终能够通过理性的作用在心灵中重新建构起上帝、人和自然的统一体。

柯勒律治通过“三一论”神学将上帝创造的整个宇宙视为一个整体，同时这一整体又是通过人的理性在自然的多样性中重新建构出来的整体。所以，柯勒律治新的有机整体自然观既保证了一切事物的有机统一，又确立了人的心灵的自由性和能动性。因而，在柯勒律治新的自然观中，人类心灵不再是泛神论中被动的、应当对自然顶礼膜拜的心灵，而是具有了位于自然之上的优先地位。柯勒律治宣称通过理性“崇高的名号”，“人类的威严要求具有居于一切其他生物之上的优先性”。② 原因在于自然中的一切事物都受制于自然法则，而不具有任何自由，也就是说没有任何事物是起始于自身的。所以在人的知性中，“它必然呈现为没有开端和终点的一条线”，“自然中每一个开端的表象都是我们自身投射的影子。它是对我们自身意志或精神的反射”。③ 这是人类精神超越自然之处。同时，柯勒律治还认为，人的心灵还具有了容纳自然的生成和成长的力量，因而人类一切知识的本质都存在于心灵之中。他声称：

> 我们在自身中发现的是我们一切知识的本质和生命。没有“我”的潜在的存在，一切外在自然中的存在方式将如幻影一般从我们面前掠过，其深度和稳固程度将不会超过溪流中的石块或暴风雨后的

① Samuel Taylor Coleridge. *Aids to Reflection*. In vol. I of *The Complete Works of Samuel Taylor Coleridge, with an Introductory Essay upon His Philosophical and Theological Opinions*. ed. W. G. T. Shedd. New York: Harper & Brothers, 1856, pp. 210-211.

② Samuel Taylor Coleridge. *The Friend: A Series of Essays to Aid in the Formation of Fixed Principles in Politics, Morals, and Religion, with Literary Amusement Interspersed*. ed. Henry Nelson Coleridge. 3 vols. London: William Pickering, 1837. I, p. 259.

③ Samuel Taylor Coleridge. *Aids to Reflection*. In vol. I of *The Complete Works of Samuel Taylor Coleridge, with an Introductory Essay upon His Philosophical and Theological Opinions*. ed. W. G. T. Shedd. New York: Harper & Brothers, 1856, p. 272.

> 彩虹。人类的心灵就是这样一个区域，其中一切外在本质的法则和冲动都被显示为倾角和磁偏角（Dips and Declinations）（几何学运用于物理世界的力量和运动就是证明和例证）。因此，人类心灵在它首要和构成性的形式中体现了自然法则，是一个本身就足以让我们相信宗教的奥秘；因为对于这一问题，上帝是唯一的答案，上帝，是一切之前、一切之中的一，贯穿一切的一！①

综上所述，在“三一论”的神学框架之下，柯勒律治完全确立了心灵之于自然的优先性。他不但把自然的有机整体性视为人的理性的产物，并且认为人类一切知识的本质和生命都应当回到人的心灵中去寻找。然而，这是否代表着柯勒律治像柏拉图、贝克莱等唯心主义者一样彻底否定了外在自然呢？答案是否定的。事实上，出于对自然由衷的热爱，柯勒律治反对一切从根本上否定自然的哲学，从他对笛卡尔的批判中可以看到他与那些彻底否定自然的哲学的分歧：“笛卡尔是让自然变得完全了无生气、毫无神性的第一人，仅仅把自然视为单纯的机械法则的主体。”② 同时，这也正是柯勒律治虽然深受柏拉图和康德的哲学体系的吸引，但最终却没有完全接受他们的哲学体系，而转向了基督教的原因。对于柯勒律治来说，基督教“三一论”的优势就是既能够维护人的精神的主体性，又能保证自然的实在性和尊贵性，调和人和自然的关系。他说：“如果基督教要想成为有关世界的宗教，那它必须也是自然之书和启示之书，并以人类的历史作为纽带。它们是同一部伟大作品必不可少的组成部分。因此结论便是：不起源于自然、不将自己的光芒射向自然，而仅作为孤立存在的添加之物远离自然的基督教信仰，在它的一切细节方面必然是错误的或扭曲的。”③

事实上，自然对于柯勒律治的新的有机整体自然观的形成也非常重要。

① Samuel Taylor Coleridge. *The Statement' s Manual*. In vol. I of *The Complete Works of Samuel Taylor Coleridge, with an Introductory Essay upon His Philosophical and Theological Opinions*. ed. W. G. T. Shedd. New York：Harper & Brothers，1856，p. 465.

② Samuel Taylor Coleridge. *The Philosophical Lectures of Samuel Taylor Coleridge*. ed. Owen Barfield and Kathleen Coburn，princeton University Press，1949，pp. 376-377.

③ Samuel Taylor Coleridge. *The Literary Remains of Samuel Taylor Coleridge*. ed. Henry Nelson Coleridge. 4 vols. London：William Pickering，1836. III，p. 158.

从自然的神学根源来看，自然的本质必然与人类心灵一样，也是精神的，即"自然中作为自然的创造力量从根本上与智慧（Intelligence）是同一的。"① 因为假如二者不是同质的，那么它们之间不可能产生任何交流，人类也不可能获得任何真正的知识。所以柯勒律治提出，人为了认识自身必须首先理解自身之中的自然以及以自身存在为依据的自然法则，原因在于"只有当他在他们联合的基础上已经发现了他们差异的必然性、在他们持续的原则中发现了他们变化的原因时"，人才能将一切现象简化为原则，形成方法，最终理解每个事物同其他事物和整体以及整体同个体事物之间的关系，直至发现整体。② 也就是说，只有人类意识到自然是既与自身拥有共同的源头，又相异于自身的事物时，才能发现整体的存在。

同时，我们也可以从柯勒律治对理性和知性的关系中来考虑外部自然对于人类心灵构建整体的意义。柯勒律治认为知性可以离开理性而存在，理性却不能脱离知性而独立运行。换句话说，虽然对自然的有机整体性的感知是通过人类理性来实现的，但是心灵至高无上的地位并不能排除对感官对象的依附，它要求有外部自然的存在。尽管人类最终是通过自己的理性认识到一切知识的本质都来自人的心灵内部。但是，如果缺少来自外部自然的刺激，人的理性心灵将处于沉睡状态，不能意识到自己的能力。犹如柯勒律治在一则笔记中所言：

> 当我思考的时候，我注视着自然中的事物（比如注视着透过挂满露水的窗玻璃透进的昏暗的月光），我好像是在寻找（事实上是在询问）能够表达已经存在于我内心的东西的象征性语言，而不是观察任何新的东西。即便后者是事实，我仍然模糊地感觉到那种新的现象是我内在自然遗忘或隐藏的真理。它作为圣言、象征仍然引人

① Samuel Taylor Coleridge. *The Friend: A Series of Essays to Aid in the Formation of Fixed Principles in Politics, Morals, and Religion, with Literary Amusement Interspersed.* ed. Henry Nelson Coleridge. 3 vols. London: William Pickering, 1837. III, p. 170.

② Samuel Taylor Coleridge. *The Friend: A Series of Essays to Aid in the Formation of Fixed Principles in Politics, Morals, and Religion, with Literary Amusement Interspersed.* ed. Henry Nelson Coleridge. 3 vols. London: William Pickering, 1837. III, pp. 199-200.

入胜！它是创造者以及进化者！[①]

由于主张人类心灵可以容纳一切知识的本质，所以面对昏暗的月光，柯勒律治认为自己并非面对任何新的事物，而是寻找心灵中早已遗忘或隐藏的真理。但是假如缺少来自月光的外部刺激，这一被隐藏的真理将不能被唤醒。而在《朋友》的一篇文章中，柯勒律治也表达了类似的思想。他指出，人和社会的发展都有两个方向，两个方向都各有一个精神的前提：一是通过感观接受事物的形象或概念，二是知识的种子必须出自心灵的内部，任何来自外部的刺激都可能是适合它的出现的必要条件。随之，柯勒律治问道："被唤醒的灵魂是否会贬低它的外在的、有条件的生长？"然后他自己又从异教的诗人那里借鉴了比喻对此做出了回答。他把被唤醒的灵魂比作突然具有了感官和反思的树干，当树干第一次注意到它的嫩芽、枝叶和繁花时会感到吃惊，但是最终会把它们当作自身的生长而欢迎它们。"同时会带有一种不会磨灭的感激以及不断加深的依赖，它将赞美来自外部的露水和阳光。"原因在于，"如果失去它们的唤醒和形成的刺激，灵魂自己的创造能力将永远被远离自身隐藏起来，或者只能被感受为困惑的本能的模糊问题"。[②] 概言之，自然对于心灵的意义在于在对自然的感知行为中，自然能够让心灵意识到它自身的存在与外部自然界既是同一的，又彼此区别。并且通过知性的作用，自然通过能够引领心灵一步步接近终极的真理——上帝。

因此，柯勒律治对自然进行了象征性解读，即自然不仅作为物质形式而存在，而是作为"圣言和象征"。对柯勒律治来说，真理必须具体化才能被知晓，上帝必须通过具体化才能向人类显现。因此，柯勒律治把自然视为上帝的另外一本《圣经》，他认为上帝的启示同时通过《圣经》和自然传达给人类。他主张："感官世界中的上帝精彩绝伦的作品是一篇永恒的演说，提醒我

---

① Samuel Taylor Coleridge. *The Notebooks of Samuel Taylor Coleridge*. ed. Kathleen Coburn, 5 vols, London: Routledge, 2002. II, p. 254.

② Samuel Taylor Coleridge. *The Friend: A Series of Essays to Aid in the Formation of Fixed Principles in Politics, Morals, and Religion, with Literary Amusement Interspersed*. ed. Henry Nelson Coleridge. 3 vols. London: William Pickering, 1837. III, pp. 201-202.

们上帝的存在，并且向我们展示他的完美。”① 《政治家手册》中，柯勒律治声称自然中任何一草一木都是它的内部和外部相互调和，水、空气、阳光等一切要素彼此融合产生的结果。也就是说，一切自然物都是极性力量的调和而形成的有机整体，而它的有机整体性又意味着更高整体的存在。自然中的事物不断通过自身的有机整体性向人类揭示自然的伟大法则和上帝的存在。对此，柯勒律治指出，“就内在结构的简单性和统一性而言，植物象征了自然的统一。同时它代表了它外部多样性的总形式，成为它的使节行为的记录，用它历史的象形文字铭记了地球未曾展开的广阔画卷。”② 他在哲学演讲中也宣称，“当我们把物质的形式视为圣言和象征，它们只有作为上帝智慧的表达、尚未展开但是充满荣耀的片段时才是有价值的。此时，另外一部《圣经》——自然之书对我们变得透明。”③

可见，虽然在柯勒律治“三一论”的神学框架下，自然本身不再具有神性。但是，自然作为上帝的象征，能够不断向人类传达上帝的启示，引领人不断接近上帝。所以当我们这样一种方式对自然进行解读，人的心中仍然会对自然心存敬畏：

> 对于理性，与随意的说明及我的幻想的产物——单纯的明喻相比，我似乎更能在我所注视的这些悄无声息的对象中找到。我感到一种敬畏——如同有与理性的力量相同的力量存在于我的眼前——在尊贵性上稍逊一筹的同一种力量，因此是在事物的真理中建立的象征。无论是我凝视一草一木，还是对世界中的植物进行冥思时，

① Samuel Taylor Coleridge. *The Literary Remains of Samuel Taylor Coleridge*. In vol. V of *The Complete Works of Samuel Taylor Coleridge, with an Introductory Essay upon His Philosophical and Theological Opinions*. ed. W. G. T. Shedd. New York：Harper & Brothers，1856，p. 15.

② Samuel Taylor Coleridge. *The Statement' s Manual*. In vol. I of *The Complete Works of Samuel Taylor Coleridge, with an Introductory Essay upon His Philosophical and Theological Opinions*. ed. W. G. T. Shedd. New York：Harper & Brothers，1856，pp. 462-463.

③ Samuel Taylor Coleridge. *Lectures* 1818-1819：*On the History of Philosophy*. ed. J. R. de J. Jackson. 2 vols，princeton：Princeton University Press，2000. II，p. 541.

> 我感到它就是自然之生命的伟大的器官。①

总而言之，柯勒律治通过“三一论”的框架提出了完全不同于泛神论阶段的自然观。他将人和自然都视为上帝的创造，避免了泛神论自然观中混淆世界与上帝的错误。上帝创造的自然整体还是“多样性的统一”，是兼顾了整体性和个体性的有机整体。更重要的是，通过基督教的“三一论”，柯勒律治对人和自然关系的理解又上升到了新的层面。尽管他把自然和人共同构成的有机整体视为人的理性的产物，确立了人的心灵的优先地位。他甚至宣称“物质世界必然是为人类创造出来的”，以及人类只要拥有理性，“立刻成为上帝的高级牧师和代表”。② 但在柯勒律治看来，这并不意味着人类有权利对自然进行掌控和统治；相反，自然不断向人类传达着神圣精神的启示，在某种意义上是“人类心灵在寻找宇宙整体过程中一个积极主动的合作伙伴”。③ 因此，对自然的敬重和关爱应当内在于人的生命之中：“作为自由的人，必须遵守法则；作为独立者，必须服从上帝。作为理想的天才（Ideal Genius），必须听从于现实世界、对自然的同情和与自然的内在交流。在中间点上，人类才能存在；只有两极的平等存在，生命才能得以昭示！”④ 可见柯勒律治不但通过基督教的“三一论”解决了世界的存在之谜，并且让神、人、自然共同存在于一个和谐的有机整体之中。他说道：

> 只有一种原则能让人类与自身、与他人和与世界调和；具有规定一切关系、平息一切激情、赋予克服一切苦难的力量；并且不能

① Samuel Taylor Coleridge. *The Statement's Manual*. In vol. I of *The Complete Works of Samuel Taylor Coleridge, with an Introductory Essay upon His Philosophical and Theological Opinions*. ed. W. G. T. Shedd. New York: Harper & Brothers, 1856, pp. 462-463.

② Samuel Taylor Coleridge. *The Friend: A Series of Essays to Aid in the Formation of Fixed Principles in Politics, Morals, and Religion, with Literary Amusement Interspersed*. ed. Henry Nelson Coleridge. 3 vols. London: William Pickering, 1837. III, p. 206.

③ Laura Dassow Walls. "Coleridge's Responses, Volume III: Coleridge on Nature and Vision." *The Coleridge Bulletin: The Journal of the Friends of Coleridge*, *New Series*, 33 (2009), pp. 128-132.

④ Samuel Taylor Coleridge. *The Theory of Life*. In vol. I of *The Complete Works of Samuel Taylor Coleridge, with an Introductory Essay upon His Philosophical and Theological Opinions*. ed. W. G. T. Shedd. New York: Harper & Brothers, 1856, p. 412.

被任何世俗的事物撼动，因为它不属于尘世；也就是说，宗教原则，超越一切知性的活的、实质性的信仰如同直插云霄的巨石，悬于它曾经作为其来源又仍然是基础的要塞之上。将精神提升到习俗和感官的外观之上，令其进入精神的世界，这一理念中的生命，甚至以上帝般的形象，只有它自身就配得上生命的名称。没有它，我们的有机生命只是处于一种梦游之中；它是暴风雨中唯一确定的停泊处，并且同时是一切真正智慧背后的支撑原则，一切人类本性中矛盾之处和整个世界之谜的解决办法。①

由此可见，最终基督教满足了柯勒律治对整体的渴求。基督教不但能使人类关爱自然，调和人和自然的关系，还能成为人类精神的栖居之所。

① Samuel Taylor Coleridge. *The Friend*: *A Series of Essays to Aid in the Formation of Fixed Principles in Politics*, *Morals*, *and Religion*, *with Literary Amusement Interspersed*. ed. Henry Nelson Coleridge. 3 vols. London: William Pickering, 1837. Ⅲ, pp. 215–216.

第四章　柯勒律治的神学自然论艺术观

虽然从上帝创世的角度看，人和自然共存于上帝创造的整体之中。但在柯勒律治看来，工业和科技的进展却让它们陷入了分离。因而，柯勒律治把自己的时代视为理性和想象衰退、知性大获全胜的时代。知性的统治表现在哲学上是机械论哲学的流行；表现在宗教上是对上帝的怀疑和神学的式微；表现在文学中则是对人的工具理性无限度的张扬。对此，当代著名文学批评家希利斯·米勒（J. Hillis Miller）指出，自17世纪以来的现代文学体现出一种失落和疏离感，人与自然、人与他人、人与上帝都走向了分离："现代思想每个人都被困于自我意识的牢笼的假定所统治。从蒙田（Michel de Mantaigne）到笛卡尔和洛克，再通过联想主义、唯心主义和浪漫主义到今日的现象学和存在主义，人们都假定人必须从孤立的自我的内在经验出发。"①虽然米勒准确地指出了现代文学中人在自然中孤立的境地，但是他却忽略了浪漫主义时期是现代文学的一个例外。尤其对于身兼诗人和神学家双重身份的柯勒律治来说，艺术和宗教是天然地连在一起的。他的艺术理论植根于他的神学观念以及他在"三一论"基础上提出的神学自然观。他认为艺术能够在人类的层面上再现上帝创造自然的过程，从而在一个分裂的时代中肩负起弥合上帝、人和自然的使命。对于柯勒律治来说，艺术既是人和神之间的纽带，又是人与自然之间的桥梁。通过艺术的力量，人、上帝和自然将能够获得永久地合一。

---

① J. Hillis Miller. *The Disappearance of God: Five Nineteeth – Century Writers*. New York: Schocken Books, 1965, p. 8.

第一节　艺术本质论——论“模仿”

在《镜与灯——浪漫主义文论及批评传统》一书中，艾布拉姆斯曾经指出，在浪漫主义时期，长期占据西方文艺理论主流的模仿说被表现说所取代。艺术不再被认为是作者对外部自然的模仿，而是对艺术家心灵的反映。然而，作为浪漫主义时期最重要的文艺理论家之一，柯勒律治却是在模仿说的外衣下提出了自己的艺术理论。他借用模仿说中“模仿”和“自然”两个核心概念，指出艺术作为诗歌、音乐、绘画、雕塑和建筑的总称，其本质就是“自然的模仿者”。① 所以，从表面上看，柯勒律治对艺术本质的定义似乎落入了模仿说的窠臼。但是，我们不应当忘记，尽管“艺术模仿自然”是一个西方美学史上频繁出现的命题，但是它真正的内涵却随着美学家的思想背景以及意图的差异而呈现出巨大的不同，以至于完全排斥自然的布瓦洛也声称“艺术模仿自然”。柯勒律治本人对此也有着清醒的认识，他说：“如果所有的人都对‘模仿’和‘自然’这些辞有一致的概念，那么，我希望表达的真理，就纯粹是陈词滥调了。”② 因而，为了准确说明自己的意图和凸显与此前的模仿说的差异，柯勒律治对“艺术是自然的模仿者”这一论断中的“模仿”和“自然”两个关键词进行了界定。首先，他对“模仿”的理解。柯勒律治区分了“模仿”（Imitate）和“照搬”（Copy）二词的含义。他认为模仿不是对事物如实地照搬，如同“蜡上的印说不是模仿，而是印章的翻版”。③真正的模仿中都必须存在着并存的两个要素——相像与不相像、或者说同一与殊异。他主张一切艺术作品中，艺术与被模仿之物之间都是异中有同、同中有异，二者在一件艺术作品中得以充分融合。相反，如果艺术作品与被模仿之物之间没有任何差异，其结果只能是令人生厌的。与照搬不同，真正的模仿能够参与到自然的创造过程中，创造出它所再现之物的活生生的形象。所以，柯

① 柯勒律治：《论诗或艺术》，见刘若端编：《十九世纪英国诗人论诗》，人民文学出版社，1984 年版，第 91 页。

②③ 柯勒律治：《论诗或艺术》，见刘若端编：《十九世纪英国诗人论诗》，人民文学出版社，1984 年版，第 98 页。

勒律治对“模仿”一词的解释首先从根本上否定了艺术是对外部自然的如实反映。其次，他对“自然”的理解。在艺术与自然的关系上，他肯定了“我们必须模仿自然”①。但是，柯勒律治此前对“模仿”一词的阐释决定了虽然艺术模仿自然，但是艺术却不能照搬自然中的一切事物。那么艺术应当模仿自然的什么呢？柯勒律治接着说道，艺术应当模仿“自然中美的事物”②。柯勒律治认为，所谓“美”或“美的事物”，抽象地说，是许多种事物的统一，是不同事物的结合；具体地说，是样子美好的东西与有生命的东西的统一。所以，艺术家模仿的对象不是自然的外在面貌，而应当模仿自然的本质或者说“自然的精神”，柯勒律治称之为“有生气的自然”（Natura Naturans）③。

既然柯勒律治将艺术模仿的对象定义为“有生气的自然”，那么到底何为“有生气的自然”呢？为了确定柯勒律治对艺术模仿对象的界定，我们不得不首先厘清柯勒律治所谓“有生气的自然”的真实内涵。“有生气的自然”和“无生气的自然”这两个术语形成于中世纪，在拉丁文中，Naturans 是自然（Naturo）一词的主动形式，其后缀“-ans”相当于英文中的后缀“-ing”；而 Naturata 则是自然一词的被动形式。因此，前者是指“能动的自然”（Nature Naturing），或者说“正在行自然所行之事的自然”，而后者则指“被动的自然”（*Nature Natured*），或者是“已经被创造的自然”。④在中世纪，这两个术语正式形成，并在斯宾诺莎的《伦理学》中得到发展。斯宾诺莎将自然等同于上帝，并将“有生气的自然”视为创造中的自然，而“无生气的自然”则是指被动的自然。此后，谢林在其《自然哲学》中借用了这两个术语。他认为绝对的自我意识不断通过想象创造世界，这一创造力量本身就是“有生气的自然”，它产生的感官对象则是“无生气的自然”。柯勒律治进一步借鉴了谢林的区分，对“有生气的自然”和“无生气的自然”进行了界定。他说：“谈到外在于我们并与我们相区别的外在世界，一切有重量和无重量的现

①② 柯勒律治：《论诗或艺术》，见刘若端编：《十九世纪英国诗人论诗》，人民文学出版社，1984 年版，第 99 页。

③ Natura Naturans 为拉丁语，这里采用刘若端先生在翻译柯勒律治《论诗或艺术》以及郦稚牛在《镜与灯——浪漫主义文论及批评传统》译文中的译法，将其译作“有生气的自然”。另外，也有人将其翻译为“创造性自然”或“能动的自然”。

④ http：//en. wikipedia. org/wiki/Natura_ naturans，2015 年 3 月 15 日访问。

象的集合被称为被动意义上的自然，用古代学者的话说就是‘无生气的自然’；而一切作为前者的充分条件的力量的集合就是主动意义上的自然或‘有生气的自然’，亚里士多德或其追随者称之为‘实体形式’（Substantial Forms）。”[①] 也就是说，所谓“有生气的自然”是指主动意义上的自然，而“无生气的自然”即被动意义上的自然。在更早出版的《朋友》中，柯勒律治曾对“有生气的自然”和“无生气的自然”进行更为详尽的解释。他说：

> 我们通常在两种意义上使用自然，主动地和被动地；充满活力的、或形成的形式（Forma Formans）和物质的、或被形成的形式（Forma Formata）。[②] 在第一个意义上，它意味着对于一个事物的实在性必须的内在原则。而本质（Essence）或根本属性意味着所有与一个事物的可能性有关的内在原则。所以，用精确的语言来说，我们说一个圆形或其他几何图形的本质，而非它们的性质。因为在纯粹几何形状的概念中，没有有关它们真实存在的表述或暗示。在“自然”一词的第二个或物质的意义上，我们是指一切事物的综合，只要这些事物是我们感官的对象，因此也是可能的经验的对象。它是为我们的外在感官或者内在感官存在的现象的集合。[③]

柯勒律治在这段话中很明确地指出，他用“有生气的自然”来指代自然中动态的和精神性的创造力量，而用“无生气的自然”来指代自然中的创造性力量产生的产品，也就是自然界中被动的、固定僵化的事物。或者如同欧文·巴菲尔德（Owen Barfield）所概括的：“一个创造过程对这一过程的结

① Samuel Taylor Coleridge. *Lectures* 1818－1819：*On the History of Philosophy*. ed. J. R. de J. Jackson, princeton：Princeton University Press，1980. II，pp. 555-556.

② 美国学者威尔逊认为柯勒律治经常将 *forma formans* 和 *forma formata* 当作 *natura naturans* 和 *natura naturata* 的同义词，交替使用这两组术语。见 Douglas Brownlow Wilson. “Two Modes of Apprehending Nature：A Gloss on the Coleridgean Symbol.” *PMLA*，Vol. 87，No. 1（Jan.，1972），pp. 42-52.

③ Samuel Taylor Coleridge. *The Friend*：*A Series of Essays to Aid in the Formation of Fixed Principles in Politics*，*Morals*，*and Religion*，*with Literary Amusement Interspersed*. ed. Henry Nelson Coleridge. 3 vols. London：William Pickering，1837. III，p. 170.

果。"[1] 这里，柯勒律治还说“有生气的自然”意味着“所有与一个事物的可能性有关的内在原则”，那么什么又是一个事物的内在原则呢？我们应当记得，柯勒律治曾经如此定义法则：“法则等于属于一个事物的存在的必然性原则……法则因此是必然地决定任何事物的存在方式、它的形式、程度、运动方向和关系的东西”[2]。所以，从本质上说，柯勒律治认为“有生气的自然”就等同于自然的法则。此外，他还一再宣称，理念和法则如同磁铁的两极，从根本上是同一的，只是分别出现于主体和客体之中。[3] 通过这一系列的推论我们可以看出，当柯勒律治宣称艺术模仿的对象是“有生气的自然”时，也意味着他继承了新柏拉图主义的传统，认为艺术实质上是对理念的模仿。艾布拉姆斯对此评价说，柯勒律治说艺术模仿“有生气的自然”，即“自然的精神”，“但对照上下文才知道，这原来是说‘理念’或诗歌创作中的生成性因素”。[4] 柯勒律治对艺术家创作过程的解析也充分说明了这一观点。他说：

> 艺术家必须首先使自身离开自然并为的是以充分力量归返自然。为什么这么说呢？因为，如果他从纯粹的苦心临摹开始，他只能做出假面具来，而不会做出有生气的形象。他必须依照智力的严格的规律从自己心中创造出形象来，为了在他心中产生那种自由与规律的谐调关系，那种在命令中包含着顺从、在顺从的冲动中包含着命令的关系，而这就使他同化于自然，并且使他能够了解自然。他只是暂时离开自然，为的是他自己的那种有着共同基础的精神，在接近他那无声的语言所组成的无限文章之前，能够先学会哲学语言的主要语根。是的，不是为了获得冰冷的概念、无生气的技术规则，

---

① Owen Barfield. *What Coleridge Thought*. London：Oxford University Press，1972，p. 19.

② qtd. in Trevor H Levere. *Poetry Realized in Nature*：*Samuel Taylor Coleridge and Early Nineteenth-century Science*. Cambridge：Cambridge University Press，1981，p. 81.

③ Samuel Taylor Coleridge. *The Friend*：*A Series of Essays to Aid in the Formation of Fixed Principles in Politics*，*Morals*，*and Religion*，*with Literary Amusement Interspersed*. ed. Henry Nelson Coleridge. 3 vols. London：William Pickering，1837. III，p. 178.

④ 艾布拉姆斯：《镜与灯——浪漫主义文论及批评传统》，郦稚牛、张照进、童庆生译，北京大学出版社，1989 年版，第 510 页。

> 而是为了活生生的、产生生命力的理念，[①] 这些理念必然是包含它们本身的证据，确切证明它们本质上是与自然中的原始的本原相同的，他的意识只是二者的焦点，是反映这二者的镜子，就是为了这个他才暂时抛开那外部的实际情况，为的是带着对其内部的真实情况的充分同情回到它那里。因为我们所见、所闻或所接触的一切事物的本质是、而且必须是在我们本身之内的。[②]

根据柯勒律治“三一论”的创造观，“有生气的自然”既然在本质上等于法则，也就是上帝的理性，那么它应当既存在于自然之中，也存在于人的心灵之中。因而，艺术家在创作过程中要想发现自然意味着必须从根本上去发现自然与人的亲密关系的纽带和基础。这一纽带仅仅存在于人的意识之中，人的心灵必须是艺术探索的首要领地，艺术家必须首先从心灵中寻找“活生生的、产生生命的理念”。所以，柯勒律治宣称，诗“纯粹是属于人类的；它的全部素材是来自心灵的，它的全部产品也是为了心灵而产的”[③]。正因为如此，柯勒律治主张，艺术家在创作中必须暂时拒斥与自然外在形式的亲密接触，只有当他已经在人的智慧的法则中把握了自然的实质，才能重新返回自然并充分欣赏它的内在生命。也就是说，“艺术是自然的模仿者”这一说法只有在当模仿的对象是自然的精神实质（也就是人心灵中的理念）而不是它的外在表现（也就是“无生气的自然”）时才是有效的。

但是艺术不是哲学，艺术中不能只有抽象的理念。柯勒律治认为如果艺术家仅从“一个符合于美的概念的既定形式”[④] 着手模仿，也就是说如果艺术家在艺术中仅呈现理念，那么这样的艺术作品将是空虚的和不真实的，“就

---

① 这里柯勒律治使用的原词是 ideas，刘若端先生的译文中将其译作“思想”，但是参照原文之后笔者认为译为“理念”更符合柯勒律治的本意，所以对刘若端先生的译文做了调整。

② 柯勒律治：《论诗或艺术》，见刘若端编：《十九世纪英国诗人论诗》，人民文学出版社，1984 年版，第 100-101 页。

③ 柯勒律治：《论诗或艺术》，见刘若端编：《十九世纪英国诗人论诗》，人民文学出版社，1984 年版，第 95-96 页。

④ 柯勒律治：《论诗或艺术》，见刘若端编：《十九世纪英国诗人论诗》，人民文学出版社，1984 年版，第 99 页。

像西普利阿尼的绘画那样”①。我们知道，弥尔顿在谈到诗时，曾经说过：“它是朴素的、诉诸感官的、热情奔放的。”②柯勒律治高度评价了弥尔顿对诗的界定，认为他以一种“可怕的力量”、简洁却又精确地概括出了诗的本质。在弥尔顿的基础上，柯勒律治指出了诗根本的、必不可少的三个条件：第一，它必须是朴素的和诉诸我们天性的要素和基本规律的；第二，它必须是诉诸感官的，并且凭意象在一瞬间引出真理的；第三，它必须是热情奔放的，能够打动我们的情感、唤醒我们的爱慕的。③ 在他看来，诗歌的目的是传达愉悦、唤醒人们的情感，这一目的的实现需要凭借真实的意象而非理念，它必须诉诸人的感官。这第二个条件对于柯勒律治来说极为重要，因为“诉诸感官的力量，保证了诗中所不可缺少的那种客观性的结构、那种意象的明确性和清晰性和每个意象本身的那种限定性，以致缺少了这些，诗就会压缩为平淡无味的实践的箴规，或者升华为一种朦胧的、毫无思想的白日梦。”④也就是说，尽管柯勒律治认为艺术模仿的对象从根本上来说是“有生气的自然”，真正的艺术需要由“有生气的自然”的创造性精神力量所激发。但是“有生气的自然”却不能离开“无生气的自然”独立存在，它需要通过无生气的自然的物质形式来具体化。所以，柯勒律治将“有生气的自然”确立为艺术的模仿对象，但是它同时也要求外部自然的参与。外部自然对于艺术来说不是可有可无，而是不可或缺的，诗必须“利用自然界的形象来回忆、表达和修改心中的思想与感情。”⑤

由此可见，柯勒律治的艺术观继承了谢林在《艺术哲学》中的观点，即艺术既不全然是主观的，也非全然是客观的，而是主观和客观的合一，是人的心灵世界与外部自然相互结合的产物，心灵和自然的结合只能发生在艺术中。柯勒律治指出，艺术“具有一种介于思想与事物之间的性质”，是“属于

---

① 柯勒律治：《论诗或艺术》，见刘若端编：《十九世纪英国诗人论诗》，人民文学出版社，1984年版，第99页。

② 柯勒律治：《诗的定义》，见刘若端编：《十九世纪英国诗人论诗》，人民文学出版社，1984年版，第108页。

③④ 柯勒律治：《诗的本质》，见刘若端编：《十九世纪英国诗人论诗》，人民文学出版社，1984年版，第91页。

⑤ 柯勒律治：《论诗或艺术》，见刘若端编：《十九世纪英国诗人论诗》，人民文学出版社，1984年版，第96页。

自然的东西和完全属于人的东西的结合"。[①] 从艺术的材料来看，它是真正自然的；但是从艺术的效果来看，它是真正有人情的。所以，在柯勒律治看来，艺术因为结合了人和自然的要素能够消解精神与自然之间的界限和对立，是一种"使自然具有人的属性的力量，是把人的思想感情注入一切事物（即他所注意的对象）的力量"，因此，柯勒律治说艺术是人和自然之间的"媒介物"和"协调者"。[②] 与此同时，"有生气的自然"对应着上帝的法则，也就是逻各斯的化身。所以，艺术对"有生气的自然"的模仿也就是模仿上帝创造自然的过程。通过对"有生气的自然"呈现，人、上帝和自然在艺术中实现了完美的结合和统一。但是，作为艺术模仿对象的"有生气的自然"却不能被常人所见，要想在艺术中得以呈现需要经过天才的想象、然后以象征的形式在艺术中传达出来。

第二节 艺术主体论——论天才

在日常用语中，天才通常被用来指称少数与众不同的人类个体，但事实上这是对"天才"的一种误读。从词源学上来看，"天才"（Genius）一词来源于拉丁语"ingenium"，意思是指"与生俱来的禀赋与才能"。[③] "天才"作为一个西方美学中的古老命题也在浪漫主义时期焕发出新的生机，成为浪漫主义者的核心口号之一。浪漫主义时期，天才不再像在古典时期一样，被视为理性的最高升华和理性的精髓，而成为一种理性与感性、自然与精神的之间的调和力量。康德在《判断力批判》中指出："天才就是给艺术提供规则的禀赋。由于这种才能作为艺术家天生的创造性能力本身是属于自然的，所以我们也可以这样来表达：天才就是天生的内心素质，通过它自然给艺术提供

① 柯勒律治：《论诗或艺术》，见刘若端编：《十九世纪英国诗人论诗》，人民文学出版社，1984 年版，第 97 页。

② 柯勒律治：《论诗或艺术》，见刘若端编：《十九世纪英国诗人论诗》，人民文学出版社，1984 年版，第 95-96 页。

③ 董琦琦：《启示与体验——柯尔律治艺术理论的神性维度》，光明日报出版社，2010 年版，第 83 页。

规则。”[①] 在这里，康德对天才的定义表明，正是通过天才的作用，艺术才实现了自然与创造性的结合。以康德的天才观为基础，柯勒律治提出了自己的天才观。他说：

> 自然的智慧与人的智慧之不同，就在于其计划与执行、思想与产品的同一、同时发生。但是其中没有反省的活动，因此也就没有道德责任。而人则有反省、自由和选择，因此，他是人眼所能看见的生物的首领。在自然界的事物中，就好像在一面镜子中一样，显示着一切可能的因素、步骤和先于意识的智力过程，因而是在智力活动的充分发展之前；而人的心灵是那些分散在自然界的各种形象中的智力光线的焦点。所以说，这样安排这些形象（加到了一起并使之适合人类心灵的局限）以致从这些形式上抽出并在它们上面加上它们所接近的道德的省察，使外部的变成内部的、内部的变成外部的，使自然变成思想、思想变成自然——这一切就是天才的美术家的秘密所在。[②]

所以，在柯勒律治看来，艺术是人的主观世界与外部自然结合的产物，而天才就是能够使二者结合起来的纽带。通过天才的力量，新古典艺术中自然和艺术的对立得以打破，自然被带入艺术之中，并在艺术中实现与自然、与人的心灵的结合。

对于柯勒律治来说，天才总是与“独创性”相联系，因而它首先意味着一种创造能力。事实上，他对天才创造力的强调已经在他对艺术与自然的关系究竟是“模仿”还是“照搬”的辨析中体现出来。在他看来，对自然的“照搬”是拙劣的作家而非天才的标志，他们仅依靠照搬自然来唤起人们的情感。对此，柯勒律治曾经尖锐地评价道：“这种艺术在它最优秀的时刻，也只是渴望一只洋葱的天才，也就是能催人泪下的能力……作者如同口技表演者

---

① 康德：《判断力批判》，邓晓芒译，人民出版社，2002年版，第150页。

② 柯勒律治：《论诗或艺术》，见刘若端编：《十九世纪英国诗人论诗》，人民文学出版社，1984年版，第100页。

一样的表演表现出他的寡淡无味。"[①] 所以，即便作品中的意象是对自然的忠实临摹，而且文字也是对自然的确切表达，柯勒律治认为这也不能被视作天才的特点。他指出，只有以下几种情况才能成为独创性天才的证据："只有在受到了一种主导的激情的制约之后；或受到了由这种激情所引起的联想或意向的制约之后；或者在它能起作用使众多的事物统一、使继续发生的事物集中在一刹那的时候；或者，最后一点，在诗人从自己的精神中把一个有人性的、有智慧的生命转移给了它们的时候，而诗人自己的这种精神是'将它的生命贯穿天、地与海洋'的。"[②] 柯勒律治的这段话清楚地向人们表明：仅仅依靠模仿自然，天才永远不能成为天才。天才从本质上必须把自己的生命和精神赋予自然，利用自然的材料创造出新的事物。所以，他认为"莎士比亚并不仅仅是自然之子；不是天才的机械人"。[③]

以对"模仿"和"照搬"两种不同行为的区分为基础，柯勒律治进而对天才（Genius）和才能（Talent）两种能力进行了区分和比较，更进一步凸显了天才的独创性本质。他写道："要想成为音乐家、演说家、画家都以天才为前提，而一名出色的工匠或技师要求超越平均水平的才能。"[④]很显然，在他看来，如同音乐家和工匠的区别，天才和才能是截然不同的两种能力，二者之间存在着质的不同。才能在于知识，所谓知识是"依靠感觉提供的消息进行思维和做出判断的能力"；而天才则包含"理性和想象的行动"。作为它从感官经验中习得的一部分，才能具有"对外来知识进行加工和应用的能力"，但不具备"绝对天才那种创造性的、自足的力量"。[⑤] 在这里，柯勒律治明确地指出和强调，天才是一种"创造性的、自足的力量"，它不依赖人的感官和

① Samuel Taylor Coleridge. *Lectures* 1808-1809 *on Literature*. ed. R. A. Foakes. 2 vols, princeton: Princeton University Press, 1987. I, p. 351.

② 柯勒律治：《文学生涯》，见刘若端编：《十九世纪英国诗人论诗》，人民文学出版社，1984年版，第74页。

③ 艾布拉姆斯：《镜与灯——浪漫主义文论及批评传统》，郦稚牛、张照进、童庆生译，北京大学出版社，1989年版，第350页。

④ Samuel Taylor Coleridge. *Lay Sermons*. ed. R. J. White, princeton: Princeton University Press, 1972, p. 178.

⑤ Samuel Taylor Coleridge. *Biographia Literaria*. ed. Ernest Rhys. London: J. M Dent & Sons Ltd., 1906. p. 16.

经验，是完全依赖人的理性而产生的。天才能够摆脱对感官的依赖，依据理性的力量进行独立的创造。完全不依赖感官的“自足的力量”从其源头上来说，应当是上帝的能力。所以，当柯勒律治声称天才的创造也是一种“自足的力量”时意味着他把天才与造物主也提升到了同一层面，二者具有相同的性质，只是存在程度的差异。我们知道在西方美学史上，从柏拉图的“迷狂说”开始，艺术家的创作就经常被认为是有神力相助，艺术家通常也被与造物主相提并论。到15世纪，新柏拉图主义者托福罗·兰迪诺曾经把诗人这种“无中生有”的能力与上帝的创造进行过明确类比：“‘创造’是上帝特有的无中生有的能力；而‘制作’指的则是凡人在任何艺术中有材料、有形式的创造活动。因此，尽管诗人并非完全在凭空杜撰，然而他的活动却早已不是制作而是相当接近于创造了。上帝是至高无上的诗人，世界就是上帝的诗。”[①] 在浪漫主义运动兴起之前，英国美学家舍夫茨别利（Anthony Ashley Cooper Shaftesbury）又说过，真正的诗人就是“第二个造物主”。“他就像至高无上的艺术家或是普遍的有形成力的自然，造就了一个整体，这个整体本身是连贯的、比例得当的，它的组成部分也有着一定的从属性和受支配性。”[②] 艾布拉姆斯指出，这里虽然使用了“有形成力的”一词，但是他却是按照柏拉图的创世者的样子，把自然的形成视为根据永恒不变的模式创造一个固定的成形的宇宙，诗人模仿创造者，以“他的同类的内在形式和结构”来创造作品。[③]这种将诗人与上帝相提并论的传统也被柯勒律治所继承。他在一则笔记中指出：“他们闲聊，说诗人是幻想、想象、迷信的纯粹沉迷者——他们是欣喜若狂的驾驭者，将自身与理性、秩序连结在一起的净化器，是真正的原型，驯服混沌的爱神（God of Love）。”[④]这里，柯勒律治将诗人与上帝直接类比，突出了诗人的神圣本质。在论及莎士比亚的天才时，柯勒律治又说：“天才伟大的天赋优势（莎士比亚觉察到并使自己利用它）是使自身提升至上帝的尊

① 艾布拉姆斯：《镜与灯——浪漫主义文论及批评传统》，郦稚牛、张照进、童庆生译，北京大学出版社，1989年版，第438页。

②③ 艾布拉姆斯：《镜与灯——浪漫主义文论及批评传统》，郦稚牛、张照进、童庆生译，北京大学出版社，1989年版，第315-316页。

④ Samuel Taylor Coleridge. *The Notebooks of Samuel Taylor Coleridge*. ed. Kathleen Coburn, 5 vols, London: Routledge, 2002. II, p. 2355.

贵，削弱或使一部分崇高本质处于睡眠状态，甚至降低至最低级的特点——事实上成为除邪恶以外的所有一切。”① 而当他宣称天才的精神能够“将它的生命贯穿天、地与海洋”时也就是肯定了天才能够超越人类世界的限制，进入超验的领域，在神的超验世界和自然世界之间穿梭游走。

那么，既然柯勒律治认为天才具有上帝般的独创力，是否表明他认为天才的创造是毫无法则、随心所欲的行为呢？答案当然是否定的。柯勒律治明确地说：“不要以为我会把天才与法则对立起来……诗的精神同其他所有的活的力量一样，必然会以各种规则来约束自身，倘若诗只想使力量和美融为一体的话……由于它不能，因而也就不可能是没有规律的！因为正是这点才使它成为天才——即在自身独创性的规律制约下进行创造性活动的能力。”② 所以，天才诗人的作品并非无章可循，只是在柯勒律治看来，他们所遵循的法则并非人类为艺术制定的法则，如同新古典主义用外部的规则对艺术进行的规训一般。天才所遵循的法则是真正自然的法则。柯勒律治曾经说过，天才就如同水晶上的湿气或光泽，“从不歪曲它的对象。相反，它能够呈现出许多的气息和迹象使它们逃脱庸常人的注视。”③ 根据柯勒律治一切事物之中都存在对立两极的矛盾和斗争的观点，独创性天才作为智慧所能实现的最高高度“必须依靠对应和相反的、对真实世界的意识和对自然的同情来平衡。”④ 因此，真正具有智慧和天才的人也是与自然关系最密切和最和谐的人，充满对自然的热爱和同情。柯勒律治指出，伟大的天才莎士比亚作为诗人的高超之处在于“他对自然及自然物强烈的热爱，没有这份热爱，任何人对外在自然的美都不可能观察得如此镇定，描绘得如此真实并且激情澎湃。”⑤ 莎士比亚

---

① Samuel Taylor Coleridge. “Romeo and Juliet.” *The Major Works*. ed. H. J. Jackson. Oxford: Oxford University Press, 1985, p. 644.

② Samuel Taylor Coleridge. *The Literary Remains of Samuel Taylor Coleridge*. ed. Henry Nelson Coleridge. 4 vols. London: William Pickering, 1836. II, p. 83.

③ Samuel Taylor Coleridge. *Biographia Literaria*. ed. Ernest Rhys. London: J. M Dent & Sons Ltd., 1906, p. 254.

④ Samuel Taylor Coleridge. *The Theory of Life*. In vol. I of *The Complete Works of Samuel Taylor Coleridge, with an Introductory Essay upon His Philosophical and Theological Opinions*. ed. W. G. T. Shedd. New York: Harper & Brothers, 1856, p. 412.

⑤ Samuel Taylor Coleridge. *The Literary Remains of Samuel Taylor Coleridge*. ed. Henry Nelson Coleridge. 4 vols. London: William Pickering, 1836. II, p. 54.

对自然中一切形式的被造物和一切个体乃至“外部世界最细微的美”① 都无比热爱，自然也在他的作品中得到了最充分的实现。正是出于对自然的同情和热爱，天才能够比平常人更能洞悉自然的伟大法则。因而，柯勒律治认为在遵守自然法则方面，莎士比亚也是一切天才的典范。在有关莎士比亚的文学演讲中，柯勒律治概括和归纳了莎士比亚的艺术特色，其中最重要的一点就是莎士比亚对于自然法则的尊重：莎士比亚的作品“总是标志着对自然的伟大法则的遵守，即一切对立面都相互吸引和调和”②。也就是说，根据柯勒律治的看法，以莎士比亚为代表的天才所遵循的自然法则就是通过事物内部对立面的调和产生新的整体的法则。通过想象力的作用，天才如同植物一样，能够使同一的和殊异的、一般的和具体的、概念和形象、个别的和有代表性的、新奇和新鲜感、陈旧和熟悉的事物等对立的性质和事物调和于自身之内，形成新的整体。正如柯勒律治所言：“诗的天才以良知为躯体，幻想为服饰，行动为生命，想象为灵魂，这灵魂无处不在，它存在于万物之中，使一切形成一个优美而智慧的整体。”③ 而且这一整体不是简单的整体，而是各种对立力量相互调和产生的整体，是多样性的统一。为了强调天才创造的整体的性质，柯勒律治对索福克勒斯和莎士比亚的作品进行了对比。他认为二者的作品中都体现出一种整体性，但却各自具有不同的特点：

> 前者具有一种完整性、一种令人满足性、一种卓越性，心灵可以在这上面得到寄托；而在后者身上我们却看到各种材料混合的多样性，其中有伟大也有渺小，有庄严也有卑俗，不妨说，还掺杂着某种令人不满的东西，或是缺乏完美，然而它却使我们有希望得到进步，因而我们不愿意牺牲这些来换取心灵的那种寄托，这心灵只是在回味各种对称的形式，默默无声地欣赏优雅。④

---

① Samuel Taylor Coleridge. *The Literary Remains of Samuel Taylor Coleridge*. ed. Henry Nelson Coleridge. 4 vols. London: William Pickering, 1836. II, p. 83.

② Samuel Taylor Coleridge. *The Literary Remains of Samuel Taylor Coleridge*. ed. Henry Nelson Coleridge. 4 vols. London: William Pickering, 1836. II, p. 54.

③ 柯勒律治：《文学生涯》，见《十九世纪英国诗人论诗》，刘若端编，人民文学出版社，1984年版，第70页。

④ Samuel Taylor Coleridge. *Coleridge's Miscellaneous Criticisms*, ed. Thomas Middleton Raysor, London: Constable, 1936, p. 190.

这里，柯勒律治意在表明天才所创作的整体是对立面的调和而产生的，因此它如同真正的自然物一般完全是从内部长成的有机整体。言外之意，既然天才以一种上帝创造自然的方式创造艺术，并且天才依据自然的法则进行创造，那么天才创造的作品必然与上帝的作品——自然具有相同的性质。

为了凸显天才作品的有机整体性，柯勒律治进一步论述了天才和才能的区别。它们的区别不仅在于是否依赖感官和经验材料，还在于它们产生的结果是真正自然的有机体还是机械的拼凑。他认为，莎士比亚的作品中人物的性格和情感，随时随处都体现出一种统一性，这种统一性的基础“不在于人为的习俗的必要性，而在于自然自身。”① 与此相反，具有才能的人仅仅是把从感官中得来的材料生硬地拼凑在一起，他们的作品是机械的。因而，柯勒律治将莎士比亚的作品比作“印度的菩提树”，其中“一切都是生成和演化”。相反，鲍蒙特和弗莱彻等的作品只是“一个精心布置的花坛”，“每枝花都有各自的根，它们的位置由花工的意愿事先来决定”。② 柯勒律治就此提出，如果说莎士比亚以其具有高度生命力的作品代表了“天才的高度、广度和深度”的话，那么鲍蒙特、弗莱彻等只是具有才能的人，他们的作品只体现出“才智在并置和连续中的优秀机械主义”。因此，他对他们无情地嘲讽道：“这些诗人把那些耳朵听来有语法和逻辑一致性的东西，以及可以合到一起呈现给眼睛的东西，都从耳朵和眼睛那里拉来凑在一起，也不顾它们是否具有直觉感受得到的内在可能性；这正好比一个人可以把四分之一个橘子、四分之一个苹果以及同样多的柠檬和石榴拼凑到一起，使它看上去像个圆溜溜的什色水果。”③ 由此可见，与有机自然的关系构成了柯勒律治天才理论的核心内容。对此，有学者进行了恰切的点评：

---

① Samuel Taylor Coleridge. *The Literary Remains of Samuel Taylor Coleridge*. ed. Henry Nelson Coleridge. 4 vols. London：William Pickering，1836. II，p. 77.

② Samuel Taylor Coleridge. *The Literary Remains of Samuel Taylor Coleridge*. ed. Henry Nelson Coleridge. 4 vols. London：William Pickering，1836. II，p. 316.

③ 艾布拉姆斯：《镜与灯——浪漫主义文论及批评传统》，郦稚牛、张照进、童庆生译，北京大学出版社，1989 年版，第 271 页。

> 柯勒律治的天才论的本质在于，他并不一味地强调天才的无意识、非理性和充满激情等品质，而是从生物有机体的哲学考察出发，把天才置于自然的大背景下，从而使天才摆脱了人类理智所给予的外在束缚，这样，天才的创造活动就犹如植物的生长一样，成为一种有生命的创造活动，其作品在诗人的内心生成，在一定的阳光、雨露等外在条件的孕育下生长，成熟。天才虽然有时也违反外在的规律，但他却遵循着有机体的内在机理，因而他能创造出完全出于自然生长的作品。①

正是出于以上原因，柯勒律治才将莎士比亚视为天才的伟大典范。众所周知，在18世纪新古典主义文学评论家那里，莎士比亚曾经饱受批评，经常被评价为“令人愉快的怪物”、“一个野性的无规则的自然之子”、缺乏趣味或者判断力。② 但是，面对约翰逊博士等对莎士比亚的指责，柯尔律治却坚定地声称莎士比亚是天才的伟大代表，“有史以来人类天性所产生的唯一的天才”、“具有无穷才能”③，在整个文学史上只有弥尔顿能与之比肩。其根本原因在于莎士比亚所遵循的法则是真正自然的法则，莎士比亚本身就是“人化了的自然”。他说：“自然，最高的天才艺术家，其力量是无穷无尽的，其形式也是无穷无尽的……甚至这也就是自然选中的诗人，即我们的莎士比亚所具有的卓越之处，他本人就是人化了的自然，是天才的理解，它自觉地指导着一种力量和一个比意识更含蓄的潜在的智慧。”④ 因而，尽管莎士比亚笔下的激情通常表现出放荡，但是又包含了道德。而当他以李尔王等角色开口说话时，说的是李尔王会说的自然的语言，我们能够辨认出它们与真实生活的类似和区别之处。与一切伟大的悲剧一样，李尔王的话“或许给人痛苦，但

---

① 高伟光：《英国浪漫主义的有机美学观》，《甘肃社会科学》2006年第3期。

② Samuel Taylor Coleridge. *The Literary Remains of Samuel Taylor Coleridge*. ed. Henry Nelson Coleridge. 4 vols. London: William Pickering, 1836. II, p. 61.

③ 柯勒律治：《论诗或艺术》，见刘若端编：《十九世纪英国诗人论诗》，人民文学出版社，1984年版，第69页。

④ Samuel Taylor Coleridge. *The Literary Remains of Samuel Taylor Coleridge*. ed. Henry Nelson Coleridge. 4 vols. London: William Pickering, 1836. II, p. 83.

是却不是与愉悦不相容的痛苦。"① 按照这样的自然法则，莎士比亚的作品包含了对真正生命的普遍描写。

综上所述，柯勒律治将天才置于意识和无意识、上帝的创造力和自然法则、超验世界与经验世界等的交汇点上，因而天才的力量能够填平艺术与自然、自然与上帝、人和自然以及人与上帝之间的鸿沟，天才的作品与上帝的作品具有完全相同的性质，能够向人类再现上帝创造的有机整体。

第三节　艺术创造论——论想象

莫里斯·鲍勒（Maurice Bowra）在他的论文集《浪漫主义的想象》的开篇这样指出，"如果想用一个特点把浪漫派于 18 世纪诗人区别开来的话，就要到他们所赋予想象的重要性上和他们对想象所持有的特殊看法上去寻找"。② 想象对于浪漫主义运动的重要意义可见一斑。柯勒律治就是对浪漫主义时期的想象理论的发展做出突出贡献的理论家之一。艾布拉姆斯声称："关于柯勒律治想象力的历史重要性，人们并没有估计过高。它打开了一条重要渠道，使机体说得以流入英国美学那条迄今是清澈的、如果还不是太深的溪流之中。"③ 想象理论是柯勒律治用有机论向机械论哲学发起全面挑战的重要环节，构成了他本人"后期思想的基础"④。同时，想象也是柯勒律治美学和文学批评的支柱，正是依靠想象的创造力量，天才得以再现上帝创造的有机整体，实现了对上帝、人和自然的调和。

与天才一样，想象同样是西方美学中的一个重要范畴。董琦琦在《启示与体验——柯勒律治艺术理论的神性维度》一书中回溯了想象概念的发展和

---

① Samuel Taylor Coleridge. *Lectures* 1808 – 1809 *on Literature*. ed. R. A. Foakes. 2 vols. in vol. V of *The Complete Works of Samuel Taylor Coleridge*. ed. Kathleen Coburn, princeton: Princeton University Press, 1987. I, p. 227.

② 利里安·弗斯特：《浪漫主义》，李今译，昆仑出版社，1989 年版，第 52 页。

③ 艾布拉姆斯：《镜与灯——浪漫主义文论及批评传统》，郦稚牛、张照进、童庆生译，北京大学出版社，1989 年版，第 260 页。

④ Norman Wilde. "The Development of Coleridge's Thought." *The Philosophical Review*, Vol. 28, No. 2 (Mar., 1919), pp. 147–163.

流变。想象作为一个重要的美学概念，最早由亚里士多德在《论灵魂》中提出，认为他是区别于判断和感觉的一种能力。虽然亚里士多德的想象概念流于疏浅，但是却准确地把握了想象的虚构特性。而在亚里士多德之前，柏拉图尽管没有直接使用想象一词，但他实际上在其"回忆说"之中已经意识到想象在艺术活动中的价值。他认为理念早已存在于人的灵魂之中，人之所以能认识现实事物是因为对理念的"回忆"。这里的回忆即是指对先验理念的关照，这种能够跨越经验世界与超越世界的联想就是后来"创造性"想象的雏形。柏拉图"回忆说"的价值在于"超验维度首次被纳入'想象'视域中，是'想象'神圣属性追本溯源的最初范式"。柏拉图之后，悲罗屈特拉斯通过对"想象"与"模仿"的比较强化了想象能够感悟宇宙间的神秘的能力。但是，随着近代理性主义的全面统治，想象在哲学和诗学中的地位都不断降低。霍布斯是这一进程的开启者，他在《利维坦》中指出，想象是一种受人的目的控制的、自觉而恒定的创造力，从而肯定了想象。但是他又同时指出，想象与记忆不过是同一种能力，将想象理解为对经验事实的联想。他的这一观点经过洛克、贝克莱、哈特利和休谟等的发展，最终导致了联想主义心理学的兴盛。①

柯勒律治在《文学生涯》中曾经对联想说的危害进行了详尽的分析。他认为，联想主义心理学仅仅将人的思想视为肌肉和神经的运动，它们因为外界的刺激而运动起来。人内心的道德及智力的交流将简化为延伸、运动和速度，并构成我们所说的观念（Notions）。柯勒律治指出，这种观点完全否认了人的心灵具有创造能力，它将人类心灵完全视为被动的，并从根本上彻底否定了人的价值。他批判道："它仅仅是镜子后面的'水银镀层'；并且它自身构成了可怜的、毫无价值的'我'（I）。"② 联想说不只将人的心灵视为被动的，而且更重要的是，它完全将人视为物质和感官的奴隶，切断了人和上帝的联系，否定了人是道德的存在，这在柯勒律治看来是难以容忍的。在他摆脱经验主义联想说并提出与之针锋相对的想象理论的过程中，康德和谢林的

① 董琦琦：《启示与体验——柯尔律治艺术理论的神性维度》，光明日报出版社，2010年版，第100-101页。

② Samuel Taylor Coleridge. *Biographia Literaria*. ed. Ernest Rhys. London：J. M Dent & Sons Ltd.，1906，p. 62.

想象观功不可没。

我们知道，康德在《纯粹理性批判》中探讨了人的“先天综合判断何以可能”的问题。他认为，感性和知性共同构成了人类知识的来源。但知性与感性不同，知性提供概念、感性提供直观，在概念与直观结合形成知识的过程中需要借助想象力的作用。也就是说，想象在康德的认识论中承担了连结概念与直观的作用。康德认为想象力是“把一个对象甚至当它不在场时也在直观中表象出来的能力”，[①] 进而依据想象是否具有创造性将想象区分为“生产性想象力”（Productive Imagination）和“再生性的想象力”（Reproductive Imagination），并且对“生产性想象力”极为重视，认为它是一种“先天地规定感性的能力，并且它依照范畴对直观的综合就必须是想象力的先验综合，这是知性对感性的一种作用，知性在我们所可能有的直观的对象上的最初的应用（同时也是其他一切应用的基础）”。[②] 在《纯粹理性批判》中，想象是我们能够获得对自然的经验的基础，如果没有它作为感性和知性之间的调和力量，我们不可能将感官对象归入相应的范畴之中。也就是说，康德的想象力是一种调和主体和客体之间关系的能力，通过它人类才能获得有关世界的知识。到他的第三大批判——《判断力批判》中，康德提出了另一种想象，即审美的想象力。通过它的“自由游戏”，人的美感得以产生：当想象力与知性结合时产生“自由美”；当它与理性结合时，产生“依存美”。这一想象比起“生产性想象”和“再生性想象”都享有更大的自由，因为它不受认知法则和概念的限制。在这三种想象力之间，康德最看重“生产性想象力”。也就是说，想象力对于康德来说主要是一种认知能力，虽然它肯定了人的心灵具有一系列先验的能力，而非一块“被动的白板”，但是它仍然局限于经验的领域，不能接近物自体，通过它人类心灵仍然不能通达超验的领域。然而，与康德的想象相比，柯勒律治更看重想象的宗教和艺术的功能，这一影响主要来自谢林。

谢林让想象重新与超验建立了联系。谢林认为康德哲学中现象界和物自体的二元对立没能证明人类感知的有效性，并在人类心灵和外部自然之间留

---

① 康德：《纯粹理性批判》，邓晓芒译，人民出版社，2004 年版，第 101 页。

② 康德：《纯粹理性批判》，邓晓芒译，人民出版社，2004 年版，第 103 页。

下了鸿沟。他在《自然哲学》中试图弥合这一鸿沟，其中想象力发挥了重要作用。对于谢林，想象既属于绝对又属于人类。绝对的自我意识通过想象不断外化为自然，这一想象是想象的最高形式，是一种宇宙的生成力量。人类的想象也具有这种能力，虽然它比神圣想象低一等级：普通人的想象能在我们经验的多样性中感知到整体；创造性天才能从现存的事物中创造出新的整体。想象不能离开自然，它从创造之初就存在于自然之中。想象不只是人类心灵和外部世界之间的纽带，也是上帝和世界之间的纽带。但是，麦克法兰认为，对于谢林来说，想象的意义仅存在于对实在本身的创造中，因为谢林主张“自然的体系同时也是我们精神的体系”，想象力在客观事物及它们的意象之间不能发现任何区别。所以，在谢林的绝对唯心主义体系中，想象的功能总是构成性（Constitutive）和规定性（Regulative）的，而不是像康德的想象一样是调和性的。因为既然自然和精神是同一的，所以没有调和它们的必要。①

柯勒律治综合了康德和谢林的想象力理论，在他们的基础上提出了自己的想象观。不同于康德和谢林，柯勒律治从未对“想象”的概念进行过系统的阐释，他所有的观点都散见于他的著述中，并随着思想的转变不断对他的想象概念进行修正。1802 年，在他具有转折意义的诗歌《失意吟》中，他写道：“善于把物象抟造成形（Shaping Spirit）的想象力”②，即此时柯勒律治将想象模糊地定义为一种塑造能力。到他 1816 年修订出版的《平信徒布道》中，更确切地把想象定义为一种感官和理性之间的调和能力，明确指出想象和感官及理性之间的关系。他认为，想象是一种“调和的和调解的能力。它在感官形象中包含了理性，并通过理性永恒的和自我循环的能量把流动的感官组织起来……”③ 也就是说，他逐步将想象力定义为一种把理性活动的超感官的知识以“感官的形象”具体化或者使感官经验上升为理性的能力。在《文学生涯》中，柯勒律治的想象力理论得到了进一步完善，他将想象区分为第一位的

① Thomas McFarland. *Coleridge and the Pantheist Tradition*. Oxford：Clarendon Press，1969，p. 307.

② 柯勒律治：《失意吟》，见《老水手行——柯勒律治诗选》，杨德豫译，译林出版社，2012 年版。

③ Samuel Taylor Coleridge. *The Statement's Manual*. In vol. I of *The Complete Works of Samuel Taylor Coleridge*，*with an Introductory Essay upon His Philosophical and Theological Opinions*. ed. W. G. T. Shedd. New York：Harper & Brothers，1856，p. 436.

(Primary)想象和第二位的(Secondary)想象，提出了他本人对想象力最明确、最完整的定义，同时也成为现代诗学中被后人不断引用的经典论述：

> 我把想象分为第一位的和第二位的两种。我主张，第一位的想象是一切人类知觉的活力与原动力，是无限的“我存在”中的永恒的创造活动在有限的心灵中的重演。第二位的想象，我认为是第一位想象的回声，它与自觉的意志共存，然而它的功用在性质上还是与第一位的想象相同的，只有在程度上和发挥作用的方式上与它有所不同。它溶化、分解、分散，为了再创造；而在这一程序被弄得不可能时，它还是无论如何尽力去理想化和统一化。它本质上是充满活力的，纵使所有的对象(作为事务而言)本质上是固定的和死的。①

与此同时，作为对华兹华斯混用幻想(Fancy)与想象(Imagination)两个术语的回应，柯勒律治在《文学生涯》中还对幻想和想象进行了区分。他指出，幻想与想象截然不同，它们是两种根本不同的能力。幻想“只与固定的和有限的东西打交道。幻想实际上只不过是摆脱了时间和空间的秩序的拘束的一种回忆，它与我们称之为‘选抉’的那种意志的实践混在一起，并且被它修改。但是，幻想与平常的记忆一样，必须从联想规律产生的现成的材料中获取素材”。②

然而，尽管柯勒律治的想象力理论在发展过程中不断丰富和完善，但是无论他对两种想象的区分，还是对想象和幻想的区分都省略了其中的论证过程而仅仅呈现了他的思考结论。所以，柯勒律治论述的模糊性为后世学者留下了巨大的阐释空间。柯勒律治研究者一般认为他把第一位的想象视为认知经验中的想象，它属于每一个人，通过它人们形成对外部世界的认识；第二位的想象是艺术家创造艺术的想象。但不同学者对于第一位和第二位的想象哪一种更重要的问题却存在分歧，他们长期各执一词，争论不休。以肖克劳

---

①② 柯勒律治：《文学生涯》，见刘若端编：《十九世纪英国诗人论诗》，人民文学出版社，1984年版，第61页。

斯（Shawcross）、I. A. 瑞恰兹和恩格尔（James Engell）为代表的部分学者认为柯勒律治更看重第二位的想象。牛津版《文学生涯》的编纂者肖克劳斯认为："第一位的想象是普通感知的器官，通过它我们能获得对真实的现象界的经验。第二位的想象是程度上提升了的同一种能力，它能让它的所有者看到我们最重要的普通经验世界。"① 恩格尔也说："第一位的想象是自发的、无意识的……它是心灵的反射或本能，也是康德所谓经验的——它区别于超验的想象。它通过把感官材料聚合成更大的知性单位而起到'统一'的作用……"②言外之意，第二位的想象因为是属于超验的想象，所以是比第一位的想象更高级的能力。然而，杰克逊·贝特（Jackson Bate）在1950年第一次提出了相反的立场："第一位的想象是'有限的心灵'能够提供的想象的最高形式，并且它的范围必然包括超越了第二位想象的狭窄领域的宇宙。因为第二位想象的任务就是使对象'理想化和统一化'，它几乎不能'统一'宇宙。"③他的观点得到了乔纳森·华兹华斯（Jonathan Wordsworth）、罗伯特·巴斯等的回应，他们认为第一位想象是更高的能力，因为这等于把人的想象提高到与上帝的想象同一层面的能力，人的想象也参与到上帝的创造中。应当说，第二种观点深刻地意识到了柯勒律治对于宗教的执着，还原了柯勒律治想象理论的神学渊源。

在皈依"三一论"之前，柯勒律治就已经将想象与上帝联系起来。1795年，在《有关奴隶贸易的演讲》中，柯勒律治说："发展创造者的能力，以及通过带着我们最高贵的和最令自己满意的愉悦模仿创造力是我们正当的职责。我们是逐步发展的，不能满足于现在所受的眷顾。我们全知全能的圣父因而已经赐予我们想象……"④由此说明，柯勒律治已经把想象与人通过对上帝能力的模仿达到的自我实现联系了起来。在转向"三一论"之后，柯勒律治接受了创造论的自然观，他坚持人是上帝按照自己的形象创造的，因而人的心

①②③ Jonathan Wordsworth. "'The infinite I AM': Coleridge and the Ascent of being." *Coleridge's Imagination: Essays in Memory of Pete Laver*. ed. Richard Gravil, Lucy Newlyn and Nicholas Roe. Cambridge: Cambridge University Press, 1985, p. 23.

④ qtd. in Jonathan Wordsworth. "'The infinite I AM': Coleridge and the Ascent of being." *Coleridge's Imagination: Essays in Memory of Pete Laver*. ed. Richard Gravil, Lucy Newlyn and Nicholas Roe. Cambridge: Cambridge University Press, 1985, p. 28.

灵将与上帝的心灵一样是具有主动性和创造性的。1801 年，在写给普尔的信中他提到，人的心灵不是被动的，因为心灵是上帝照着自己的形象创造的，“而上帝的形象在最崇高的意义上，又是创造者的形象”①。因此，想象与理性一样，是上帝按照自己的形象给予人类的。三年之后，柯勒律治明确地将想象与上帝的创造联系起来。他说，“在这一单词的最高意义上”，想象②就是一种感觉，通过它我们意识到“它是创造的隐晦类比——不是我们所能笃信的创造，而是所有我们能够设想的创造”。③ 到《文学生涯》中，柯勒律治对于想象的定义更是将人类的想象与上帝的创世行为并置于同一层面。J. 华兹华斯对柯勒律治的第一位想象的定义逐字进行了细致的解读，认为柯勒律治的遣词极为精准地表达了第一位想象的定义实质上是“对信仰的声明”：

> 整个句子是一个宏阔的肯定性句。前后两个分句的重点都落在了形容词上。第一个分句中的形容词已经非常肯定：“活力”、“原动力”、“一切知觉”；而不言而喻的是，第二个分句中的形容词又进一步攀升，“有限”、“永恒”、“无限”。无论目的如何，这些词语都兴奋地宣布永恒化身于有限，以及上帝原初的、持续不断的自我命名的时刻在人类身上再次显现。④

很明显，柯勒律治在这里将人类的想象视为上帝的创造行为的类似物，将二者置于同一层面。对此，艾布拉姆斯认为，这是柯勒律治在天才与造物主的类比之外的又一重类比，在这一类比的基础上是“上帝那永不止息地自

---

① Samuel Taylor Coleridge. *Collected Letters of Samuel Taylor Coleridge*, ed. Earl Leslie Griggs, 6 vols, Oxford: Clarendon Press, 1956. II, p. 709.

② 艾布拉姆斯认为这里柯勒律治指的就是诗歌的想象。艾布拉姆斯：《镜与灯——浪漫主义文论及批评传统》，郦稚牛、张照进、童庆生译，北京大学出版社，1989 年版，第 454 页。

③ Samuel Taylor Coleridge. *Collected Letters of Samuel Taylor Coleridge*, ed. Earl Leslie Griggs, 6 vols, Oxford: Clarendon Press, 1956. II, p. 1034.

④ Jonathan Wordsworth. The infinite I AM: Coleridge and the Ascent of being. *Coleridge's Imagination: Essays in Memory of Pete Laver*. ed. Richard Gravil, Lucy Newlyn and Nicholas Roe. Cambridge: Cambridge University Press, 1985, p. 24.

我扩散成为能被感觉到的宇宙"①。这一创造过程反映在普通人和诗人的想象中，分别成为"第一位的想象"和"第二位的想象"。

通过以上分析我们可以看出，柯勒律治的想象理论是以他的"三位一体"创造观为前提的，因而具有坚实的神学基础。或者我们可以引用巴斯的话说，柯勒律治的想象本质上是一种以"信仰"为基础的行为："一种对我们自身能够知晓我们自身之外的实在的信仰；一种对我们的想象和无限的'我'具有同质性的信仰；一种对我们的想象是无限的'我存在'中永恒的创造活动在有限心灵中的重演'的信仰。"② 对于柯勒律治来说，人类的想象行为始终与上帝的创造行为连结在一起。因此，由于想象的存在，人也成为创造者，不管是通过我们主动与外部世界连结在一起的第一位的想象，还是通过审美方式来表达对世界的经验的第二位想象。但是需要强调的是，虽然人类的想象也参与到上帝永恒的创世行为中，但是与上帝永恒的创世行为相比，人的心灵和人的想象都是有限的，它不能离开知性的经验而单独运行。换句话说，人类心灵的自由创造不能脱离自然而存在。所以，想象的功能就在于在自然中创造出整体。

我们曾经提到，从上帝创世的角度看，自然是一个有机的整体。但是由于它是"多样性的统一"，因而当它呈现于我们感官和知性中时是零碎的片段，自然的、整体性的形成最终还需要依赖人的理性。然而，人的理性不能独自发挥作用，它在通过知性的感官材料形成整体的过程中也离不开想象。不同于康德哲学，柯勒律治并未把想象力当作感性和知性之间的能力，而是把它视为居于知性和理性之间的一种调和力量。一方面，它以知性为基础，也具有知性的形象性。柯勒律治认为想象"可以说，在形象之间徘徊"，当它固定于一个形象的时候，它就变为知性；然而当它是"非固定的以及在形象之间摇摆、从不让自己依附于其中的任何一个"的时候，它就是想象。③ 另一

---

① 艾布拉姆斯：《镜与灯——浪漫主义文论及批评传统》，郦稚牛、张照进、童庆生译，北京大学出版社，1989 年版，第 453 页。

② J. Robert Barth. *The Symbolic Imagination*: *Coleridge and the Romantic Tradition*. 2nd edition. New York: Fordham University Press, 2001, p. 127.

③ Samuel Taylor Coleridge. *Shakespearean Criticism*. ed. Thomas Middleton Raysor. 2 vols. London: J. M. Dent, Everyman's Library, 1960. II, p. 103.

方面，它又能从理性中获得力量，在理性的支持下运行，成为一种超验的能力，在某种程度上能够感知并表达超验的实在。因而与知性相比，想象不受时空法则的限制，它比知性要深刻和全面。柯勒律治在《政治家手册》中说想象是“结合了明晰与深度、感官的丰富与知性的可理解性”的一种“完成力量”，“浸透（Impregnate）于想象之后知性自身也能变为直觉的、活的能力”。[①] 另外，虽然想象以理性为基础，但却是独立于理性之外的一种能力，它是通过“浸透”知性来创造理性的“完成能力”。[②] 总之，想象借助知性提供的感官材料服务于理性，并通过理性的力量重新创造出整体。因而，在对想象的定义中，柯勒律治说想象力的作用在于“理想化和统一化”。

在想象创造整体的过程中，第一位的想象和第二位的想象既相互联系又相互区别。第一位的想象属于我们每一个人，通过第一位的想象，我们能够本能地安排我们所接受的感官材料，创造出有意义的整体。假如没有第一位的想象，我们周围的世界将是一片混乱。第二位的想象是属于艺术家的想象，它与第一位的想象具有相同的性质，只是“程度和发挥作用的方式”有所不同。通过它，艺术家不仅仅能以有秩序的方式感知到世界，还能以艺术的媒介表现这一秩序。柯勒律治如此描绘艺术家再现整体的过程：他“熔化、分解、分散”、先将从自然中感知到的整体打碎，让新的混乱出现，然后通过艺术家的意识重新形成整体，再通过不同的艺术媒介将这一整体呈现出来。艺术家在再现整体的过程中，想象遵循极性法则，将精神与自然、同一与多样等对立面融合为一体。想象的产品从来都不是全新的创造，而是新与旧、暂时与永恒、主观与客观的调和：

这种力量，首先为意志与理解力所推动，受着它们虽则温和而难于觉察却永不放松的控制，在使相反的、不调和的性质平衡或和

① Samuel Taylor Coleridge. *The Statement's Manual*. In vol. I of *The Complete Works of Samuel Taylor Coleridge, with an Introductory Essay upon His Philosophical and Theological Opinions*. ed. W. G. T. Shedd. New York: Harper & Brothers, 1856, p. 461.

② qtd. in Jonathan Wordsworth. "'The infinite I AM': Coleridge and the Ascent of being." *Coleridge's Imagination: Essays in Memory of Pete Laver*. ed. Richard Gravil, Lucy Newlyn and Nicholas Roe. Cambridge: Cambridge University Press, 1985, p. 38.

> 谐中显示出自己来：它调和同一的和殊异的、一般的和具体的、概念和形象、个别的和有代表性的、新奇与新鲜之感和陈旧与熟悉的事物、一种不寻常的情绪和一种不寻常的秩序；永远清醒的判断力与始终如一的冷静的一方面，和热忱与深刻强烈的感情的一方面；并且当它把天然的与人工的混合而使之和谐时，它仍然使艺术从属于自然，使形式从属于内容，使我们对诗人的钦佩从属于我们对诗的感应。[①]

柯勒律治的这段话表明，他认为，诗人以上帝创造自然的方式通过极性法则从多样性中创造出整体，诗人通过想象创造的自然和上帝创造的自然一样，是一个有机的整体。正如艾布拉姆斯所见，想象创造的整体不是把“没有生产力的微粒”机械地并置起来，也非新古典主义的部分的得体性，而是有机的整体：“它是一个自生系统，由各部分在生命上的相互依赖所组成；如果离开了整体，部分就不能生存”。[②] 与想象能从经验材料中创造出新的整体不同，由于幻想“只与固定的和有限的东西打交道”、“只不过是摆脱了时间和空间的秩序的拘束的一种回忆”，所以幻想的作品只是记忆的产物。在幻想的诗歌中，自然是机械地汇集、复制和安排的，缺乏想象中根据更高的原则塑造它的“转化的精神”。柯勒律治对古希腊文学和古希伯来文学进行了对比，将它们分别视为幻想和想象的产物。古希腊文学中只有“守护神、鬼怪、森林女神、江河女神等”，其中的一切自然物都是僵死的，“仅仅是空洞的雕塑”。[③] 相反，在希伯来文学中，“每一个事物都有自己的生命，同时它们又同属于一个生命。它们在上帝之中运行和生存，并且获得自己的存在。”[④] 尽管从文学史的角度来看，柯勒律治此处对古希腊文学的评价并不公允，但是他敏锐地感知并说明了想象性艺术中自然的有机性和幻想作品中自然的机械

① 柯勒律治：《文学生涯》，见刘若端编：《十九世纪英国诗人论诗》，人民文学出版社，1984 年版，第 69 页。

② 艾布拉姆斯：《镜与灯——浪漫主义文论及批评传统》，郦稚牛、张照进、童庆生译，北京大学出版社，1989 年版，第 266-269 页。

③ Samuel Taylor Coleridge. *Collected Letters of Samuel Taylor Coleridge*, ed. Earl Leslie Griggs, 6 vols, Oxford: Clarendon Press, 1956. II, p. 856.

④ Samuel Taylor Coleridge. *Collected Letters of Samuel Taylor Coleridge*, ed. Earl Leslie Griggs, 6 vols, Oxford: Clarendon Press, 1956. II, p. 866.

性之间的差异。

想象被柯勒律治比作诗歌的灵魂，他认为天才正是通过想象实现了对上帝、人和自然三者的调和，诗人首先通过第一位的想象感知到自然中整体的存在，然后又通过第二位的想象以艺术为媒介再现新的有机整体的自然。因此，想象一方面让艺术成为人和自然的调停者，另一方面它使得人类能够超越感官和物质的束缚，在艺术中重新与上帝相遇。詹姆斯·卡青格（James S. Cutsinger）说，想象的力量能“将心灵从习俗的昏睡中唤醒”，能让我们睁开眼睛面对“我们眼前世界的美好和奇妙，”因此能展现“对神半透明的世界”。①

第四节　艺术表现论——论象征

所谓象征，是指通过运用感官中的事物来指代其自身之外的存在。在整个浪漫主义思潮中，象征一直备受推崇，同样也被柯勒律治赋予了重要的意义。象征对于柯勒律治从诗人、哲学家和批评家的整个学术事业都有着极为重要的作用，甚至有学者说象征概念是他思想发展的根本原则②。与施莱格尔借象征来表达超验世界的观点遥相呼应，柯勒律治在《文学生涯》中指出：“理念，在其最高的意义上，只能通过象征表达；除了在几何中，一切象征都必然地包含了明显的对立。”③ 也就是说，对于柯勒律治，一切实在和真理最终都只能通过象征来表达，由此可见柯勒律治赋予象征的重要性。就柯勒律治的神学自然论艺术观而言，他认为天才通过想象可以在人类的层面上重新创造有机整体的自然，而这一有机整体最终需要通过象征来表现。

柯勒律治的象征观来自于他的创造观，也就是说象征与想象密不可分，想象就是创造象征的活动，象征是想象行为的必然结果。巴斯曾经用“源头”和“水”的关系来比喻柯勒律治的想象与象征的关系，他说：“想象与象征不

① James. Cutsinger. *The Form of Transformed Vision*: *Coleridge and the Knowledge of God*. Macon, Ga: Mercer University Press, 1987, p. 93.

② Kelvin Everest. “Coleridge's Life.” *The Cambridge Companion to Coleridge*. ed. Lucy Newlyn. Cambridge: Cambridge University Press, 2002, p. 217.

③ Samuel Taylor Coleridge. *Biographia Literaria*. ed. Ernest Rhys. London: J. M Dent & Sons Ltd., 1906, p. 77.

可分割，如同水不能离开它的源泉。而且它们都保留了——即便在这个被某些人认为的黑暗的德里达时代——能够触动我们的力量。”① 前文提到，在《平信徒布道》中，柯勒律治把想象力定义为理性和知性之间的一种调和的和调解的能力，它“在感官形象中包含了理性，并通过理性永恒的和自我循环的能量把流动的感官组织起来”。紧接着，他指出想象力同时也是创造象征的能力，它能够“产生象征的系统”②。所以，从象征的来源上看，它起源于知性和理性的共同作用。理性（超感官的能力）和知性（根据感官获得知识的能力）在想象的作用下共同运作创造出象征。对于柯勒律治，象征虽然从本质上来说就是理念，而理念的本质是超感官的，但是在象征中它通过感官形象具体化了。因此，象征中的物质形式不仅仅代表其自身，而是能够同时指涉自身背后的精神来源。柯勒律治如此总结象征的特点：“象征的特点……首先是永恒之物通过暂时之物并在暂时之物中存在的半透明。它总是带有其呈现为可理解的实在性的特征；当它阐述整体时，它把自己视为它所代表的整体的一部分。”③ 从柯勒律治对象征的这一描述中，我们可以看出象征的主要特点在于：第一，象征具有“半透明性”，象征背后的实在性能够通过象征显现给人类；第二，象征具有“整体性”，象征不仅自身是一个整体，而且必须预示着更大范围的整体的存在，并把自身视为更大整体的一部分。

柯勒律治来说，象征最根本和最与众不同之处是它的“半透明性”。巴斯对柯勒律治这一“半透明性”的说法进行了神学的解读。他认为，柯勒律治在此处提到的“整体”就是“被感知为光的上帝”，“如果‘永恒’的象征是‘半透明’，那么上帝就是透过来的光——永恒之物通过暂时之物、并在暂时之物中显示自身”。④ 柯勒律治运用这一光学的类比旨在表明象征意象一方面

① J. Robert Barth. *The Symbolic Imagination: Coleridge and the Romantic Tradition*. 2nd edition. New York: Fordham University Press, 2001, p. 6.

② Samuel Taylor Coleridge. *The Statement's Manual*. In vol. I of *The Complete Works of Samuel Taylor Coleridge, with an Introductory Essay upon His Philosophical and Theological Opinions*. ed. W. G. T. Shedd. New York: Harper & Brothers, 1856, p. 437.

③ Samuel Taylor Coleridge. *The Statement's Manual*. In vol. I of *The Complete Works of Samuel Taylor Coleridge, with an Introductory Essay upon His Philosophical and Theological Opinions*. ed. W. G. T. Shedd. New York: Harper & Brothers, 1856. pp. 437-438.

④ J. Robert Barth. *The Symbolic Imagination: Coleridge and the Romantic Tradition*. 2nd edition. New York: Fordham University Press, 2001, p. 123.

既是自身，能够保持自己的具体性和不透明性，同时能够指向自身之外的实在——上帝。象征之所以能以自身物质的形式指涉更高的精神存在，其根源在于象征中物质和精神的同一性。维姆萨特和布鲁克斯曾经表示："似乎一切象征原则，要么依赖某种唯心主义，要么拒绝理念和唯物主义的二元对立。同时，把这些对立的概念理解为来自于事先存在的、更深层的实在，在那一实在中它们是一致的。"① 这与巴斯的观点不谋而合。巴斯认为，柯勒律治的象征观中物质之所以能代表上帝，原因就在于物质和精神的同一性。他说："创造和感知象征的行为完全依赖对于一切事物'同质性'（Consubstantiality）的接受，尤其是上帝和创造物的'同质性'。"②

柯勒律治在对"三位一体"的阐释中指出，作为人格的上帝出于自我实现的需求创造了圣子，圣父和圣子的结合产生了圣灵。圣子和圣父分别作为"三位一体"中相对客观和相对主观的两极，他们虽然是相互区别的，但从根本上是同质的。他们二者的关系也成为作为造物主的上帝和其他被造物关系的模型。由此，柯勒律治相信一切事物的"同质性"。虽然物质的与精神的、一般的和具体的、新奇的和陈旧的等不同的事物在人的知性中是彼此对立的，但它们从本质上却是同一的。正是由于一切事物的同质性，一切事物都能成为包括上帝在内的其他事物的象征。与此同时，圣子与圣父及圣灵构成的整体及相互之间的差异也构成了柯勒律治象征的本质。圣子对圣父的象征是最高意义上的象征，他"作为他的形象"，同时以可能的最完美方式参与到圣父的实在性之中。③ 所以，巴斯认为，对于柯勒律治来说，"感知象征或创造象征的行为从根本上是一个宗教行为"④，它意味着有限者参与到最高意义上的象征创造者——上帝的创造行为之中。与巴斯秉持相同的论点，玛丽·安·珀金斯（Mary Anne Perkins）也肯定了象征对于真正实在的参与，她说："对

---

① William K. Wimsatt, Jr., and Cleanth Brooks. *Literary Criticism: A Short History*. New York: Vintage Books, 1957, p. 600.

② J. Robert Barth. *The Symbolic Imagination: Coleridge and the Romantic Tradition*. 2nd edition. New York: Fordham University Press, 2001, p. 41.

③ J. Robert Barth. *The Symbolic Imagination: Coleridge and the Romantic Tradition*. 2nd edition. New York: Fordham University Press, 2001, p. 38.

④ J. Robert Barth. *The Symbolic Imagination: Coleridge and the Romantic Tradition*. 2nd edition. New York: Fordham University Press, 2001, p. 12.

于柯勒律治，象征既反映又参与到圣言、逻各斯、上帝与人的调停者的本质中；象征中存在一种同质性，这一同质性是对神的同本质（Divine Homoousios）的回应。”① 正是在这种意义上，柯勒律治宣称这一系统的特点是“象征内部是和谐的，与它们所传达的真理是同质的”。② 由于这种同质性的存在，感官对象永远不是孤立的存在，而是其背后实在的象征。所以，柯勒律治说过，“绝对不要仅仅观看或者描述自然中有趣的表象而不通过模糊的类比把它与道德世界联系起来。”③

为了强调和凸显象征的这一属性，柯勒律治对象征和譬喻（Allegory）进行了区分，如同他对天才和才能、模仿与照搬、想象和幻想一样。柯勒律治说譬喻性的写作就是“使用一系列带有对应的行为和伴随物的主体或形象，以伪装的形式来传达自身不是感官对象的道德品质或心灵的观念或其他的形象、主体、行为、命运、境遇。这样差异从各处呈现于视觉或想象，同时相似之处也暗示给心灵。这一过程联系在一起，因此各个部分构成一个连续的整体。”④ 象征在浪漫主义时期备受推崇，但是在启蒙时期却是譬喻更受青睐。因为它具有象征所不具备的意义的确定性和明晰性。甚至在当代，保罗·德曼也认为象征只是一种刻意的神秘化，因而“象征不但不优于譬喻……象征低于譬喻，并且事实上是一个基本不具有价值的概念。”⑤ 然而，柯勒律治对象征和譬喻的看法却全然不同，譬喻的地位远远低于象征。他认为，不同于象征对于背后实在的追求，在譬喻中“心灵仅仅从理念的领域中抽象出观念，再把它们转化为一系列对应的、来自感官对象的抽象概念。因此，当我们对‘图画语言’进行阐释时，它只能产生有关实在的抽象观念，而不能直接领悟

① Mary Ann Perkins. *Coleridge's Philosophy: the Logos as Unifying Principle*. Oxford: Clarendon Press, 1994, p. 48.

② Samuel Taylor Coleridge. *The Statement's Manual*. In vol. I of *The Complete Works of Samuel Taylor Coleridge, with an Introductory Essay upon His Philosophical and Theological Opinions*. ed. W. G. T. Shedd. New York: Harper & Brothers, 1856, p. 437.

③ qtd. in Mary Rahme. "Coleridge's Concept of Symbolism." *Studies in English Literature*, 1500–1900, Vol. 9, No. 4, Nineteenth Century (Autumn, 1969), pp. 619–632.

④ Samuel Taylor Coleridge. *Coleridge's Miscellaneous Criticism*. ed. Thomas Middleton Raysor. 2 vols. Cambridge, Mass.: Harvard University Press, 1936. I, p. 30.

⑤ J. Robert Barth. *The Symbolic Imagination: Coleridge and the Romantic Tradition*. 2nd edition. New York: Fordham University Press, 2001, p. 12.

到实在。"① 换句话说，譬喻低于象征的根本缘由就在于它缺少实在性，将活生生的形象淹没于抽象的观念中。正如当代批评家菲德尔森（Charles Feidelson）在对譬喻与象征的比较中所指出："与象征相反，譬喻的本质就是回避绝对实在的问题。譬喻作家随意对'理念'和'事物'进行形式上的对应，并且认为二者都是确定的；他不需要追问其中的任何一个领域是否是'真实'的，或者在最终的分析中实在是否存在于它们的相互关系中。"② 因而柯勒律治认为当时人们对象征与譬喻的混用是一种时代的灾难。因为象征是想象的产物，并从根本上要求人们对上帝的信仰；而譬喻是知性的结果，所以在譬喻中只有形象与观念的机械组合。象征与譬喻的混淆表明"信仰要么被埋葬于死气沉沉的文字之下，要么它的名号和荣耀被机械知性的仿造品盗用"③。

象征的"半透明性"不仅让人从感官对象中看到实在，而且它昭示着自然的有机统一。象征与想象的关系决定了象征自身必然是一个有机的整体。想象不仅是产生象征的能力，同时也是创造整体的能力。想象把物质与精神、个别与一般、概念与形象等对立面统一为一个整体，并通过象征显现出来，因此象征便是由对立面的调和而形成的有机整体。其特点就是它能够"在对立或不一致的特性的平衡或调和中彰显自身"④。更重要的是，不仅象征自身是一个整体，它还预示着更大整体的存在。柯勒律治认为，除了"半透明性"，象征的另一个本质特点就是"它同时也是它所代表的整体的一部分"。在柯勒律治看来，创造象征和感知象征的行为从本质上来说是一种信仰的行为，换句话说，在象征的创造和感知中我们必然接受和认可宇宙中整体的存在。因而，象征中特殊对普遍的依赖构成了一切象征中的根本关系，"如同肺

①③ Samuel Taylor Coleridge. *The Statement's Manual*. In vol. I of *The Complete Works of Samuel Taylor Coleridge, with an Introductory Essay upon His Philosophical and Theological Opinions*. ed. W. G. T. Shedd. New York: Harper & Brothers, 1856, p. 437.

② Charles Feidelson. *Symbolism and American Literature*. Chicago: The University of Chicago Press, 1953, p. 8.

④ Samuel Taylor Coleridge. *Biographia Literaria*. ed. Ernest Rhys. London: J. M Dent & Sons Ltd., 1906, p. 166.

之于空气、眼睛之于阳光、结晶之于液体、形状之于空间的关系”①。对于柯勒律治，象征中的个体能够昭示整体的存在，并且每一个个体都体现着整体的特点，正如柯勒律治对自然中的个体和整体关系的认识。他认为自然中的一草一木都能向我们展现它们通过融合阳光、空气、水分等不同的因素形成整体的过程，我们不仅能“在它们自身之内看到了每个个体”，还能“意识到它们共同存在于更高形式的整体中”。所以，柯勒律治认为植物的内在结构象征了自然的整体，以及它外在的多样性“与地球历史上的象形文字一起揭示地球上尚未展开的巨大画卷”。他甚至断言：“真正的自然哲学存在于对科学和象征语言的研究中。”②可以说，柯勒律治以植物作类比对象征的特点做出了形象的说明。

除此之外，柯勒律治还以《圣经》人物为例，对象征中部分与整体的关系进行了探讨。他认为《圣经》是想象性的作品，所以《圣经》既是历史的，又是象征的，它能够向我们展示部分和整体之间、个体与整个神圣历史之间的关系。如果圣经中的人物都是按照上帝的形象制造的，都是上帝的象征，那么他们之间必然存在着潜在的整体。《政治家手册》中，柯勒律治指出：“《圣经》中每一个主体都看上去并表现得像一个自给自足的个体：每一个都有自己的生命，他们又同属于一个生命。”③在经文中，“一切事实和人物都必然具有双重重要性，过去的和将来的、暂时的和永恒的、特殊的和普遍的。它们必然同时既是描写又是理想。”④因而，象征总是导向整体和统一，并且象征自身就处于偶然与绝对、有限与无限、感官与超感官、暂时与永恒、个体与普遍的交汇点上。

在艺术中，艺术家因为自己的天才能够深刻洞察上帝创造自然的过程，

---

①② Samuel Taylor Coleridge. *The Statement's Manual*. In vol. I of *The Complete Works of Samuel Taylor Coleridge, with an Introductory Essay upon His Philosophical and Theological Opinions*. ed. W. G. T. Shedd. New York: Harper & Brothers, 1856, p. 462.

③ Samuel Taylor Coleridge. *The Statement's Manual*. In vol. I of *The Complete Works of Samuel Taylor Coleridge, with an Introductory Essay upon His Philosophical and Theological Opinions*. ed. W. G. T. Shedd. New York: Harper & Brothers, 1856, p. 438.

④ Samuel Taylor Coleridge. *The Statement's Manual*. In vol. I of *The Complete Works of Samuel Taylor Coleridge, with an Introductory Essay upon His Philosophical and Theological Opinions*. ed. W. G. T. Shedd. New York: Harper & Brothers, 1856, p. 437.

并通过自己的艺术重新创造出来。象征既是引领艺术家创作的艺术洞见的结果，也是它的再现。艺术通过天才的想象模仿了自然中普遍和特殊的调和，并通过象征作为艺术的媒介呈现出自然从多样到整一的发展过程。对此，批评家贝特（Walter Jackson Bate）总结说，“在柯勒律治的艺术理论中，象征本身就是自然中生成力量的主动重复”，并且最终“艺术以象征的方式复制了自然”。① 艺术家通过呈现“自然的摘要”让人类得以理解上帝创造的世界的完整性和有机性。通过艺术中的象征，人类能够抵御“把神圣和不可分割的自然的生命打碎和分散为无数的感官幻觉”② 的诱惑。

不仅如此，柯勒律治认为，象征与想象一样，从根本上说，都是一种宗教行为。象征的“半透明性”不仅让人类在艺术中感知到上帝，并且能让人见证到极性力量的相互渗透所产生的普遍真理，从而将人引向真正的实在。同时，对于柯勒律治来说，象征作为一种信仰行为，它不只指向人的感官和知性，而是能够唤醒包括想象和理性在内的人的心灵的全部能力，它“呼唤整个人的回应，事实上是一个人的全部自我的投入”③。就是在这种意义上，柯勒律治宣称诗人能够“将人的全部灵魂带动起来”④。因而，艺术中的象征不仅能够让人意识到上帝创造的宇宙整体，还能将人类从片面的启蒙理性的禁锢中解脱出来，向人类展示宇宙和自身之内的全部奥秘。就像保罗·蒂里希（Paul Tillich）所意识到的，艺术通过创造象征来接近不能以其他方式触及的实在，它“不仅打开通过其他方式可能无法接近的实在的领域，同时也能开启我们灵魂只能与那些实在的领域对应的部分。一部伟大的戏剧不只呈现给我们有关人的场景的新视野，它也揭示了我们自身存在中隐藏的奥秘”⑤。这一切最终只能仰赖象征才能实现。

---

① Mary Rahme. “Coleridge's Concept of Symbolism.” *Studies in English Literature*, 1500－1900, Vol. 9, No. 4, Nineteenth Century (Autumn, 1969), pp. 619–632.

② Samuel Taylor Coleridge. *The Friend: A Series of Essays to Aid in the Formation of Fixed Principles in Politics, Morals, and Religion, with Literary Amusement Interspersed*. ed. Henry Nelson Coleridge. 3 vols. London: William Pickering, 1837. II, p. 318.

③ J. Robert Barth. *The Symbolic Imagination: Coleridge and the Romantic Tradition*. 2nd edition. New York: Fordham University Press, 2001, p. 29.

④ 柯勒律治：《文学生涯》，见刘若端编：《十九世纪英国诗人论诗》，人民文学出版社，1984年版，第69页。

⑤ Paul Tillich. *Dynamics of Faith*. World Perspectives 10. New York: Harper, 1956, p. 42.

总之，柯勒律治将艺术看作上帝创造行为的模仿。艺术家凭借天才窥见到上帝创造自然的过程，并凭借想象力创造出象征实现了对“自然的精神”的模仿。最终，人类得以在艺术的象征中重新获得被启蒙理性割裂的人与上帝、人和自然、人的个体之中的肉体与心灵、理性与情感的完整。

第五章 柯勒律治与华兹华斯自然观和艺术观的比较研究

提到柯勒律治，就无法绕开华兹华斯。他们两人以其合作出版的《抒情歌谣集》拉开了英国浪漫主义的序幕，并因为共同在湖区生活的经历与骚塞一起被并称为“湖畔诗人”。尤其是华兹华斯的作品及柯勒律治早年的诗歌，都充满了对自然景物的呈现和对自然的热爱之情，因而他们经常被拿来相提并论。对于二人的成就，在当代的文学研究中总是存在着两种趋势：要么忽视柯勒律治和华兹华斯之间的差异，将他们作为一个整体来研究；要么因为柯勒律治晚年转向了哲学和神学思辨而赞赏华兹华斯、贬低柯勒律治。这两种倾向都是错误的。事实上，他们二人在自然观念和诗学理念上都存在着巨大的差异，甚至可以说本质的区别，并具有各自的特点。因而，我们有必要对他们之间的差异进行仔细的辨析。正如柯勒律治所言：“哲学研究的任务在于正确地划分区别；而哲学家的特权在于保持他自己经常不忘划分区别并不等于分割，为了获得对任何真理正确的看法，我们必须在理智上把它的不同部分区分开来，这是哲学的专门技术。”① 文学研究亦是如此。对于他们的辨析并非要将他们分出高低优劣，而是明确了各自的特点才更能凸显出各自的价值。

第一节 从“共生”到分裂

柯勒律治和华兹华斯的友谊可以说是文学史上的一段佳话。他们的交往

---

① 柯勒律治：《文学生涯》，见刘若端编：《十九世纪英国诗人论诗》，人民文学出版社，1984 年版，第 65 页。

不仅影响了彼此事业的发展，也造就了英国诗歌史上的一段辉煌。1795 年 9 月，他们两人相识于布里斯托的一场政治集会上。初次相识，两人对彼此都留下了较深刻的印象。之后，他们又有过几次会面并有通信往来。但是，在这一阶段，两人的友情也仅限于此。1797 年春天，华兹华斯在从布里斯托前往多塞特郡的雷斯唐（Racedown in Dorsetshire）途中，专程登门拜访了此时已经移居内瑟·斯托威的柯勒律治。这时，柯勒律治和华兹华斯都各自忙于自己的戏剧，并且发现了他们对于诗歌的共同旨趣。他们对骚塞诗歌中的缺点具有相同的观点，并且根据柯勒律治写给友人的书信，他们的交谈使柯勒律治对史诗展开了思考。① 到六月初，柯勒律治对华兹华斯进行了回访。当时，华兹华斯正在进行《废毁的茅舍》（*The Ruined Cottage*）的创作，他当即朗读给柯勒律治听，而柯勒律治也与华兹华斯交流自己正在创作的悲剧。这次会面极为成功，二人都被对方的魅力所折服。柯勒律治曾经向友人称赞华兹华斯“是一个伟大的人”。② 几个星期之后，华兹华斯兄妹移居阿尔弗克斯顿（Alfoxden），与柯勒律治的居所仅相距三英里。此后的一段时间是柯勒律治与华兹华斯兄妹交往最为密切的一段时间，他们一起进餐、喝茶、散步、写诗，相互鼓励并为对方的作品提出建设性的意见。1798 年，为了赚取能够支付游学德国的学费，他们合作出版了《抒情歌谣集》。《抒情歌谣集》出版之后，柯勒律治与华兹华斯兄妹一起启程游学德国。抵达德国后，为了更好地学习语言，他们改为分头行动。1799 年春天，华兹华斯兄妹就因思乡心切返回了英国。柯勒律治则前往哥廷根大学学习德国哲学，并于 1799 年 7 月回国。同年 10 月，他们又一起游历英格兰湖区，开启了两人另外一段亲密交往的经历。

二人友情最密切的这段时间，也是二人事业发展的高峰期。在柯勒律治短暂的诗人生涯中，他最杰出、最具代表性的作品都是在华兹华斯的鼓励和影响下创作出来的。随着《这椴树凉亭——我的牢房》《老水手行》《午夜寒霜》《咏法兰西》《孤独中的忧思》《夜莺》《忽必烈汗》等诗歌的出版，柯勒律

---

① Peter J. Kitson. “Political Thinker.” *The Cambridge Companion to Wordsworth*. ed. Stephen Gill. Cambridge: Cambridge University Press, 2003, p. 163.

② Samuel Taylor Coleridge. *Collected Letters of Samuel Taylor Coleridge*, ed. Earl Leslie Griggs, 6 vols, Oxford: Clarendon Press, 1956. I, p. 327.

治迎来了自己事业上的第一个高潮。据考证，《老水手行》中的信天翁意象就有华兹华斯的功劳。[①] 这一时期同样也是华兹华斯的高产期，《抒情歌谣集》中，除《廷腾寺赋》（*Tintern Abby*）外的其他全部诗歌都创作于这一时期。与此同时，柯勒律治在《风瑟》《午夜寒霜》等诗歌中采用的“对话诗”模式也对华兹华斯的诗歌创作产生了深刻影响。“对话诗”是柯勒律治所开创的一种沉思式的无韵体诗歌。它通常有着假定的倾诉对象，并以特定的自然景物开始，然后这一来自外部的刺激促使心灵开始进入对自我及其与自然关系的思考，并最终回到外部景物之中。“对话诗”这一形式使得诗人对自然的呈现中既自然又生动，因而后来也被华兹华斯所采用。

华兹华斯在其最伟大的自传体长诗《序曲》(*The Prelude*）中就采用了这一形式，并以柯勒律治为倾诉对象。而后来，柯勒律治从诗歌创作转向文学批评后，华兹华斯也占据了柯勒律治批评的中心，对华兹华斯的批评成为他的文学批评的高峰。尤其是他影响深远的想象理论就是通过华兹华斯的批评及与华兹华斯观点的对话提出的。毫不夸张地说，假如没有柯勒律治，华兹华斯的诗歌将逊色许多；而假使没有华兹华斯，柯勒律治对文学的思考也不会如此深刻。用麦克法兰的话说，柯勒律治和华兹华斯的对话和互动形成了文学史上极为罕见的“共生”（Symbiosis）现象。[②]

尽管如此，柯勒律治和华兹华斯之间的关系却极为复杂。一方面，他们彼此欣赏，尤其是柯勒律治对华兹华斯从来不吝惜溢美之词。在他看来，华兹华斯是他们“时代最好的诗人”,[③] 具有极高的天才和想象力，是继弥尔顿之后英国“第一流以及最伟大的哲学诗人”。[④] 另一方面，他们也都敏锐地感觉到二人之间存在的差异和分歧。事实上，从他们最初的合作开始，分歧就已经开始存在。从表面上看，在《抒情歌谣集》中，柯勒律治贡献的三首诗的诗风就显得与华兹华斯的诗风格格不入。后来，柯勒律治在《文学生涯》

---

① John Purkis.《华兹华斯导读》（影印本），北京大学出版社，2005 年版，第 34 页。

② Thomas McFarland. “The Symbiosis of Coleridge and Wordsworth.” *Studies in Romanticism*, Vol. 11, No. 4, Samuel Taylor Coleridge (Fall, 1972), pp. 263-303.

③ Samuel Taylor Coleridge. *Collected Letters of Samuel Taylor Coleridge*, ed. Earl Leslie Griggs, 6 vols, Oxford: Clarendon Press, 1956. I, p. 215.

④ Samuel Taylor Coleridge. *Collected Letters of Samuel Taylor Coleridge*, ed. Earl Leslie Griggs, 6 vols, Oxford: Clarendon Press, 1956. II, p. 1034.

中解释说他们在构思《抒情歌谣集》时的初衷就是他负责写“超自然的人物和角色，或者至少是浪漫的”，以便能够“从我们的内在自然中转移出某种人类的兴趣或者真理的类似物”；而华兹华斯的任务是“赋予日常生活中的事物以新奇感”。① 但是，据国外学者考证，华兹华斯后来表示二人本打算写作同一类型的诗歌，而不是如同柯勒律治在《文学生涯》中所言，写两种极端的诗歌。② 华兹华斯对柯勒律治写作“超自然”的诗歌并不认可，他认为柯勒律治的实验失败了。他从不掩饰对柯勒律治对他们诗集贡献的不满，曾经含蓄地批评《老水手行》的怪异影响到了《抒情歌谣集》的销量。③ 同时，他也拒绝将《克里斯德蓓》收入第二版《抒情歌谣集》中，因为它“在长度和价值上的不合适，以及角色的不调和”。④ 他不主张柯勒律治继续写超自然的诗歌，而是敦促他通过写作“为地方命名”的诗歌成为像他一样的自然主义诗人。所以，这也可以解释柯勒律治为何后来再也没有写过类似于《老水手行》和《克里斯德蓓》的“超自然的”诗歌。在《序曲》中，华兹华斯也谈到与柯勒律治的区别，认为自己从一开始就拥有一批真实而生动的形象，而柯勒律治多年寄居伦敦，只能让抽象的概念“列出眼花缭乱的圣仪”。他认为自己的幻念围绕着实质的中心，而柯勒律治只能在“无尽的虚梦”中拼拆事物。⑤

从柯勒律治的角度看，他显然也意识到了两人之间的巨大差异。柯勒律治也曾鼓励华兹华斯写作哲学诗歌，并批评华兹华斯致力于写作类似于《抒情歌谣集》中的细微题材的诗歌。1802 年，在读完第三版《抒情歌谣集》及扩充后的序言后，柯勒律治在写给好友索斯比（William Sotheby）的信中吐露说，他和华兹华斯对于诗歌的看法存在“根本的差异”，他们的差异应当追溯

---

① Samuel Taylor Coleridge. *Biographia Literaria*. ed. Ernest Rhys. London: J. M Dent & Sons Ltd., 1906, p. 160.

② Raimonda Modiano. *Coleridge and the Concept of Nature*. London and Basingstoke: The Macmillan Press, 1985, pp. 39-40.

③ Raimonda Modiano. *Coleridge and the Concept of Nature*. London and Basingstoke: The Macmillan Press, 1985, p. 35.

④ Samuel Taylor Coleridge. *Collected Letters of Samuel Taylor Coleridge*, ed. Earl Leslie Griggs, 6 vols, Oxford: Clarendon Press, 1956. I, p. 643.

⑤ 李赋宁总主编：《欧洲文学史》（第二卷），商务印书馆，2001 年版，第 63 页。

回他与华兹华斯早年的交谈。[①] 半个月后，他在给骚塞的信中，他又说《序言》是二人对话的结果，是他的“大脑的半个孩子”，以至于很难判定哪一个观点是来自于谁的。但是，他同时告诉骚塞，他对华兹华斯并非毫无保留，而是怀疑二人“在有关诗歌的理论观点方面存在本质的差异”，并且表示在接下来的一本批评集中要“深入差异底部”。[②]这里，所谓“接下来的批评集”就是指后来的《文学生涯》。在《文学生涯》中，柯勒律治详尽地阐述了自己和华兹华斯在诗歌的本质、诗歌与自然的关系、想象与幻想等诗学问题上的分歧。

随着二人的分歧逐步加深，自1804年柯勒律治远走马耳他之后，他们的友谊也逐步趋于平淡，并影响了柯勒律治后来的事业发展。尤其是在与华兹华斯的比较中，柯勒律治对自己作为自然爱好者的形象和诗人的才能都产生了怀疑。他认为华兹华斯是伟大的、真正的诗人，而他本人则只是“微不足道的形而上学家”。[③] 然而，友谊破裂只是诗歌理念冲突的结果，而不是其他原因。正如柯勒律治对他们分歧的定位——他们的分歧是根本性的。艾布拉姆斯也一语中的地指出：“柯勒律治与华兹华斯的分歧不是拖延过长，事后产生的，也不是（像人们有时指责的那样）这两位诗人不和的结果；这种分歧是根本性的，并非细枝末节上的分歧。”[④] 联系到柯勒律治艺术观与其自然观的关联，我们应当指出这种“根本性的”差异表面上看是诗学理念的矛盾，但是从深层次来看，这一差异来源于二人自然观中对自然和心灵关系的不同看法，这导致他们对诗歌的使命产生了不同的认识。更进一步说，他们对自然和心灵关系的不同认识，从根本上又起源于他们不同的神学观。因而，我们需要从神学自然观的角度挖掘柯勒律治和华兹华斯诗学理念的分歧的根源。

---

① Samuel Taylor Coleridge. *Collected Letters of Samuel Taylor Coleridge*, ed. Earl Leslie Griggs, 6 vols, Oxford: Clarendon Press, 1956. II, p. 812.

② Samuel Taylor Coleridge. *Collected Letters of Samuel Taylor Coleridge*, ed. Earl Leslie Griggs, 6 vols, Oxford: Clarendon Press, 1956. II, p. 830.

③ Samuel Taylor Coleridge. *Collected Letters of Samuel Taylor Coleridge*, ed. Earl Leslie Griggs, 6 vols, Oxford: Clarendon Press, 1956. I, p. 658.

④ 艾布拉姆斯：《镜与灯——浪漫主义文论及批评传统》，郦稚牛、张照进、童庆生译，北京大学出版社，1989年版，第176页。

第二节　柯勒律治与华兹华斯神学自然观的分歧

无论柯勒律治还是华兹华斯，他们的自然观都是根植于各自的宗教观之上的。在宗教问题上，华兹华斯与同时身为神学家的柯勒律治不同，并不是狂热的宗教热爱者，而且也缺乏柯勒律治对宗教问题的那种深入思考。不过，华兹华斯的诗歌同样能表现出他的宗教态度和立场。前文曾经提到，浪漫主义时期，泛神论狂潮几乎席卷整个欧洲，华兹华斯也未能置身其外。泛神论不同于正统的基督教，它认为上帝不是自然的创造者，而是存在于自然之中。因而，自然中的一切事物都是有神性的。麦克法兰认为基督教通过膜拜基督来膜拜上帝，而泛神论要求人们膜拜自然。所以，他认为华兹华斯作为“自然的崇拜者”是一个泛神论者而非基督教者。① 丹麦著名文学史家勃兰兑斯在《十九世纪文学主流》中也指出，正统基督教和泛神论的区别在于“基督教要人们爱自己的同类，泛神论却要人们爱最卑微的动物。”② 华兹华斯从其著作出版一直到当代的生态批评研究者，都被视为伟大的自然诗人。在他的全部诗歌中，自然都不仅是客观的自然事物，而是都充满了神性。诗人对自然中哪怕是最低等、最卑微的事物都满怀崇拜之情。我国学者王佐良先生也意识到了华兹华斯诗歌中强烈的泛神论色彩，他认为华兹华斯的诗歌已经超出了一般山水诗的范围，“其主旨似乎是：自然界最平凡最卑微之物都有灵魂，而且它们是同整个宇宙的大灵魂合为一体的。”③ 华兹华斯诗歌中的自然世界总是一个“有神灵居于其中的天地形态，是一个神灵莅临的世界”。④

华兹华斯的诗歌为这些说法提供了大量的例证。他在早年的代表作《廷腾寺》中就将自然描绘为充满神性的，明确表现出他的泛神论立场：

---

① Thomas Mc Farland. *Coleridge and the Pantheist Tradition*. Oxford：Clarendon Press，1969，p. 270.

② 勃兰兑斯：《十九世纪文学主流》第四册，徐式谷、江枫、张自谋译，人民文学出版社，1984年版，第43-44页。

③ 王佐良：《英国文学论集》，外国文学出版社，1980年版，第79页。

④ 易晓明：《华兹华斯与泛神论》，《国外文学》2002年第2期。

……对自然，
我已学会了如何观察，不再像
粗心的少年那样；我也听惯了
这低沉而又悲怆的人生乐曲，
不粗厉，也不刺耳，却浑厚深沉，
能净化、驯化我们的心性。我感到
仿佛有灵物，以崇高肃穆的欢欣
把我惊动；我还庄严地感到
仿佛有某种流贯深远的素质，
寓于落日的光辉，浑圆的碧海，
蓝天，大气，也寓于人类的心灵，
仿佛是一种动力，一种精神，
在宇宙万物中运行不息，推动着
一切思维的主体、思维的对象
和谐地运转。①

诗中，华兹华斯的自然不是僵死的、无生命的，而是感到其中“仿佛有灵物”，它充斥于“落日的光辉”、“浑圆的碧海”、“蓝天”和“大气”等一切自然物中。并且这种“灵物”和“某种流贯深远的素质”既存在于自然物中，也存在于人类的心灵之中，它在宇宙万物之间运行不息，使一切都和谐运转，构成和谐的整体。他的这一上帝存在于万物之中并使万物形成一体的观点具有典型的斯宾诺莎的色彩，同时也很容易让人联想起柯勒律治在《风瑟》中“我们内外同一生命”的说法。

华兹华斯在另一首名诗《鹿跳泉》（*Hart-Leap Well*）中则讲述了一个与《老水手行》中的“罪与罚”十分类似的故事。许多年之前，沃特尔爵士率领一众人马骑马外出狩猎，但是却遭遇前所未有的怪事：追随爵士的人马都消失得无影无踪；残存的猎狗也都趴在了草丛里，只剩下爵士追赶公鹿。公

① 华兹华斯：《廷腾寺》，见《华兹华斯抒情诗选》，杨德豫译，湖南文艺出版社，1996年版，第113-115页。

鹿沿山坡跑得精疲力竭，死在了泉边。爵士爬上山发现公鹿死前连跳三下，跳到了泉水边。为了纪念勇敢的公鹿，爵士决定在泉边修葺石潭和三根石柱，并将此泉命名为“鹿跳泉”。爵士兑现了自己的诺言，这里也泉水潺潺，呈现出一派繁茂。但是，时隔多年之后，诗歌中的“我”经过此地时却是另一番景象。这里一片悲凉萧瑟，“那些树，无枝无叶，灰暗萧索，/那土冈，不黄不绿，荒凉枯瘠”，[①] 只是凭借残存的石柱才能判断出此地曾经有人居住过的痕迹。后来，经过的牧民才为“我”解开了心中的迷惑——“它毁了，糟了天罚。”报应的起因就是那头横死的公鹿，是造化以“神圣的悲悯”对公鹿的遭遇表现的哀悼。到结尾处，华兹华斯点明了诗歌的主旨：

上帝寓居于周遭的天光云影，
寓居于处处树林的青枝绿叶；
他对他所爱护的无害的生灵
总是怀着深沉、恳挚的关切。[②]

与柯勒律治的《老水手行》相比，华兹华斯的《鹿跳泉》只是缺少了前者的奇幻色彩，但是二者却表明了近乎相同的主题：上帝就存在于宇宙之中，他既爱人类也爱自然，上帝之爱让人和自然形成密不可分的整体，破坏整体关系的人必将遭受上帝的惩罚。所以，诗歌的结尾是华兹华斯对人类的劝告：“在我们的欢情豪兴里，万万不可/羼入任何微贱生灵的不幸。”

然而，虽然华兹华斯的泛神论立场与柯勒律治早年诗歌中流露的泛神论颇具相似之处。但是，柯勒律治在转向“三一论”之后却对华兹华斯的泛神论思想表现出不满并与之划清界限。他在写给友人的信中表示，华兹华斯在诗歌中完全混淆了自然和上帝：

毫不讳言，华兹华斯的诗歌中我最不喜欢的特点就是这一可以

① 华兹华斯：《鹿跳泉》，见《华兹华斯抒情诗选》，杨德豫译，湖南文艺出版社，1996年版，第99页。

② 华兹华斯：《鹿跳泉》，见《华兹华斯抒情诗选》，杨德豫译，湖南文艺出版社，1996年版，第103-105页。

推断的人类灵魂对出生地和居所的偶然事件的依赖，以及这种对上帝和自然的模糊的、无意识的，或者毋宁说是神秘的混淆，还有随之而来的自然崇拜……而他后期作品中以古怪的方式引入流行的，甚至于粗野的宗教（就像哈兹里特说的，长着胡子的老人的突然出现）……让我想起斯宾诺莎和瓦特博士（Dr. Watts）的双面头。”①

从柯勒律治的这段点评中我们可以看出，华兹华斯的泛神论令虔诚的“三一论”者柯勒律治感到恼怒的，一方面是他对上帝与自然的混淆，另一方面还有随之而来的、将自然凌驾于人的心灵之上的自然崇拜。

泛神论的共同特点是将自然等同于上帝，因而，自然应当成为人膜拜的对象。华兹华斯当然也不例外。国外有学者评价华兹华斯，说他可能是“最后一个能说自己失去了对于父辈人的上帝之信仰的人。但是，他真正的上帝不是教堂中的上帝，而是山川中的上帝”。② 既然华兹华斯认为上帝就存在于山川、河流之中，那么人类心灵应当回归自然之中，接受自然的引领。与自然的接触，“不仅能使他从人世的创伤中恢复过来，使他纯洁、恬静，使他逐渐看清事物的内在生命，而且使他成为一个更善良、更富于同情心的人。”③ 因此，华兹华斯经常在诗歌中歌咏自然对心灵提供的庇护。

从《自然景物对于唤醒并增强童年和少年时期的想象力的影响》可以看出，华兹华斯感谢宇宙精神的理念从他童年时就开始孕育了：

构成我们人类灵魂的激情；
不是以人类粗鄙的作品——
而是以高尚持久的事物，
以生命，以自然，净化
我们思想和感情的元素，

① qtd. in Thomas Mc Farland. *Coleridge and the Pantheist Tradition*. Oxford: Clarendon Press, 1969, p. 271.

② William Hale White. *The Autobiography of Mark Rutherford*, *Dissenting Minister*. 2nd Edition. London: Oxford University Press, 1936, p. 21.

③ 王佐良：《英国文学论集》，外国文学出版社，1980 年版，第 79 页。

……直到我们能认识
心脏搏动中的庄严之处。①

《廷腾寺》中，面对着廷腾寺周围的自然美景，华兹华斯向人们讲述了他珍藏于内心的对自然美景的记忆对于心灵产生的重要影响。诗人在此诗写作五年前，曾经与妹妹多萝西·华兹华斯一起游历过廷腾寺。时隔五年，诗人再次到访，不禁回忆起廷腾寺的自然景观对他最初的震撼：

我初来这一片山野，像一头小鹿
奔跃于峰岭之间，或深涧之旁，
或清溪之侧，听凭自然来引导；
那情景，既像是出于爱慕而追寻，
更像是出于畏惧而奔逸。那时
（童年的粗犷乐趣，欢娱戏耍，
都成了往事），惟有自然，主宰着
我的全部的身心。②

而后来诗人告诉我们虽然他与廷腾寺的美景一别五年，但是对这里的美好记忆却一直为生活于喧嚣城市中的诗人提供着心灵的慰藉，保留着一片心灵中的净土：

这样的美景，
在多年阔别期间，对我也并非
漠无影响，如同对盲人那样；
而是时常，当我孤栖于斗室，
困于城市的喧嚣，倦怠的时刻，

① 华兹华斯：《自然景物对唤醒并增强童年和少年时期的想象力的影响》，见勃兰兑斯：《十九世纪文学主流》，徐式谷、江枫、张自谋译，人民文学出版社，1984 年版，第四册，第 47 页。

② 华兹华斯：《廷腾寺》，见《华兹华斯抒情诗选》，杨德豫译，湖南文艺出版社，1996 年版，第 113 页。

这些鲜明的影象便翩然而来，
在我血脉中，在我心房里，唤起
甜美的激动；使我纯真的性灵
得到安恬的康复；同时唤回了
那业已淡忘的欢愉：这样的景物
对一个善良生灵的美好岁月，
潜移默化的作用未必轻微：
他也曾出于善意，出于爱，做了
许多业已淡忘的无名小事。
我同样深信，是这些自然景物
给了我另一份更其崇高的厚礼
一种欣幸的、如沐天恩的心境……①

因而，到接近诗歌的结尾处，华兹华斯对自然的膜拜也被推向了极端。他宣称自己“能从自然中，也从感官的语言中”找到自己“纯真信念的牢固依托”，并且声称自然就是自己“心灵的乳母、导师、家长”，是他“全部精神生活的灵魂”。总而言之，在华兹华斯的诗歌中，虽然他与柯勒律治一样也坚持自然的整体性。但是他们对于整体的认识却存在根本的不同。华兹华斯认为，在人和自然构成的整体中，自然因为上帝居于其中因而具有绝对的优势地位，而心灵应当主动地与自然融为一体，接受自然的训导。这与柯勒律治后期将自然的整体视为人的心灵活动的产物形成了尖锐的对比。

柯勒律治早年也是与华兹华斯一样，是自然的爱好者和崇拜者。但是在柏拉图和康德哲学的影响下，逐步拒绝了把自然视为心灵导师的观点，坚持心灵之于自然的优先性。在他看来，心灵和自然共存于上帝创造的有机整体中。但是，上帝创造的世界能够实现“多样性的统一”都是因为人类理性的功劳。所以，人类一切知识的实质都存在于人的心灵之中，自然的高贵仅在

① 华兹华斯：《廷腾寺》，见《华兹华斯抒情诗选》，杨德豫译，湖南文艺出版社，1996年版，第109页。

于它与人的心灵具有同样的基础，即它们都是上帝理性的产物。由此可见，在对待自然和心灵的关系的态度上，柯勒律治和华兹华斯之间的确存在着“根本的分歧”。柯勒律治的《失意吟》就与自己早年的以及华兹华斯的泛神论思想形成了鲜明对比。他在诗中表示，心灵仅从自然中寻求安慰是不成功的，无论是“婚袍”还是“尸衣”都是人类心灵赋予自然的，因为“我们所得的都得自我们自己，大自然仅仅存在于我们的生活里”。[①] 柯勒律治更进一步把过度的自然崇拜等同于迷信的偶像崇拜，他对华兹华斯总是把心灵置于伟大的“绿色头发的女神”[②] 的服从地位越来越感到不满。柯勒律治在 1801 年 8 月邀请弗朗西斯·兰厄姆（Francis Wrangham）访问湖区的一封信中，以嘲讽的语气说华兹华斯一定会把自然中最好的事物的一切细节都介绍给他，因为“极少有人会为与自然夫人如此亲密而感到自豪”。[③] 到 1803 年的一则笔记中，柯勒律治对华兹华斯发起了明确批判，指责他过度迷恋自然会挫伤人的心智：“为了从物体的美中获得快乐而一直关注物体的表面，以及对它们真实或想象的生命充满同情，对于智识的健康和成长是危险的，如同凝视和揭示矫揉造作之物之于情感的质朴和想象的高贵和统一一般。啊，亲爱的威廉！Ray 或者 Durham 谈起上帝是否如同你谈起自然一般?”[④] 柯勒律治和华兹华斯对心灵和自然关系截然不同的认识最终影响到了他们的诗学理念，是应当在艺术中对自然进行真实的呈现还是通过人的心灵再现“自然的精神”成为两人诗学理论的根本分歧。

第三节　柯勒律治和华兹华斯艺术观的分歧

虽然华兹华斯的理论造诣远逊于柯勒律治，但是他分别在 1800 年和 1815

① 柯勒律治：《老水手行——柯勒律治诗选》，杨德豫译，译林出版社，2012 年版，第 170 页。

② qtd. in Raimonda Modiano. *Coleridge and the Concept of Nature*. London and Basingstoke：The Macmillan Press，1985，p. 45.

③ Samuel Taylor Coleridge. *Collected Letters of Samuel Taylor Coleridge*，ed. Earl Leslie Griggs，6 vols，Oxford：Clarendon Press，1956. II，p. 750.

④ Samuel Taylor Coleridge. *The Notebooks of Samuel Taylor Coleridge*. ed. Kathleen Coburn，5 vols，London：Routledge，2002. I，p. 1616.

年为《抒情歌谣集》撰写了序言，对自己的诗学理念也进行了较系统的阐述。作为最伟大的自然诗人，华兹华斯突破新古典主义美学用抽象的理性和人性来规范艺术的束缚，提出衡量诗歌价值最重要的标准就是自然。对于华兹华斯来说，自然具有三层基本含义：第一，自然是人性的最小公分母；第二，它最可信地表现在“按照自然”生活（也就是说，处于原始的文化环境，尤其是乡野环境中）的人身上；第三，它主要包括质朴的思想情感以及用言语表达情感时那种自然的、“不做作”的方式。[①] 他对诗歌的题材、语言、目的和诗人的禀赋等方面的见解完全是以自然为核心的。其要点主要包括：

首先，在诗歌的题材方面，华兹华斯不但在诗歌创作中将诗歌呈现的对象从城市转向乡野，同时也从理论上对这一转变进行了辩护。华兹华斯提出，一切好诗都是“强烈情感的自然流露”[②]。自己之所以选择微贱的田园生活作为题材，是因为田园生活能为人们心中的热情找到更好的土壤。在田园生活中，人的情感受到较少的束缚，能够共存于更单纯的状态之下。更重要的是，在这种生活中，“人们的热情是与自然的美而永久的形式合而为一的”[③]。

其次，关于诗歌的语言。华兹华斯认为，诗歌中所采用的应当是生活于田园中的人们真正使用的语言，理由在于这些人生活于大自然之中，因此他们“时时刻刻是与最好的外界东西相通的”。[④]同时，这些人社会地位较低、交际范围狭窄，很少受到上流社会中虚荣心的影响，所以他们的情感表达从不矫揉造作。诗人在诗歌中使用这样的语言，有助于自身情感和心境的自然流露。华兹华斯特意强调：“我的目的是模仿，并且在可能范围内，采用人们常用的语言。”[⑤]他更进一步指出，除了韵律，诗歌使用的语言和散文使用的语

---

① 艾布拉姆斯：《镜与灯——浪漫主义文论及批评传统》，郦稚牛、张照进、童庆生译，北京大学出版社，1989 年版，第 162 页。

② 华兹华斯：《〈抒情歌谣集〉序言》，见刘若端编：《十九世纪英国诗人论诗》，人民文学出版社，1984 年版，第 6 页。

③④ 华兹华斯：《〈抒情歌谣集〉序言》，见刘若端编：《十九世纪英国诗人论诗》，人民文学出版社，1984 年版，第 5 页。

⑤ 华兹华斯：《〈抒情歌谣集〉序言》，见刘若端编：《十九世纪英国诗人论诗》，人民文学出版社，1984 年版，第 9 页。

言没有也不能有任何本质的区别。因为诗歌和散文语言都是用同一器官说话，并向着同一器官说话，二者具有相同的本体和同样的感动力。

最后，关于诗人的特点和禀赋。诗歌既然是强烈情感的自然流露，那么诗人注定应当具有一般人所不具备的情感特质：

> （他）比一般人具有更敏锐的感受性，具有更多的热忱和温情，他更了解人的本性，而且有着更开阔的灵魂；他喜欢自己的热情和意志，内在的活力使他比别人快乐得多；他高兴观察宇宙现象中的相似的热情和意志……他还有一种气质，比别人更容易被不在眼前的事物所感动，仿佛它们都在他的面前似的；他有一种能力，能从心中唤起热情……比起别人只由于心灵活动而感到的热情，则更像现实事件所激起的热情。①

这里，华兹华斯将是否具有敏锐的、超常的感受力视为诗人区别于一般人的主要特征。他同时又指出，诗人不仅具有敏锐的感受力，他比一般人还能够更敏捷地表达自己的思想和感情。华兹华斯认为，诗人从事诗歌创作需要的能力有五种，并把“观察和描绘的能力”置于这五种能力之首。所谓观察和描绘的能力，是指“按照事物本来的面目准确地观察，而且忠实地描绘未被诗人心中的任何热情或情感所改变的事物的状态，不管所描绘的事物呈现在感官面前，或者是仅仅存在于记忆之中。”② 这种能力对于诗人而言是必不可少的，它以“较高的智力”处于被动和服从外界对象为前提。

由此可见，华兹华斯诗学的核心观点在于诗人应当通过激起人们的激情来模仿自然。由于他的泛神论自然观，他把自然视为神圣的。在自然和心灵的关系中，自然居于首要地位。心灵不仅应当接受自然的引导，而且能适应自然，把自然中最美好、最有趣的事物映照出来。所以，艺术的功用就是通过诗人的敏锐感受力来增强人们在自然中感知愉悦的能力。虽然诗人是与普

① 华兹华斯：《〈抒情歌谣集〉序言》，见刘若端编：《十九世纪英国诗人论诗》，人民文学出版社，1984年版，第13-14页。

② 华兹华斯：《〈抒情歌谣集〉序言》，见刘若端编：《十九世纪英国诗人论诗》，人民文学出版社，1984年版，第22页。

遍的自然交谈，诗歌追求的真理是普遍的和一般的真理，而不是呈现自然的个别现象。但是，在华兹华斯的诗歌理论中，诗歌必须以自然为题材、使用自然的语言并以自然为目标。表面上看，艺术是以自然为基础，是“人和自然的表象”。[①] 然而，根据艾布拉姆斯的观点，华兹华斯要求诗人在诗歌中保留自然的感情、忠于自然的对象，实质上是使各种意义上的“自然”与“艺术”（即人的设计和技艺的介入）从总体上对立起来。[②] 所以，在诗学理念上，柯勒律治与华兹华斯的根本分歧在于柯勒律治认为自然的高贵在于人的智慧的掌控，艺术的功能就在于提供同化、掌控和保留自然的形式的媒介，从而赋予自然本身并不具备的“生命和激情”。对于柯勒律治来说，艺术与自然不是对立的，而是真正自然的。诗人的想象能够实现艺术和自然的和解。因此，柯勒律治向华兹华斯的诗学发起了批判。

柯勒律治对华兹华斯诗学的批判以他的语言观开始。首先，华兹华斯主张诗人所使用的语言必须是生活于乡野中的下层人民真正使用的语言。但柯勒律治指出，华兹华斯在《兄弟们》《迈克尔》等具有戏剧性的诗歌中使用的人物绝不是从低微的田园诗歌中选出来的。这些诗歌中人物的思想、感情、语言和举止符合华兹华斯对诗歌语言的认识仅仅是出于某些偶然的原因，比如他们可能受过良好的宗教教育。柯勒律治进一步指出，他反对使用乡下人真正的原因在于，他认为乡下人一般受教育程度较低，并且才能发展不完全，他们所传达的知识仅仅来自他们的个人经历或传统信仰。因而，他们只想或者只能传达孤立的事实，不能“发现和说明事物之间的关系、事实与事实之间的相互关系，由此透露出某些或多或少的普遍法则。”[③] 使用他们的语言所创造的诗歌只能是偶然的，无法接近普遍的真理。但是在基本的诗学立场上，柯勒律治与亚里士多德一样，主张诗歌应当着眼于一般的和普遍的真理。他说：“诗之所以为诗，在于它本质上是理想的，它避免并摒除一切偶然事件；

---

① 华兹华斯：《〈抒情歌谣集〉序言》，见刘若端编：《十九世纪英国诗人论诗》，人民文学出版社，1984 年版，第 15 页。

② 艾布拉姆斯：《镜与灯——浪漫主义文论及批评传统》，郦稚牛、张照进、童庆生译，北京大学出版社，1989 年版，第 176 页。

③ 柯勒律治：《文学生涯》，见刘若端编：《十九世纪英国诗人论诗》，人民文学出版社，1984 年版，第 83 页。

诗中那种具有等级、性格或职业的表面上的个人必须代表一个阶级；诗中的人物必须披戴着类的属性和那个阶级的共有的属性，而不是一个有天才的个人可能具有的特点，而是由于他的具体处境他必然先备的特点。”[①] 所以，柯勒律治不认可华兹华斯对于偶然事物的趣味。他认为诗歌的理想性不能通过对外部自然的观察和对乡下人民的语言的模仿来实现，只能从先在的理念出发，通过想象力的调和作用来实现。而最好的诗歌语言也是源于心灵活动本身的语言，是使用固定符号“专用于内在活动、专用于想象的过程和结果”[②]而形成的。

其次，针对华兹华斯的诗歌语言和散文语言没有任何区别的观点，柯勒律治指出，诗歌语言和散文语言之间“可能存在着、确实存在着，也应该存在着一种本质的区别”。[③] 柯勒律治认为，诗歌语言能从根本上区别于散文语言的原因在于格律。格律不是附加于诗歌之上的，而是诗歌的本质特征和正当形式。与华兹华斯一样，柯勒律治也认可诗歌是自然感情的产物，但是他指出人的心灵中同时存在着控制激情冲动的努力，即为了达到愉悦的目的而进行的有意志和判断的行动。二者的互相对立既能够彼此加强，又能彼此平衡构成格律。所以，一方面，格律是在一种加强了的情感状态下产生的，它本身就伴有兴奋时的自然语言；另一方面，格律的成分是通过人有意识的行为人工地合成的，诗歌中应当具有意志的痕迹。因而诗歌语言具有一种统一性，“一种热情与意志的相互渗透；自发的冲动与自主的意图的相互渗透。”[④]但是，虽然格律是诗歌语言区别于散文语言的本质特征，但它却不能构成诗歌的充分条件。因为一首诗就是一个准自然的有机体，它的不同部分之间应当互相支持。诗的格律要求其他部分的配合，并反过来融入诗的整体之中。这是柯勒律治对一首诗或者说狭义的诗歌的认识。除了对一首诗进行界定，

① 柯勒律治：《文学生涯》，见刘若端编：《十九世纪英国诗人论诗》，人民文学出版社，1984 年版，第 80-81 页。

② 柯勒律治：《文学生涯》，见刘若端编：《十九世纪英国诗人论诗》，人民文学出版社，1984 年版，第 84 页。

③ 柯勒律治：《文学生涯》，见刘若端编：《十九世纪英国诗人论诗》，人民文学出版社，1984 年版，第 93 页。

④ 柯勒律治：《文学生涯》，见刘若端编：《十九世纪英国诗人论诗》，人民文学出版社，1984 年版，第 91 页。

柯勒律治还试图为总体的诗寻求定义。以柏拉图、泰勒主教（Jeremy Taylor）等的作品为代表，总体的诗也许不具备格律的形式，但他们作为天才的作品被柯勒律治认为是诗的最高形式。柯勒律治并没有正面回答“诗是什么”，而是转而探讨“诗人是什么”。“诗人（用理想的完美来描写时）将人的全部灵魂带动起来，使它的各种能力按照相对的价值和地位彼此从属。他散发一种一致的情调与精神，借赖那种善于综合的神奇的力量，使它们彼此混合或（仿佛是）溶化为一体。”① 诗人凭借自己超凡的想象力能够将同一与殊异、一般和具体、概念和形象、个别的和有代表性的、新鲜的与陈旧的、天然的与人工的等一系列对立的事物彼此调和，形成有机的整体。因而，在柯勒律治的批评中，对于不一致的或对立的审美特性加以想象地综合，并以此替代华兹华斯的“自然”而作为诗歌最高价值的判断标准。② 对立面的调和恰恰是通过人的想象力实现的。

可见，柯勒律治反驳华兹华斯诗歌语言观的依据最终汇集于他的想象理论上。他在他的艺术理论中将想象视为诗歌的灵魂，赋予想象以至高无上的地位，并且指出想象作为一种有机的能力与机械的幻想是从类别上完全不同的两种能力。反观华兹华斯，虽然他的诗歌创作使得柯勒律治确定，有必要假定想象力的存在，推动了柯勒律治想象理论的提出，但柯勒律治对他的想象理论却颇为不满。在柯勒律治看来，华兹华斯想象理论最大的缺陷就是将想象与幻想混为一谈。华兹华斯同样认可想象是诗人必不可少的能力，也说想象是创造性的，但他接着指出幻想同样也是一种创造能力：“幻想既然是一种主动的能力，那么它在自身规律支配下，有它自己的精神，难道不也是一种创造能力吗?”③ 与此同时，他又宣称幻想和想象都是“改变、创造和联想的能力”。④ 想象的创造性在于它能够“把众多合为单一，以及把单一分为众

① 柯勒律治：《文学生涯》，见刘若端编：《十九世纪英国诗人论诗》，人民文学出版社，1984 年版，第 69 页。

② 艾布拉姆斯：《镜与灯——浪漫主义文论及批评传统》，郦稚牛、张照进、童庆生译，北京大学出版社，1989 年版，第 181 页。

③ 艾布拉姆斯：《镜与灯——浪漫主义文论及批评传统》，郦稚牛、张照进、童庆生译，北京大学出版社，1989 年版，第 277 页。

④ 华兹华斯：《〈抒情歌谣集〉序言》，见《十九世纪英国诗人论诗》，刘若端编，人民文学出版社，1984 年版，第 22 页。

多”，它能把一些额外的特性加诸于对象，或者从对象中抽出它的一些特性，使对象成为一个新的存在。幻想和想象一样，也具有加重、唤起和合并的能力，只是它们所唤起和合并的素材不同，或者聚集素材所依据的规律不同。我们可以看出，华兹华斯的想象虽然也具有创造性，但是与柯勒律治的想象观的不同之处在于它始终不能摆脱对感官对象的依赖。对此，柯勒律治在《文学生涯》中回应说：“假如华兹华斯先生所说的感发和结合的能力，同我所说的聚集和联想的能力是一个意思，并且只止于此的话，那么我仍然要说，它根本不属于想象……”① 换句话说，柯勒律治认为华兹华斯的想象只是等同于他所谓的“聚集和联想”的能力，也就是说等同于他的幻想。而事实上，柯勒律治认为想象和幻想的区分非常重要。二者之间存在着质的区别，而不仅是程度的差异。只有在想象性的作品中，自然的有机整体才能得以再现；通过幻想，人们只能得到琐碎之物的堆积。

整体来看，虽然柯勒律治对华兹华斯在艺术中让心灵完全服从于自然的指责有失公允。同时，在诗歌理论中，他们对想象和幻想概念的争论“也许纯属有关语词之差异的无端纠纷”②，毕竟谁也无法否认华兹华斯诗歌中所具有的非凡的想象力。但是，我们不能否认，两个人宗教观的差异引发了他们对在自然整体的形成过程中自然和心灵相互关系的根本分歧，并最终导致了两人不同的艺术观。由于华兹华斯的泛神论立场，他赋予自然以神圣性和高贵性，并认为人类应当主动回归自然与自然合为一体。同时，诗歌中应当排除艺术的手段以真正自然的语言、借助自然的形象来传达自然的感情。柯勒律治则坚持心灵在人和自然的有机整体中的优先性。因而，在他的诗学中艺术不再依附于自然。艺术家凭借想象力的创造力量，能够如上帝般重新创造出新的有机整体，成为上帝、人和自然之间的调和力量。

---

① 柯勒律治：《文学生涯》，见艾布拉姆斯：《镜与灯——浪漫主义文论及批评传统》，郦稚牛、张照进、童庆生译，北京大学出版社，1989 年版，第 277 页。

② 艾布拉姆斯：《镜与灯——浪漫主义文论及批评传统》，郦稚牛、张照进、童庆生译，北京大学出版社，1989 年版，第 277 页。

第六章　柯勒律治对以爱默生为代表的美国超验主义的影响

从当代文学研究的角度来看，美国的超验主义文学中充满对自然的生态伦理关怀。可以说，目前方兴未艾的生态批评正是发端于对美国超验主义时期自然书写的研究。然而，美国超验主义并非自发产生的。作为欧洲浪漫主义运动的延续，它在很大程度上受到欧洲浪漫主义文学的影响。其中，柯勒律治是这场跨越大西洋的浪漫主义运动中的关键人物，他的神学自然观和艺术观为美国超验主义的形成提供了基本的框架。因此，对柯勒律治对美国超验主义的影响的研究将有助于我们发现柯勒律治的神学自然观对现代文学生态学形成的重要意义。

第一节　柯勒律治与美国超验主义的兴起

超验主义运动，又被称为“美国文艺复兴”，是兴起于美国 19 世纪 30～40 年代波士顿地区，并产生了广泛影响的一场思想和文学运动。它的出现有着复杂的社会背景和文化背景。首先，工业革命不只在欧洲国家如火如荼地展开，也蔓延到了美洲大陆。工业化进程的飞速展开尽管带来了经济的快速发展和物质生活的极大繁荣，但是也造成了人和自然的分离以及人对物质和商品的迷恋。生活于日益物质化的社会中，人的精神的主体性被消解。其次，在哲学上，洛克的经验哲学在当时新英格兰的思想界占统治地位，但是人们对洛克将人的心灵视为被动的、白板的观点越来越感到不满，急于寻找它的替代品。再次，在宗教方面，作为清教思想的一部分，加尔文教在新英格兰地区根深蒂固。加尔文教主张命运决定论，即人的命运不是掌握在自己手中，而是完全由上帝决定。人和上帝的关系就是裁决者和被裁决者的关系，因为人人生而有罪。加尔文教中高高在上的、严厉的上帝形象阻碍了人和上帝的交流。之后，以加尔文教的反叛者形象出现的单一神论也未能对当时的宗教思想做出彻底改变。最后，虽然随着《独立宣言》的发表，美国成为独立的国家，但是在文化上仍然没有摆脱对欧洲大陆的依附。因而，美国年轻一代的知识分子也急于在文化上发出美国学者自己的声音。超验主义就是对上述文化和思想领域弊端的一种全面反驳。

严格来说，超验主义并非一种体系完全、逻辑严密的哲学理论，而是一个思想观点表述的集合体，它来自一群有着某些共同或相似旨趣的人。这一群体中，除了爱默生和梭罗，还有奥尔科特（Bronson Alcott，著名思想家、教育家）、帕克（Theodore Parker，宗教改革家、唯一神论牧师）、里普利（George Ripley，宗教思想家、改革家、作家）、钱宁（William Henry Channing）、富勒（Margaret Fuller，美国最早的女权主义思想家之一）、霍桑等。从 1836 年起，他们组成了一个非正式的、后来被人们称为“超验主义俱乐部”的团体，不定期地在爱默生等的家中聚会，就哲学、神学、文学等领域内的问题展开讨论。1840 年，一份名为《日晷》（*Dial*，1844 年停刊）的杂志出版，它是这个超验主义团体的思想理论刊物，几乎所有主要的超验主义思想家和文学家都在上面发表过自己的理论与诗歌散文作品。①

从词源学的角度看，“超验主义”（Transcendentalism）来自康德的“先验的”（Transcendental）一词。但是，这一术语经过在康德、谢林、柯勒律治和以爱默生为代表的超验主义者之间的流转，其含义已经发生了巨大的变化。对于康德，“先验”与“经验”相对，是指人类知性的先验范畴，它先于经验，却是构成经验必不可少的条件。谢林是康德“先验”术语的继承者，但是谢林的“先验的”是指“绝对”在自然和历史中彰显自身的辩证过程。柯勒律治也继承了康德的概念，但是却改变了康德的时空原则对它进行了语言学转向。他认为即便是时空法则这样的直觉也是由语言的结构建构出来的。②

① 刘海平、王守仁：《新编美国文学史》（第一卷），上海外语教育出版社，2000 年版，第 273 页。

② James. C. Mckuisick. *Green Writing*: *Romanticism and Ecology*. Hampshire & London: Macmillan Press, 2000, pp. 133-134.

到爱默生时，他使用“超验主义”[①] 一词，并用“超验的”来指代“一切属于直觉的东西”。[②] 通过超验主义者对“超验”一词的运用，我们可以断言，在“超验主义”这一术语正式形成之前，后来的超验主义者已经直觉到人的心灵能够超越物质的束缚，恢复人和上帝之间的交流。虽然已经对旧有的哲学和宗教观念产生不满，但却没有找到可以替代的思想。因而，他们一方面积极地从古代柏拉图主义、东方哲学等具有神秘色彩的文化传统中汲取养料，另一方面也在很大程度上借鉴了欧洲浪漫主义的思想资源。

在以往的文学研究中，欧洲浪漫主义和美国超验主义往往被当作孤立的两场思想运动。但是，近年来，越来越多的研究者意识到美国超验主义实质上是欧洲浪漫主义思潮在美洲大陆的延续。这两场运动的发生背景具有许多相似之处，并因此具有许多共同的追求。浪漫主义和超验主义都在很大程度上是对工业化和现代性的反思，以及对工具理性的抵制。所以，欧洲浪漫主义者的许多思想成果对于美国超验主义者都具有相当大的吸引力。在所有欧洲浪漫主义者中，柯勒律治因为既是唯心主义者，又认可感官经验的有效性，因而他的思想受到特别的欢迎。他的《沉思之助》《朋友》等著作被詹姆斯·马什（James Marsh）、弗雷德里克·亨利·赫奇（Frederick Henry Hedge）等学者介绍到美国思想界。1829 年，《沉思之助》的第一版在美国出版，马什为其撰写了序言。序言中马什对柯勒律治试图通过理性调和哲学和宗教，以及对自然和精神、知性和理性等概念进行区分的重要意义等做出了精确的概括和点评，使得柯勒律治的思想在美国思想界引起了强烈反响。柯勒律治对上帝、人和自然之间的相互关系的阐释为当时美国思想界僵化的哲学和神学体系注入了活力。尤其是他将理性视为一种能够接近超验领域的、直觉的能力恰好满足了超验主义者对新的思想框架的需求，后来成为他们的中心信条。用美国学者佩里·米勒（Perry Miller）的话说，马什“把对他们的思想形成

---

① “先验的”和“超验的”最初在康德的《纯粹理性批判》中分别是 transzendental 和 transzendent，对应的英文单词是 transcendental 和 transcendent。但是从康德开始，两个单词经常会被混用。根据不同的含义，在汉语中我们分别将其译作“先验的”或“超验的”。前者是指先于经验，而后者是指超出经验的领域。

② Samantha C. Harvey. *Transatlantic Transcendentalism: Coleridge, Emerson, and Nature*. Edinburgh: Edinburgh University Press, 2013, p. 14.

最重要的一本书交到了爱默生、帕克、奥尔科特及他们的团体成员的手中。”①可以说，柯勒律治的思想在美国的接受和传播成为美国超验主义思想运动产生和发展的助推剂。

在这场跨大西洋的超验主义运动中，爱默生是一个承上启下的关键人物。一方面，他曾经与柯勒律治有过面对面的交流，并认真研读过他的著作，受到柯勒律治的直接影响。另一方面，他也是美国影响力最大的超验主义者。他的《论自然》一直被视为美国超验主义的纲领性文件，而且对后来的梭罗、惠特曼、约翰·缪尔（John Muir）等超验主义者的思想发展产生了巨大影响。因此，本章将以爱默生为中心考察柯勒律治思想对美国超验主义的影响。

第二节　爱默生对柯勒律治思想的同化和吸收

爱默生于1803年5月出生于波士顿，父亲是波士顿第一教堂的牧师。他曾先后在哈佛学院（Harvard College）和哈佛神学院（Harvard Divinity College）学习，并于1829年成为波士顿第二教堂的唯一神教牧师。但从1832年起，他开始对布道生涯感到惶惑不安，觉得“这一职业已经过时”，时代已经发生变化，而“我们却仍在沿用先人那毫无生气的崇拜方式”。② 在自己提出的教会改革方案遭拒后，爱默生辞去了牧师职务。他对哲学和宗教的批判和革新也从此开始。

在爱默生追求自己独特的思想道路的过程中，柯勒律治起了关键的作用。甚至有人宣称：“没有柯勒律治，爱默生将是不可想象的，英国人（柯勒律治）在美国人（爱默生）作为作家、哲学家和公共人物的发展中居于主要地位。”③ 他对柯勒律治的研究经历和他思想的成熟过程存在很多的重合之处。据国外学者考证，爱默生在哈佛神学院就读时就开始阅读柯勒律治的著作。

① Perry Miller. *The Transcendentalists: An anthology*. Cambridge, MA: Harvard University Press, 1950, p. 34.

② 刘海平、王守仁：《新编美国文学史》（第一卷），上海外语教育出版社，2000年版，第276页。

③ Samantha C. Harvey. *Transatlantic Transcendentalism: Coleridge, Emerson, and Nature*. Edinburgh: Edinburgh University Press, 2013, p. 20.

1826年11月，他从学校图书馆借阅了《文学生涯》。[1] 1826~1836年，柯勒律治的著作经常出现在他的书桌上。1829年，他阅读了柯勒律治的《沉思之助》和《朋友》。同年，通过马什在美国版《沉思之助》附录中的选段他也接触到了柯勒律治的《政治家手册》等其他著作。后来的研究者发现，他在柯勒律治著作的手抄本上写满了注释，并在每册书的背面都仔细做了索引。他还经常与他的姑姑也是他早年的精神导师——玛丽·穆迪·爱默生（Mary Moody Emerson）一起讨论柯勒律治。1829年12月，爱默生写给姑姑的一封信中写道："我正在读柯勒律治的《朋友》……他的基调离伟大还稍逊一筹。但是他是一个多么鲜活的灵魂，具有多么渊博的知识！"[2] 而在三天之后，爱默生写给姑姑的另一封信中，我们则会看出他对柯勒律治的敬重和来自柯勒律治的更深远的影响：

> 我认为，一个如此博学、如此勇敢的人有权让别人听到他的声音。倾听时，我会摘下帽子，并且不会莽撞地发出任何噪音。至少我已经熟知了我此前从未见过的心灵，我又了解了一个重要的人物……他的优势是他的独立性和他的勤勉，因此能够自成一派。他的神学思辨至少是从一个立场来对待上帝；明智的人不会忽视一个把人类思想的光芒聚集于一个真正的和无所不包的结论的要素。因而，我爱他因为他不是功利主义者、不是必然论者、不是嘲笑者，诸如此类……[3]

1832年圣诞节，爱默生启程开始了为期将近一年的欧洲之旅。他的这次欧洲之旅以考察欧洲古老的风景和先进的科学开始，以对英国文学圣人的拜访结束。爱默生与当时包括华兹华斯、柯勒律治和卡莱尔在内的欧洲浪漫主义的代表人物进行了会面。虽然爱默生对与他们的会面期待已久，但是除了

---

① James. C. Mckuisick. *Green Writing*: *Romanticism and Ecology*. Hampshire & London: Macmillan Press, 2000, p. 116.

②③ qtd. in Frank T. Thompson. "Emerson's Indebtedness to Coleridge." *Studies in Philology*, Vol. 23, No. 1 (Jan., 1926), pp. 55-76.

与卡莱尔的会面令他感到兴奋，并且开启了二人之间的亲密友谊之外，他对华兹华斯和柯勒律治的访问并不成功，尤其是与柯勒律治的会面更是以失败告终。爱默生后来详细记录了这次会面的细节。他把柯勒律治描绘为“一个又矮又粗的老人”，有着“蓝色的眼睛、蓝色的套装和拐杖”，以及“一张清澈干净的脸、脸色很好”。但是当谈到宗教时，柯勒律治却让爱默生感到不快。爱默生记录道：“他对上帝一位论的愚昧无知爆发出一阵持久的、愤愤不平的雄辩……他一停下来喘口气，我就对他评论道，如果不告诉他我是个上帝一位论者的话我将十分懦弱，虽然对他的解释很感兴趣。他说，是的，我认为是这样，然后一切照旧。”①

虽然与柯勒律治的会面并不成功，但是从欧洲归来的爱默生却找到了在美洲大陆上发出自己声音的自信，并且开始了与柯勒律治真正意义上的交往。他被柯勒律治试图调和柏拉图主义、唯心主义和经验哲学的努力所吸引，并且他和柯勒律治一样，都渴望了解上帝、人和自然三者之间的关系，解开“一”与“多”、自然与精神的关系之谜。爱默生从柯勒律治的著作中找到了贯穿于他全部作品的浪漫主义观点及研究方法的基本支架。因而，从 1834 年开始，爱默生整合柯勒律治的定义、区分和方法写作自己的作品。国外学者哈维（Samantha C. Harvey）认为，爱默生对柯勒律治的借鉴和利用是一种同化性的（Assimilative），即如同柯勒律治对康德的利用，爱默生同化吸收了柯勒律治思想中的主要方面并以一种与众不同的和原创性的方式来运用它们。②归纳起来，爱默生主要吸收和利用了柯勒律治以下几个方面的思想：

第一，对于知性和理性的区分。柯勒律治哲学中最关键的问题就是对知性和理性的区分。柯勒律治对康德的理性概念进行了改造，并指出知性和理性之间具有根本的不同。知性面对的领域是现象界，是一种根据感官材料进行思考并做出判断的能力；而理性则是一种超感官的能力，人类通过理性能够接近超验的领域。理性构成了人和其他动物的根本区别，由于理性的存在，人超越自然成为自由的主体；也因为理性，人能够感知到人和自然都处于上

① qtd. in Samantha C. Harvey. *Transatlantic Transcendentalism: Coleridge, Emerson, and Nature*. Edinburgh: Edinburgh University Press, 2013, pp. 4–5.

② Samantha C. Harvey. *Transatlantic Transcendentalism: Coleridge, Emerson, and Nature*. Edinburgh: Edinburgh University Press, 2013, p. 9.

帝创造的有机体中。爱默生极为看重柯勒律治对知性和理性的区分，甚至认为知性和理性的区分本身就是哲学，因为知性和理性能够帮助他克服并调和唯心主义和经验主义的困境。爱默生吸收了柯勒律治对知性和理性的区分的精髓，将知性和理性分别定义为面向外部的感官世界和理念世界的心灵功能。与知性相比，理性是人类心灵的最高功能，也是一种精神的直观的能力。他说：

> 理性是灵魂（Soul）的最高能力——通常我们用灵魂本身表示的意思；它从不推理，从不证明，它只是简单地感知；它是直观的。知性一直辛勤地劳作，它比较、计划、补充、争辩。虽然它是浅见的（Near-sighted），但却是强大的（Strong-sighted），它存在于现实中、权宜之物中、习俗中。野兽也具有某种知性，但是没有理性……有关青春和“最初的想法”的思想都是理性的启示。（理性）是对作为最高等级的美的赞美和善的热爱，是对真理的绝对和普遍优先性的信念。但是知性是我们居所中布满皱纹的衡量者和管家，它致力于支持我们动物性的生命，永远与理性的功能相反。①

从上文可以看出，爱默生对知性和理性的这一区分从根本上都是柯勒律治式的：知性从感官世界获取知识，而理性能接近超验的超感官世界。知性和理性的共同作用能够使得爱默生跟柯勒律治一样，同时保留经验观察和超验主张的有效性。爱默生进一步借用柯勒律治的理性概念指出：“人意识到在其个人生命之内或背后存在着一个普遍的灵魂，在这个灵魂中，就像在天穹中一样，遍布正义、真理、爱、自由的本质，光芒四射。这个普遍的灵魂，他称为理性。”② 不过，爱默生虽然借鉴了柯勒律治的总体框架，但是也对它进行了修正。在对知性和理性定义中，爱默生为了满足自己的需求使用了更柔和、更口语化的语言，他用“灵魂”取代了“精神”，并把知性拟人化，

---

① qtd in Samantha C. Harvey. *Transatlantic Transcendentalism*：*Coleridge*，*Emerson*，*and Nature*. Edinburgh：Edinburgh University Press，2013，p. 62.

② 金衡山：《自由的意义——超验主义思想探析》，《国外文学》2002 年第 1 期。

称他是“布满皱纹的衡量者、管家”。同时，他也对柯勒律治的理性概念进行了改造，理性既是精神的直观能力又是灵魂本身，代表人在世界中看到上帝的能力。他强调，由于理性的存在，每个人都具有内在的神性，感受到与上帝的同在。他在超验主义的纲领性著作——《自然》中写道：“在树林里，我们回归理性和信仰……我变成了一个透明的眼球。我什么都不是，我看到了一切。全能的上帝之流在我体内流淌，我是上帝的一个颗粒，是上帝的一部分。”[①] 这里，爱默生表明，人类通过回归理性成为“透明的眼球”，能够超越感官的界限，直观到人类自身与上帝的同在，拥有个人化的上帝。心灵能够感知五大感官背后的事物以及对个人化的上帝的强调正是超验主义的中心信念，而这完全是通过继承和改造柯勒律治的理性概念实现的。

第二，象征主义的自然观。柯勒律治在转向“三一论”后，认为在人的知性中，自然与精神是相互对立的，自然本身不具有神性。但是自然作为上帝创造的产物，从根本上与精神是同一的。因此，柯勒律治认为，自然可以成为精神的象征，它作为“上帝的另一本《圣经》”能够不断向人类传达精神的启示。这一象征主义的自然观也被爱默生所继承。不同于柯勒律治，爱默生并不纠结于宗教教义的纷争。他虽然并不支持“三一论”，但他与柯勒律治一样都拒绝泛神论立场，坚持上帝既是宇宙超验的源头，又同时存在于人类心灵和自然之中。在《论自然》的导言中，爱默生指出，“宇宙是由自然和心灵构成的”。所谓自然是指：“一切独立于我们之外的，所有哲学意义上的非我，即自然和艺术、他人，以及我自身都属于这一范畴。”[②] 尽管自然作为“非我”，但它与心灵是同一个上帝的创造物，因而，自然与心灵是对应的，都具有精神的本质。爱默生与柯勒律治一样，认为极性原则是宇宙间的根本原则，即内在的精神为了彰显自身都需要外化为形式。自然就是精神为彰显自身而创造的。因而，自然都在两种意义上存在：“伐木工人看到的木头”与“诗人眼中的木头”，[③] 即自然既是物质的，又同时是精神的，物质本身可以成为其背后的精神的象征。爱默生主张：“世界是象征的。我们言语中的一部

① 爱默生：《论自然》，吴瑞楠译，中国出版集团，2010 年版，第 4 页。
② 爱默生：《论自然》，吴瑞楠译，中国出版集团，2010 年版，第 2 页。
③ 爱默生：《论自然》，吴瑞楠译，中国出版集团，2010 年版，第 3 页。

分是隐喻，因为自然是人类思想的一个隐喻。精神世界的法则与物质世界一一对应，就像镜子内外的两个形象。可见的物质世界及其各组成部分的相互关系是不可见的精神世界的刻度盘。”① 爱默生用物质世界是精神世界的“刻度盘”的形象语言表明，自然作为象征，其意义在于以感官的形象向人类传达无法用言语言说的真理，可以成为人类理解精神世界真理的导师。

爱默生写作《论自然》的意图是培养人们以多种方式感知自然和精神的能力。在《论自然》一文中，爱默生不但借用了柯勒律治的象征主义自然观，还借鉴了他在哲学研究中从最熟悉的真理出发并逐步提升话题的方法，同时还体现柯勒律治对知性和理性的区分的强大影响。爱默生强调，自然能够从不同的层面对人类产生作用，先是通过感观和知性，然后通过理性实现对人类的教育目的。自然首先作用于人的感官，在人的知性中以物质的形式存在。虽然以物质形式存在的自然在自然的等级中属于低一级的范畴，但它也对人类具有重要意义：物质的自然能够满足人类生存的需求；物质之间的相互联系和相互作用构成的生态系统能够哺育人类；物质的自然还可以推动人类社会生产活动的发展。一言以蔽之，物质的自然具有“有用性”，它能够锻炼人的知性，使物质与更高的善相联系。其次，自然能够满足心灵对美的需求。自然事物是美的，对自然美景的感知能够为人类提供愉悦。美还能与人的意志相结合，成为上帝赋予美德的标记。更重要的是，美还是理智思考的对象。最后，自然作为精神的象征，能够通过理性的力量实现对人类心灵的教导。爱默生说：“世界把自己浓缩在一滴露珠里。”② 自然中的任何事物，小至一滴水、一片树叶都能体现世界是多样性中的统一。自然通过自身的统一性向人类展现宇宙的整体。所以，爱默生认为当人类能够于物质中发现其背后的精神实质时，心灵将感知到人、上帝和自然的统一，或者用爱默生本人的话说：“宇宙变得透明，上帝之律的光芒穿越世界。”③ 从以物质形式存在的自然，到作为审美对象的自然，再到作为象征的自然，自然逐步引导人们摆脱感官的束缚，进入精神的领域。对此，爱默生宣称：“上帝创造自然，让它与

① 爱默生：《论自然》，吴瑞楠译，中国出版集团，2010年版，第16页。
② 爱默生：《补偿》，见《爱默生随笔》，蒲隆译，上海译文出版社，2010年版，第110页。
③ 爱默生：《论自然》，吴瑞楠译，中国出版集团，2010年版，第17页。

精神一起来解放我们。”① 自然成为上帝与人类之间的媒介，上帝通过自然与人类交流，同时也让人类回归自然。

第三，对于艺术在调和神、人、自然关系中的信念。爱默生与柯勒律治都相信人和自然都是上帝创造的产物，应当统一于上帝之中。然而，在一个日益工业化和日益物化的世界中，人与上帝、人与自然的关系乃至人类灵魂自身都不断走向分离。柯勒律治赋予艺术以重任，认为它能够调和神、人、自然之间的关系。爱默生也大量借鉴了柯勒律治有关艺术的思想。他认为世界是真、善、美的统一，三者既是同一的，又具有各自不同的本质，因此无法对它们进行拆解和分析。爱默生一再宣称，自然拒绝科学的窥探，因而代表美的艺术就成为接近真理的最佳手段。除了对于艺术的功能具有与柯勒律治相似的立场，爱默生也从柯勒律治的《文学生涯》《平信徒布道》等著作中发现了大量充斥于他后期作品的文学批评的术语，包括理想的诗人、天才和才能、第一和第二位的想象、象征与譬喻等的定义和区分。但是，爱默生在继承柯勒律治艺术理论的整体框架的基础上侧重点又有所区别。柯勒律治的艺术理论以想象这种创造能力为核心，意在强调人的心灵的创造性和能动性；而爱默生的艺术理论则与美国文化中对于个人主义的强调一脉相承，更重视诗人的非凡禀赋。因而，他的艺术理论主要围绕诗人而展开。

首先，诗人是能够看见宇宙整体的人。对于爱默生来说，宇宙中存在着整体的灵魂，但是却不能为普通人所见。只有通过求助于“智慧的眼睛”和更高超的思想，人们才能感知到整体的存在，也就是说应当依靠诗人的力量才能实现。爱默生认为，世间的凡人只能看到自然中零碎的片段，而具有强烈感知能力的诗人能够看见事物之间的联系。诗人不是通过其专业知识而是通过从自然的多样性中感知到统一的能力来定义的。爱默生说，诗人就是这样一种人：“被上帝的恩惠派往世界，能够看到其他人只能模糊感觉的事物，充分感觉到他人所怀疑的事物，能以健全的感觉和具有呼应能力的心灵在充分放松的状态中带着一份愉悦，注视着天空和地上的事物；宇宙灌注于这一灵魂。”② 因

① 爱默生：《论自然》，吴瑞楠译，中国出版集团，2010 年版，第 26 页。

② qtd. in Samantha C. Harvey. *Transatlantic Transcendentalism*: *Coleridge*, *Emerson*, *and Nature*. Edinburgh: Edinburgh University Press, 2013, p. 83.

而，诗人具有代表性，能够见到普遍的真理。

其次，诗人不只具有强烈的感受力，接受自然的滋养，而且能够以上帝般的姿态进行创造。爱默生在这里也继承了柯勒律治想象理论的精髓，把想象视为一种理性和知性之间的调和能力。他说："想象能够被定义为理性利用物质世界的能力。"① 诗人利用想象能够调和物质与精神、特殊与一般、自然与人工等不同的性质，并创造出新的整体："正因为跟上帝的生命离轨跑辙使事物变得丑恶，诗人便把事物重新归并于自然和整体——借助于一种更深刻的洞见，甚至把人工和违背自然的东西重新归并于自然——所以他就轻而易举地处理那些最惹人讨厌的事实。"② 这里，更深刻的洞见就是想象，诗人正是通过想象重新创造出新的整体。

最后，诗人能够读懂自然的象征意义，并创造出新的象征。爱默生认为，普通人面对自然常常迷恋自然的经济用途，而忽视了它们背后的精神。但是诗人能够令人暂时遗忘事物的实际功用，将它们提升至精神的领域。爱默生指出：

> 诗人能把地球变成玻璃球，向我们展示处在自己适当的序列中的万物。因为通过那种更好的直觉，他就像向事物靠近了一般，看见了流动或变形，发现思想是多种多样的，每一种造物的形态里都有一种力量，迫使这种造物升入更高一级的形态……诗人运用形式，依据的是生命，而不是形式本身。这才是真正的科学。唯独诗人懂得天文学、化学、植物和勃勃的生机，因为他不是停留在这些事实面前，而是它他们当作标志来使用。③

正是在这种意义上，爱默生宣称"诗人是解救万物的诸神"。④爱默生把诗人置于神、人、自然的中心。理想的诗人能够读懂自然之书、调动想象力、创造活的象征，并最终通过文学的媒介向其他人传达宇宙的奥秘，调和神、人和自然之间的关系。

---

① qtd. in Samantha C. Harvey. *Transatlantic Transcendentalism*：*Coleridge*，*Emerson*，*and Nature*. Edinburgh：Edinburgh University Press，2013，p. 88.

②③ 爱默生：《诗人》，见《爱默生随笔》，蒲隆译，上海译文出版社，2010 年版，第 194 页。

④ 爱默生：《诗人》，见《爱默生随笔》，蒲隆译，上海译文出版社，2010 年版，第 202 页。

综上所述，通过爱默生的桥梁作用，美国超验主义者从柯勒律治身上获得了超验主义的主要框架。因而，恩格尔把柯勒律治描述为“美国超验主义的继父”，并说“没有柯勒律治的德国渊源，这场运动将是另外一副面貌，不会如此精彩，并且必定会以另外的名目出现。”①

第三节　爱默生与柯勒律治思想的差异

美国的超验主义是浪漫主义的延续，但它同时又是一场独立的思想运动。在超验主义形成和发展的过程中，爱默生对柯勒律治的利用如同柯勒律治对康德的利用，既是大量借鉴，又是高度原创的。他吸收了柯勒律治理论的精髓，把欧洲浪漫主义者许多零碎的表述整合了起来。格拉维尔（Richard Gravil）对此评价说：“爱默生在文章中表达了英国浪漫主义者无人成功表达的浪漫主义对自然的争论。甚至柯勒律治也未能就自己和同时代人对自然含义的认识形成令人满意、行之有效和统一的表述，或者说他们甚至没有认识到这种表述是必要的。”② 另外，爱默生也对柯勒律治的主要观点根据自己的意图做出了许多改变。因而，爱默生的超验主义与柯勒律治的浪漫主义思想也具有许多差异：

第一，对自然的态度。柯勒律治终生对自然的态度摇摆不定。一方面，童年和青年时代与自然接触的经历让他对自然无比热爱；另一方面，柯勒律治又推崇人的精神自由，担心对自然的崇拜会侵蚀人的心灵能力。尽管后来在“三一论”的框架之下，他尽可能地兼顾了人的心灵的能动性和自然的尊贵性。但是，我们不能否认，在他的这一体系中，人的心灵仍然具有位于自然之上的优先性。人类一切知识的实质都存在于心灵之中，人的心灵具有容纳自然法则的力量，自然的尊贵在于与人的心灵具有相同的本质。但是，爱

① Engell, James. “Coleridge and German Idealism: First Postulates, Final Causes.” *The Coleridge Connection: Essays for Thomas McFarland*. Eds. Richard Gravil and Moly Lefebure. London: Macmillan, 1990, pp. 153-177.

② Richard Gravil. *Romantic Dialogues: Anglo-American Continuities*: 1776-1862. New York: St. Martin's Press, 2000, p. 99.

默生却截然不同。虽然他也与柯勒律治一样，希望能够调和唯心主义和经验主义，但他最终却拒绝了唯心主义，因为它“把自然踩在了脚下”。[①] 他在《论自然》一文的结尾处写道：

> 运动、诗歌、物理学、哲学似乎都会影响我们对外在世界真实存在的信念。然而，我承认，如果对这个命题无限扩展，认为一切文明都向我们显示理念的存在，就有些不恰当了。我对自然毫无敌意，只有童稚的爱。我就像玉米和甜瓜一样，在温暖的晴日里生长。让我们公正地对待自然吧。我无意攻击我美丽的母亲，也不愿弄脏我安静的家园。我只想指出自然相对于人类的真实位置，从而以自然为参照物来确定人类的方位。这也是所有正确教导的做法，因为，人类生活想要达到的目标即是建立人与自然的联系。[②]

这段话中，爱默生把自己比作“玉米和甜瓜”，他把自然视为“美丽的母亲”、“安静的家园”，展现出他对自然极度的热爱和同情。所以，不同于柯勒律治，爱默生最终坚定地站在了自然一方。

第二，对宗教问题的态度。柯勒律治是虔诚的基督教徒。可以说，宗教是他考虑一切问题的出发点，对宗教问题的关注贯穿于他的学术生涯的始终，宗教语言也被运用于他的哲学思辨之中。此外，柯勒律治的自然观也与他的宗教立场密不可分。在《平信徒布道》中，柯勒律治把自然视为上帝的仆人，是上帝的另外一本《圣经》。人对自然的沉思不是为了从自然中寻找上帝存在的证据，而是为了接受上帝的启示。但是，到了《沉思之助》等更后期的作品中，柯勒律治降低了自然的圣仪作用，更强调逻各斯和经文的启示作用。在柯勒律治看来，《圣经》中的每一个个体都是象征性的，既代表自身，又是整体的象征。《圣经》从根本上是用诗意的语言写成的解释自然、上帝和人类

① qtd. in Samantha C. Harvey. *Transatlantic Transcendentalism: Coleridge, Emerson, and Nature*. Edinburgh: Edinburgh University Press, 2013, p. 134.

② 爱默生：《论自然》，吴瑞楠译，中国出版集团，2010 年版，第 31 页。

的书，柯勒律治称其为“用象征写就的神秘和神圣的书”①。因而每一个人都可以根据自身的体验从《圣经》中获得上帝的启示。但是，爱默生弱化了柯勒律治对《圣经》启示的敬重，强调自然和个人的直觉在获得上帝启示中的价值。对于与上帝结合的途径，爱默生认为人们应当“独自去做，拒绝效法他人……要敢于不通过任何中介或掩饰去爱上帝”，他的“中介”包括了牧师、教会、先知、耶稣，甚至《圣经》。② 爱默生的超验主义神学主张，既然“超灵”存在于每一个人的心中，通过自然和人的直觉就可以与上帝结合，不需要求助于任何其他的中介。爱默生甚至因此号召人们“写你们自己的《圣经》”。爱默生的这种超验主义神学观的意义在于它“抽去了基督教赖以显形的所有形式，使它成为人的灵魂对以终极真理形式存在的道德情操的追求。而道德情操的至高境界，应当像人的内心，不假于心外的任何东西。”③爱默生这种对人的心灵中内在神性的强调成为他“自助”思想的源泉，与美国文化所推崇的“个人主义”一脉相承。

第三，超验主义另外一个区别于浪漫主义的特征就是它对“自助”精神的强调，而这在柯勒律治等的欧洲浪漫主义思想中并不明显。爱默生从他的自然观和宗教观中引发出了有关“自助”的思想，成为美国文化的独特标记。爱默生主张，每个人心中都有一个“超灵”，因此每个人都具有内在的神性。人通过自身的直觉都可以拥有个人化的上帝，人的直觉中也存在着万事万物的本源。因此，爱默生宣称，对于伟大的人物“绝对可信的东西就藏在他们的心里，通过他们的手在活动，在他们的存在中起着主导作用。”④他还说，“除了你自己心灵的完善，没有什么神圣之物。来一番自我解放，回到原原本本的你那儿去，你一定会赢得全世界的赞同。”⑤在爱默生看来，人因为具有直觉的能力，成为宇宙中自由的和自助的个体。同时，他也指出，不只人类具有自助的能力，自然中的任何事物都是自助的个体。万物因为起源于上帝都具有神圣性。爱默生说：“大自然不允许任何无自助能力的东西滞留在她的各

① qtd. in Trevor H. Levere. *Poetry Realized in Nature: Samuel Taylor Coleridge and Early Nineteenth-century Science*. Cambridge: Cambridge University Press, 1981, p. 7.

②③ 刘海平、王守仁：《新编美国文学史》(第一卷)，上海外语教育出版社，2000 年版，第 282 页。

④ 爱默生：《自助》，见《爱默生随笔》，蒲隆译，上海译文出版社，2010 年版，第 75 页。

⑤ 爱默生：《自助》，见《爱默生随笔》，蒲隆译，上海译文出版社，2010 年版，第 77 页。

个领域。”[1] 自然中大到一个行星的起源和成熟、平衡和轨道，小到被风吹弯又挺起身的树，都是自助的灵魂的表现。因此，爱默生认为作为个体的人，不应对包括上帝在内的任何人盲目地崇拜和模仿；美国作为一个国家，也应当在思想上摆脱对欧洲大陆的依赖。爱默生超验思想中这一“自助”思想对于美国文化的发展具有重要意义。它是美国在政治上独立之后寻求文化独立的要求在思想领域的反映和结果。对此，霍姆斯（Oliver Wendell Holmes）称爱默生题为《美国学者》的演讲是“我们思想的独立宣言”。[2] 另外，伴随爱默生的“自助”思想而来的相信自己、拒绝盲从的“个人主义”也成为后来美国文化的重要特征。

爱默生以高度原创的方式利用了柯勒律治神学自然观的主要方面，也赋予了许多柯勒律治本人思想中不具备的、新的内涵。但是，这也恰好从另一个侧面说明柯勒律治的思想不是僵化的和封闭的思想体系，而是具有开放性和富有弹性的。他提供给后人的永远不是具体的哲学和神学思想，而是思考问题的思维方式和哲学方法。因此，在爱默生之后，梭罗、缪尔、玛丽·奥斯汀等的作品中将视野越来越多地投向荒野，并且表面上呈现出对欧洲旧大陆文化的强烈反叛。然而，他们对待自然的态度却带有柯勒律治的深刻印记。荒野对于他们的价值不在于其实用价值或审美价值，而是能够不断地向他们传达上帝的启示，从而具有内在价值。[3] 通过美国超验主义者的传承，柯勒律治自然观的影响在当代仍然得以延续。

---

① 爱默生：《自助》，见《爱默生随笔》，蒲隆译，上海译文出版社，2010 年版，第 77 页。

② 刘海平、王守仁：《新编美国文学史》（第一卷），上海外语教育出版社，2000 年版，第 287 页。

③ James. C. Mckuisick. *Green Writing*: *Romanticism and Ecology*. Hampshire & London: Macmillan Press, 2000, p. 222.

第七章　结论与启示

第一节　结论

作为欧洲浪漫主义时期杰出的诗人、哲学家、神学家和文学批评家，柯勒律治为后人留下了宝贵的精神财富。现在，距离柯勒律治生活的时代已经过去了将近200年，其思想却历久弥新，仍然吸引着大量的国内外学者对其进行研究和解读。尤其是早在工业社会的初期，柯勒律治就高瞻远瞩，意识到工业化进程对自然和人的精神的双重破坏，试图以艺术为手段重新恢复人与神的联系，实现人与自然的和解。从生态环境日益恶化的今天回望柯勒律治的神学自然观及其基础上的艺术观，我们能够看出柯勒律治的思想极富现代性和前瞻性，并且与当代生态神学和生态批评探讨的诸多命题具有相当的一致性。柯勒律治的自然观及艺术观对于当代生态神学和生态批评的建设和发展仍然具有重要的思想价值。

首先，柯勒律治追求宇宙的整体性。纵观柯勒律治的整个思想历程，其最显著的特点就是在神学的框架之下追求一切事物的整体性。在泛神论阶段，他主张上帝弥漫于万物之中使万物成为一体，人即是这一“奇妙整体”的组成部分。但是在后来的反思中，柯勒律治意识到泛神论的整体既牺牲了个体的整体，同时也否定了人的精神自由性的整体，这促使他最终转向了正统基督教的“三一论”。在他看来，以“三位一体”的模式存在的上帝是其他一切整体的原型。上帝作为“一切之前、一切之中、贯穿一切”的“一”确保了包括人和自然在内的世间一切事物都共同存在于上帝创造的有机整体中。更可贵的是，柯勒律治对自然的整体性的强调不仅不以牺牲个体生命的独特个性为代价，反而以强调生命的个体性为基础，实现了整体与个体的有机统一。通过“个性化的趋势”这一纽带，从最低等的生命形式到人形成了一个不断上升的完整系统，不同的生命形式都不能离开整体而存在，始终处于相互依存的关系之中。也就是说，宇宙中的每一个个体都动态地参与到整个生命过程的演化之中。柯勒律治对世界作为一个相互联系和动态生成的有机整体的认识，已经蕴含了后来怀特海过程哲学的雏形。这不但对西方传统的主、客二元对立的哲学是一个重要的突破，也与当代生态哲学的思考方向具有极大的一致性。西方思想界曾经将当代生态危机的根源追踪到人类中心主义思想，并对西方文化中根深蒂固的人类主义思想进行了解构。但是，在摒弃人类中心主义之后如何重新定位人和自然的关系却在学术界引发了强烈的争议。在学者们看来，无论是人本主义还是环境中心主义都无法完美地平衡人和自然的关系。因此，越来越多的学者超越人本主义和环境中心主义的纷争，倡导一种生态整体主义，即“把生态系统的整体利益作为最高价值，把是否有利于维持和保护生态系统的完整、和谐、稳定、平衡和持续存在作为衡量一切事物的根本尺度，作为评判人类生活方式、科技进步、经济增长和社会发展的终极标准。”① 因而，柯勒律治从神学的角度确立的整体至上的思想能够成为可供当代生态哲学借鉴的思想资源。

其次，柯勒律治主张对自然的尊重和敬畏。柯勒律治在泛神论阶段提出，上帝就存在于自然之中，自然因此是神性的，人类心灵应当服从和膜拜自然。在转向“三一论”后，他对“三一论”的创造观的阐释同样也确认了自然的价值。他认为上帝既是超验的，又在自然中无处不在。因而，虽然外部自然本身不具有神性，但是自然作为上帝创造的产物，也同人的心灵一样，体现着上帝的理性。正因为如此，柯勒律治对自然进行了象征性解读，认为它能够向人类昭示精神的存在。柯勒律治说，面对植物时，能够感觉到它就是“自然之生命的伟大器官”，② 因而对自然感到敬畏。他宣称：“不起源于、不

---

① 王诺：《生态批评与生态思想》，人民出版社，2013 年版，第 141 页。

② Samuel Taylor Coleridge. *The Statement's Manual*. In vol. I of *The Complete Works of Samuel Taylor Coleridge, with an Introductory Essay upon His Philosophical and Theological Opinions*. ed. W. G. T. Shedd. New York: Harper & Brothers, 1856, p. 462.

将自己的光芒向下射向自然，而仅仅作为孤立存在的添加之物远离自然的基督教信仰，在它的一切细节方面必然是错误或扭曲的。”① 这种敬畏自然的观点同样意义重大。正如当代生态哲学所反思，西方文化中的人类中心主义对于当代生态危机的产生负有不可推卸的责任。西方文化从整体上一直存在着重视人，同时轻视自然的倾向。早在古希腊时代，普罗泰戈拉就宣称：“人是万物的尺度，是存在者存在的尺度，也是不存在者不存在的尺度。”②而到中世纪，著名经院哲学家托马斯·阿奎那也表现出强烈的人类中心主义倾向：“在自然存在物中，人是最完美的存在物，上帝给人提供神恩是因为人类本身的缘故，而赋予其他被造物的神恩也是为了人。因此，人可以随意地使用植物，随意地对待动物。《圣经》虽然要求人们关心动物和其他存在物，但这种关心是基于对他人的关心，对动物的残酷行为之所以错误，是因为这种行为会鼓励和助长对他人的残酷。”③ 人类中心主义思想对人的重视和对自然的贬低成为人类后来过度开发和利用自然的思想依据。但是，就像恩格斯所指出：“我们不要过分陶醉于我们对于自然界的胜利。对于每一次胜利，自然界都报复了我们。”④ 现如今，人类面对来自自然的报复，必须从根本上扭转对于自然的态度。因而，柯勒律治所倡导的对自然的尊重和敬畏对于我们现代人也具有极强的借鉴意义。

再次，柯勒律治强调人类精神的自由性。在工业革命如火如荼地开展之时，柯勒律治就敏锐地意识到工业化和商品化不仅造成了人与自然的疏离，也为人类精神带来了危机。柯勒律治将自己的时代定义为被知性统治的时代，即人类越来越沉溺于感官和物质生活的满足，而忽略了对精神的信仰。因此，对人的精神自由性和主体性的捍卫是柯勒律治最为关注的问题，也是他抛弃泛神论转向“三一论”的根本原因。柯勒律治通过“三一论”的神学框架形成的自然观既是有机整体的，也是有等级的。虽然他坚持人和自然共同存在

① Samuel Taylor Coleridge. *The Literary Remains of Samuel Taylor Coleridge*. ed. Henry Nelson Coleridge. 4 vols. London: William Pickering, 1836. III, p. 158.

② 全增嘏：《西方哲学史》，上海人民出版社，1987年版，第113页。

③ St. Thomas Aquinas. “Differences between Rational and Other Creatures.” *Environmental Ethics: Divergence and Convergence*. ed. Susan J. Armstrong and Richard G. Botzler. New York: McGraw-Hill, 1993, pp. 278-285.

④ 恩格斯：《自然辩证法》，《马克思恩格斯选集》（第四卷），人民出版社，1995年版，第158页。

于上帝创造的有机整体之中，人类也应该尊重和敬畏自然。但是，他并不因此认为人和自然具有同样的价值和地位。从上帝创造的角度来看，柯勒律治认为人和自然的区别在于人类具有理性，而自然没有。所以人类能够超越自然，成为自然中具有自由意志的主体。他甚至宣称，人是“人眼所能看见的生物的首领”① 以及是“自然的杰作和目的”。② 不过，不同于传统基督教对人和自然关系的理解，柯勒律治认为这并不意味着人有权利对自然进行掌控和统治，而是意味着人类应当具有相应的道德责任和精神追求。柯勒律治指出，上帝已经为人和自然中的每一个造物都安排好了自己的位置和归宿。作为宇宙中唯一具有理性的存在物，人类被上帝安排的职责就是“得以同造物主交流”。③ 并且还说：“人类的本能因为他的道德目的和意图而被提升并变得高贵。他注定不是盲目冲动的奴隶、没有目的的容器。”④所以，柯勒律治一再强调人类应当摆脱知性和感官对人类精神的束缚，在对上帝的信仰中寻求精神的家园。时至今日，柯勒律治对人类精神的超越性的强调仍然具有现实意义。因为众多学者都已经意识到，当代生态危机不仅是自然环境的危机，同时也是人类自身的危机。当代生态神学家莫尔特曼就指出：“现代文明中的生态危机，是包含整个系统的危机，从森林的消失到恐慌症的流行，从江河湖海的污染到我们大城市里在许多人当中弥漫的对生活的虚无主义感觉。”⑤因而，尽管对于上帝的信仰并非适用于一切文化，但柯勒律治对于物质之外的超验世界的强调能够向现代人表明：人类不应沉溺于物质的满足，而应当具有更高的精神信仰，从而摆脱精神困境。

最后，柯勒律治坚信艺术在调和人和自然关系中的价值。当代生态批评最核心的信念就是文学艺术作品不但能够反映，同时也能影响人类对待自然

① 柯勒律治：《论诗或艺术》，见刘若端编：《十九世纪英国诗人论诗》，人民文学出版社，1984年版，第100页。

②④ Samuel Taylor Coleridge. *Aids to Reflection*. In vol. I of *The Complete Works of Samuel Taylor Coleridge, with an Introductory Essay upon His Philosophical and Theological Opinions*. ed. W. G. T. Shedd. New York：Harper & Brothers，1856，p. 372.

③ Samuel Taylor Coleridge. *Aids to Reflection*. In vol. I of *The Complete Works of Samuel Taylor Coleridge, with an Introductory Essay upon His Philosophical and Theological Opinions*. ed. W. G. T. Shedd. New York：Harper & Brothers，1856，p. 187.

⑤ 莫尔特曼：《创造中的上帝》，隗仁连等译，三联书店，2002年版，第36页。

的态度。美国著名生态批评家劳伦斯·布伊尔（Lawrence Buell）在《环境的想象——梭罗、自然和美国文化》（*The Environmental Imagination*: *Thoreau*, *Nature and the American Culture*）一书的开头就开宗明义地指出："环境危机包含着想象的危机。改善环境，在于找到想象自然以及人与自然关系的更恰当的方法。"[①] 英国生态批评的领军人物乔纳森·贝特（Jonathan Bate）也在《大地之歌》（*The Song of the Earth*）的最后一章提出了"诗人何为"这一问题。对此，他自己回答说："他们并不是严格意义上的哲学家，虽然他们经常试着去解释这个世界和人类在其中的位置。他们也并不是严格意义上的道德家，至少从 19 世纪以来，他们主要的关切很少用说教的方式来告诉我们如何生存。但是，在他们明确表达内在世界与外在世界、存在与栖居的关系时，他们的作品通常具有独特的明晰性或启发性。"[②] 也就是说，当代批评家都认可文学能够通过呈现人和自然的关系，影响人们对自然的理解，进而调和人与自然之间的关系。通过对柯勒律治艺术观的分析，我们发现柯勒律治对艺术功能的认识与当代生态批评者具有相当的一致性。柯勒律治认为，从神学的角度看，人和自然应当共存于上帝创造的整体之中。但是随着工业化进程的展开，人与上帝、人与自然之间的联系都被切断。在这种一切都陷入分裂的时代，艺术却能够向人类再现上帝创造的有机整体。在柯勒律治看来，艺术是天才以自然为基础，运用想象力创造出来的。从本质上说，艺术是人的心灵与自然的有机统一，是"属于自然的东西和完全属于人的东西的结合"[③]。因而，柯勒律治宣称，艺术能够成为"人与自然之间的媒介物和协调者"[④]。美国生态批评家克鲁伯曾经指出，浪漫主义者的特点是他们"反对为艺术而艺术，坚持艺术的实用性，尤其是对自然界的责任"。[⑤] 这一评价用在

---

① Lawrence Buell. *The Environmental Imagination*: *Thoreau*, *Nature and the American Culture*. Cambridge: Belknap Press of Harvard UP, 1995, p. 9.

② Jonathan Bate. *The Song of the Earth. Cambridge*, Mass.: Harvard University Press, 2000, pp. 251-252.

③ 柯勒律治：《论诗或艺术》，见刘若端编：《十九世纪英国诗人论诗》，人民文学出版社，1984 年版，第 97 页。

④ 柯勒律治：《论诗或艺术》，见刘若端编：《十九世纪英国诗人论诗》，人民文学出版社，1984 年版，第 95-96 页。

⑤ Karl Kroeber. *Ecological Literary Criticism*: *Romantic Imagining and the Biology of Mind*. New York: Columbia University Press, 1994, p. 15.

柯勒律治身上可谓极为恰当。柯勒律治对艺术功用的这一认识将启发我们思考如何发挥艺术作品在改进人和自然关系中的价值。

虽然从现代生态神学和生态批评视野来看，柯勒律治神学自然论的艺术观仍然极具价值，但是我们同样不能否认由于时代和文化背景的限制它也存在自身的局限性。首先，柯勒律治一直主张上帝是一切事物存在的缘由和基础，是一切世界之谜的终极解决方案。所以，柯勒律治的神学与其他一切神学一样，“都是以高高矗立于彼岸世界的‘上帝’为其最高信仰与最重要核心的”。[①] 虽然柯勒律治强调人的精神的能动性和主体性，但是这种能动性与上帝的创造能力相比是有限的。因而，他将实现人和自然真正统一的希望寄托于上帝，意味着忽略了人类才是解决世间包括生态问题在内的一切问题的根源。其次，柯勒律治在神学中离开社会中的生产关系抽象地谈论人与自然之间的关系，并且将调和人和自然关系的可能性完全寄托给艺术，也忽略了社会生产方式才是改变人与自然异化关系的决定性因素。最后，柯勒律治的神学自然观是在西方基督教的文化背景中提出来的，其宗教信仰与我们东方文化中的世界观和价值观存在一定的隔阂。

因此，我们不能不加批判地照搬柯勒律治的思想，而是应当吸收其合理的因素，并以此为契机发掘我们文化传统中的生态思想来应对我们所面临的生态问题。

第二节　启示

随着生态问题的日益凸显，生态文明建设在中国被提到了前所未有的新高度。2012 年 10 月，中国共产党在中共十八大报告中首次单篇论述生态文明，并且提到：“把生态文明建设放在突出地位，融入经济建设、政治建设、文化建设、社会建设各方面和全过程，努力建设美丽中国，实现中华民族永续发展。”中共十八大还审议通过《中国共产党章程（修正案）》，将“中国共产党领导人民建设社会主义生态文明”写入党章，作为行动纲领。而十九

① 曾繁仁：《生态美学导论》，商务印书馆，2010 年版，第 195 页。

大报告更是对生态文明建设进行了多方面的深刻论述，并明确指出，“建设生态文明是中华民族永续发展的千年大计”。其中，如何正确地对待自然及处理人和自然的关系是推进中国的生态文明建设、实现“美丽中国”的重要前提。这一伟大目标的实现一方面有赖于强有力的政治、经济和法律等政策保障，另一方面则需要我们借鉴古今中外一切倡导人与自然和谐的自然观，从根本上破解人与自然的对立，肃清导致当代生态危机的思想根源。柯勒律治的思想即是我们可以借鉴的思想资源之一。他在工业社会的初期对工业文明的机械论自然观的批判不但有助于我们转变与自然对立的观念，他对人与自然得以融合的途径的设想也为我们实现人与自然和谐相处的目标提供了新的思路。

柯勒律治的自然观所形成的时代是一个人与自然关系发生变化的时代。雷蒙·威廉斯在《乡村与城市》中提出，18 世纪是“自然”概念发生重大变化的时刻。自 18 世纪中叶以来，随着蒸汽机的发明，工业革命首先发生在英国，英国因此成为最早完成从农业社会转向工业社会的国家。在此过程中，城市化进程不断加快，人们越来越远离了原野、森林和乡村。此外，工业的发展也给环境带来了巨大的破坏。煤炭的广泛使用造成了严重的大气污染；纺织、印染等工业的发展也造成了河流的污染。以工业革命为开端，人类开始了大规模的对自然环境和生态环境的征服与破坏。① 此后，英国花费了 100 多年才使工业革命导致的环境问题最终得到治理。尽管时隔两个多世纪，但是当代中国却与柯勒律治时代的英国具有许多相似之处。一方面，中国的工业化进程起步较晚，且不同地区的工业化进程发展存在巨大的不平衡，有相当多的地区仍然处于从农业社会向工业社会的转变中。另一方面，中国在现代化的建设过程中，也与处于工业化初期的西方国家一样，选择了一条高消耗、高投入、粗放型的道路。尽管我们取得了经济建设的巨大成就，但也付出了沉重的环境代价。当前，我们面临着环境污染严重、生态系统退化、资源约束趋紧等诸多问题，与英国等发达国家在工业化初期曾经遭遇的许多问题十分相似。西方发达国家大都是在工业化完成之后才开始治理环境问题，走的是“先污染、后治理”的道路。但是面对资源短缺、环境容量不足的现状，中国不能重复西方国家的老路，必须实现经济建设和生态文明建设的协

① 李宏图：《英国工业革命时期的环境污染与治理》，《探索与争鸣》2009 年第 2 期。

调发展。但是，生态危机是工业文明的必然产物。因此，建设生态文明要求我们必须打破工业文明的框架，进行政治、经济、文化尤其是价值观方面的全面变革。①

首先，转变人与自然对立的自然观，树立人与自然共存的观念。“要在一个技术官僚和科技文明占主导地位的时代提倡精神文明建设，我们就要首先反思人与自然的关系，从自然生态的角度来反驳人类中心主义的专断和排他意识，使人们重新树立尊重自然、爱护生态环境的理念。”② 因此，柯勒律治的自然观首先可以促使我们反思以往人与自然对立的自然观，这是建设“美丽中国”的伟大构想得以实现的重要前提。事实上，从当代生态哲学的角度来看，中国古代哲学中蕴含着巨大的生态智慧。中国传统文化中“天人合一”、“性天相通”等观念都将人视为自然的一部分。人与自然不仅在本质上是相通的，并且人应当顺应自然规律行事。然而，近代以来，随着西学东渐的影响，西方的自然观念与它们的自然科学一起逐渐传入我国。到“五四”时期中国的自然观彻底发生了转变。“它不同于老子的‘道法自然’，也不同于天、地、人‘三材’的天人合一观念，而是带着西方文化印痕的、与人相对立的外在‘自然’。”③ 之后，随着中国现代化进程的展开，尤其是改革开放以来，很多时候人们为了追求暂时的经济利益而将自然当成攫取资源的对象，进一步加剧了人与自然的对立。人也遭受自然灾害频发、环境污染对人的身心损害等来自自然的惩罚。然而，柯勒律治的自然观却向我们表明，人类和自然的命运唇齿相依，假如自然遭遇破坏，人类自身也将遭遇危机。因此，我们必须以此为契机，重新定位和思考人与自然的关系，从根本上扭转当前存在的与自然对立的观念，寻求人与自然的和谐相处之道。

其次，充分发挥文学艺术作品在生态文明建设中的作用。当前，随着社会各界对生态问题的高度重视，生态文明建设的相关问题也已经成为学术热点。各领域的学者就经济方式的转变、政策法规的保障等问题展开了如火如荼的讨论，但是对于文学艺术作品在唤醒人们的生态意识方面的作用却被许

① 邓翠华：《论中国工业化进程中的生态文明建设》，《福建师范大学学报》（哲学社会科学版）2012 年第 4 期。

② 王宁：《生态批评与生态文明建设》，《中国文化报》2010 年 7 月 21 日。

③ 李卫涛：《中国现代视野中“自然”的发生和“自然之死”》，《当代文坛》2009 年第 4 期。

多人所忽视。在以柯勒律治为代表的浪漫主义诗人看来，诗则是人与自然之间的调停者，因为诗中的“想象”是促进人与自然融合的最佳手段。历史地来看，华兹华斯、柯勒律治、梭罗、爱默生等生态文学的先驱者在唤醒当代人的生态意识方面起到了不可替代的启蒙作用。而在当代生态批评理论的视野中，文学作品的“想象”的作用也被生态批评家所重视。劳伦斯·布依尔在《环境的想象》一书中，开宗明义地指出：“环境危机包含着想象的危机。改善环境，在于找到想象自然以及人与自然关系的更恰当的方法。”① 这表明，文学研究者们已经意识到：文学艺术中的想象力可以通过对自然环境的再现影响人们对自然的理解，唤醒人们的环境意识。因此，我们应当大力推动中国生态文学的发展。虽然在世界生态文学蓬勃发展的影响下，中国也涌现出一批优秀的生态文学作品。但是相对而言，中国的生态文学的发展还存在许多问题。比如题材相对单一，大多集中在报告文学领域。这些作品写实性较强，而想象力与审美性相对缺乏；同时，部分学者认为目前中国的许多文学作品不能不视为真正意义上的生态文学作品，因为“在这些作品中，自然与人类社会通常仍旧是两个彼此对立的部分，而非一个整体，许多作家大都简单地扬自然而抑社会，逃脱不了二元论的泥淖。”② 另外，文学批评界也应当从生态的角度对已有的文学作品进行再评价，挖掘其中的生态意识或批判其中的反生态思想，构建中国文学的生态传统，以此来唤起和塑造人民群众的生态意识。

最后，尊重和承认自然的神秘性和审美性。在作为神学家的柯勒律治看来，人们仅凭借启蒙理性不能把握世界的整体性，只有在信仰中人和自然才能实现真正的和解。这表明，他最终不是依靠科学而是依靠信仰实现了人和自然的彻底融合，其解决方法是直觉的而非哲学的和科学的。对于柯勒律治理论中的信仰问题，我们应当辩证地看待。站在马克思历史唯物主义的立场上，我们当然否认世界存在任何超验的源头。但是，柯勒律治这一观点却提示我们：很多时候，我们应当放弃对自然无止境的科学探求，尊重和承认自

① Lawrence Buell. *The Environmental Imagination: Thoreau, Nature and the American Culture*. Cambridge: Belknap Press of Harvard UP, 1995, p. 9.

② 奚平：《生态文学全面介入生态文明建设》，《中国社会科学报》2009 年 9 月 3 日。

然的神秘性。这既符合当代科学发展的现实，也顺应了后现代哲学家对为自然“复魅”的召唤。众所周知，自启蒙运动以来，世界经历了马克斯·韦伯所谓的“祛魅”的过程。随着人们对自然的科学认识不断加深，一切带有巫术性质的知识或宗教要素都被视为罪恶和迷信加以排除。经历了“祛魅”过程的世界被认为是一个完全可以凭借人的理性把握的机制，因而也成为人肆意剥削的对象。近年来，针对科技的滥用对自然和人类本身造成的灾难，后现代哲学家大卫·雷·格里芬不断提倡为自然“复魅”；法国生态哲学家塞尔日·莫斯科维奇也号召要“还自然之魅”。对于“复魅”的内涵，我国生态美学家曾繁仁先生认为“复魅”不是要求我们回到愚昧无知的远古时代，而是要做到：第一是恢复自然的神圣性，人应当学会敬畏自然；第二是部分地恢复自然的神秘性，承认人类不能穷尽自然的所有秘密；第三是恢复大自然潜在的审美性，要用审美的眼光来欣赏自然。唯有如此，我们才能实现人在自然中的诗意栖居，而不是对自然的征服和统治。

综上所述，柯勒律治生活在工业时代的黎明，虽然他受时代所限并没有直接涉及生态问题，但他却敏锐地感觉到工业化进程对自然的破坏和人与自然的疏离，并在自己的理论体系中进行了有效反驳。因此，对他的自然观的借鉴可以让我们从思想意识上及时扭转人与自然对立的错误观点，树立人与自然共存的信念，避免重蹈英国等发达国家“先污染、后治理”的覆辙。正如加拉德所说：“我们应该接受浪漫主义所赠予的对自然的珍惜和信心。”①

① Greg Garrad. *Ecocriticism*. London and New York: Routledge, 2004, p. 129.

参考文献

柯勒律治本人著作：

[1] *Aids to Reflection*. In vol. I of *The Complete Works of Samuel Taylor Coleridge, with an Introductory Essay upon His Philosophical and Theological Opinions*. ed. W. G. T. Shedd. New York, 1856.

[2] Samuel Taylor Coleridge. *Biographia Literaria*. ed. Ernest Rhys. London: J. M Dent & Sons Ltd., 1906.

[3] *Coleridge's Miscellaneous Criticisms*, ed. Thomas Middleton Raysor, London: Constable, 1936.

[4] *Coleridge's Notebooks: A Selection. ed. Seamus Perry*. Oxford: Oxford University Press, 2002.

[5] *Collected Letters of Samuel Taylor Coleridge*, ed. Earl Leslie Griggs, 6 vols, Oxford: Clarendon Press, 1956.

[6] *The Complete Works of Samuel Taylor Coleridge, with an Introductory Essay upon His Philosophical and Theological Opinions*. ed. W. G. T. Shedd. 7 vols, New York: 1856.

[7] *Coleridge's Literary Criticism*. ed. J. W. Mackail. London: Humphry Milford, 1921.

[8] *Coleridge's Miscellaneous Criticism*. ed. Thomas Middleton Raysor. 2 vols. Cambridge, Mass.: Harvard University Press, 1936.

[9] *Confessions of an Inquiring Mind*. In vol. V of *The Complete Works of Samuel Taylor Coleridge, with an Introductory Essay upon His Philosophical and*

Theological Opinions. ed. W. G. T. Shedd. New York, 1856.

[10] *The Friend*: *A Series of Essays to Aid in the Formation of Fixed Principles in Politics*, *Morals*, *and Religion*, *with Literary Amusement Interpersed*. ed. Henry Nelson Coleridge. 3 vols. London: William Pickering, 1837.

[11] Samuel Taylor Coleridge. *Lay Sermons*. ed. R. J. White. Princeton: Princeton University Press, 1972, p. 178.

[12] *Lectures* 1808 – 1809 *on Literature*. ed. R. A. Foakes. 2 vols. in vol. V of The Complete Works of Samuel Taylor Coleridge. ed. Kathleen Coburn. Princeton: Princeton University Press, 1987.

[13] *Lectures* 1818 – 1819: *On the History of Philosophy*. ed. J. R. de J. Jackson. 2 vols. in vol. VIII of The Complete Works of Samuel Taylor Coleridge. ed. Kathleen Coburn. Princeton: Princeton University Press, 2000.

[14] *The Literary Remains of Samuel Taylor Coleridge*. ed. Henry Nelson Coleridge. 3 vols. London: William Pickering, 1836.

[15] *The Notebooks of Samuel Taylor Coleridge*. ed. Kathleen Coburn, 5 vols, London: Routledge, 1957.

[16] *The Philosophical Lectures of Samuel Taylor Coleridge*. ed. Owen Barfield and Kathleen Coburn. Princeton University Press, 1949.

[17] *Poetical and Drama Works*. In vol. VII of *The Complete Works of Samuel Taylor Coleridge*, *with an Introductory Essay upon His Philosophical and Theological Opinions*. ed. W. G. T. Shedd. New York, 1856.

[18] *Specimens of the Table Talk of the Late Samuel Taylor Coleridge*. ed. Henry Nelson Coleridge. 2 vols. New York: Harper & Brothers, 1835.

[19] *The Statement's Manual*. In vol. I of *The Complete Works of Samuel Taylor Coleridge*, *with an Introductory Essay upon His Philosophical and Theological Opinions*. ed. W. G. T. Shedd. New York, 1856.

[20] *The Theory of Life*. In vol. I of *The Complete Works of Samuel Taylor Coleridge*, *with an Introductory Essay upon His Philosophical and Theological Opinions*. ed. W. G. T. Shedd. New York, 1856.

[21] 柯勒律治：《老水手行——柯勒律治诗选》，杨德豫译，译林出版社，2012年版。

其他英文著作：

[1] Abrams, M. H. *Natural Supernaturalism: Tradition and Revolution in Romantic Literature*. London: Oxford University Press, 1971.

[2] Appleyard, J. A. *Coleridge's Philosophy of Literature: The Development of a Concept of Poetry*: 1791–1819. Cambridge, MA: Harvard University Press, 1965.

[3] Barfield, Owen. *What Coleridge Thought*. London: Oxford University Press, 1972.

[4] Barth, J. Robert. *Coleridge and Christian Doctrine*. 2nd edition. New York: Fordham University Press, 1987.

[5] Barth, J. Robert. *The Symbolic Imagination: Coleridge and the Romantic Tradition*. 2nd edition. New York: Fordham University Press, 2001.

[6] Bate, Jonathan. *Romantic Ecology: Wordsworth and Environmental Tradition*. London and New York: Routledge, 1991.

[7] Bate, Jonathan. *The Song of the Earth*. Cambridge, Mass.: Harvard University Press, 2000.

[8] Berkeley, Richard. *Coleridge and the Crisis of Reason*. New York: Palgrave Mcmillan, 2007.

[9] Boulger, James. *Coleridge as a Religious Thinker*. New Haven: Yale University Press, 1961.

[10] *The Cambridge Companion to Coleridge*. ed. Lucy Newlyn. Cambridge: Cambridge University Press, 2002.

[11] *The Cambridge Companion to Wordsworth*. ed. Stephen Gill. Cambridge: Cambridge University Press, 2003.

[12] Christie, William. *Samuel Taylor Coleridge: A Literary Life*. New York: Palgrave Mcmillan, 2007.

[13] *The Coleridge Connection: Essays for Thomas McFarland*. ed. Richard

Gravil and Moly Lefebure. London: Macmillan, 1990.

[14] *Coleridge's Imagination: Essays in Memory of Pete Laver. ed. Richard Gravil, Lucy Newlyn and Nicholas Roe*. Cambridge: Cambridge University Press, 1985.

[15] *Environmental Ethics: Divergence and Convergence*. ed. Susan J. Armstrong and Richard G. Botzler. New York: McGraw-Hill, 1993.

[16] Feidelson, Charles. *Symbolism and American Literature*. Chicago: The University of Chicago Press, 1953.

[17] Garrard, Greg. *Ecocriticism*. London and New York: Routledge, 2004.

[18] Halmi, Nicholas. *The Genealogy of the Romantic Symbol*. Oxford: Oxford University Press, 2007.

[19] Hamilton, Paul. *Coleridge and German Philosophy*: The Poet in the Land of the Logic. London and New York: Continuum International Publishing Group, 2007.

[20] Hamilton, Paul. *Coleridge's Poetics*. Redwood City, CA: Stanford University Press, 1985.

[21] Harvey, Samantha C. *Transatlantic Transcendentalism: Coleridge, Emerson, and Nature*. Edinburgh University Press, 2013.

[22] Hedley, Douglas. *Coleridge, Philosophy, and Religion: Aid to Reflection and the Mirror of the Spirit*. Cambridge: Cambridge University Press, 2000.

[23] Holmes, Richard. *Coleridge: Early Visions*, 1772 - 1804. New York: Pantheon Books, 1989.

[24] Kroeber, Karl. *Ecological Literary Criticism: Romantic Imagining and the Biology of Mind*. New York: Columbia University Press, 1994.

[25] Larkin, Peter. *Wordsworth and Coleridge: Promising Losses*. New York: Palgrave Mcmillan, 2012.

[26] Levere, Trevor H. *Poetry Realized in Nature: Samuel Taylor Coleridge and Early Nineteeth-century Science*. Cambridge: Cambridge University Press, 1981.

[27] McFarland, Thomas. *Coleridge and the Pantheist Tradition*. Oxford: Clarendon Press, 1969.

[28] McKusick, James. *Green Writing: Romanticism and Ecology*. New York: Palgrave Mcmillan, 2000.

[29] Miller, J. Hillis. *The Disappearance of God: Five Nineteeth – Century Writers*. New York: Schocken Books, 1965.

[30] Miller, Perry. *The Transcendentalists: An anthology*. Cambridge, MA: Harvard University Press, 1950.

[31] Modiano, Raimonda. *Coleridge and the Concept of Nature*. London and Basingstoke: The Macmillan Press, 1985.

[32] Muirhead, John. *Coleridge as Philosopher*. New York: Macmillan, 1930.

[33] *Nature in Literary and Cultural Studies: Transatlantic Conversations on Ecocriticism*. ed. Catrin Gersdorf and Sylvia Mayer. New York: Editions Rodopi B. V, 2006.

[34] Perkins, Mary Anne. *Coleridge's Philosophy: the Logos as Unifying Principle*. Oxford: Clarendon Press, 1994.

[35] Perry, Seamus. *Coleridge and the Uses of Division*. Oxford: Clarendon Press, 1999.

[36] Richards, I. A. *Coleridge on Imagination*. London and New York: Routledge, 2001.

[37] *Platonism and the English Imagination*. ed. Anna Baldwin and Sarah Hutton. Cambridge: Cambridge University Press, 1994.

[38] Tee, Ve-Yin. *Coleridge, Revision and Romanticism: After the Revolution, 1793-1818*. London and New York: Continuum International Publishing Group, 2009.

[39] Tillich, Paul. *Dynamics of Faith*. World Perspectives 10. New York: Harper, 1956.

[40] Vigus, James. *Platonic Coleridge*. Oxford: Legenda, 2009.

[41] Ward, David. *Coleridge and the Nature of Imagination: Evolution, Engagement with the World, and Poetry*. New York: Palgrave Mcmillan, 2013.

[42] White, William Hale. *The Autobiography of Mark Rutherford, Dissenting Minister*. 2nd Edition. London: Oxford University Press, 1936.

[43] Wimsatt, William K. Jr. & Brooks, Cleanth. *Literary Criticism: A Short History*. New York: Vintage Books, 1957.

[44] John Purkis.《华兹华斯导读》(影印本), 北京大学出版社, 2005年版。

英文期刊:

[1] Foerster, Norman. "Emerson as Poet of Nature." *PMLA*, Vol. 37, No. 3 (Sep., 1922), pp. 599-614.

[2] Gingerich, S. F. "From Necessity to Transcendentalism in Coleridge." *PMLA*, Vol. 35, No. 1 (1920), pp. 1-59.

[3] Haven, Richard. "Coleridge, Hartley, and the Mystics." *Journal of the History of Ideas*, Vol. 20, No. 4 (Oct. - Dec., 1959), pp. 477-494.

[4] Hume, Robert D. "Kant and Coleridge on Imagination." *The Journal of Aesthetics and Art Criticism*, Vol. 28, No. 4 (Summer, 1970), pp. 485-496.

[5] Hunt, Bishop C. "Coleridge and the Endeavor of Philosophy." *PMLA*, Vol. 91, No. 5 (Oct., 1976), pp. 829-839.

[6] Lovejoy, Arthur. "Coleridge and Kant's Two Worlds." *ELH*, Vol. 7, No. 4 (Dec., 1940), pp. 341-362.

[7] Mc Farland, Thomas. "The Symbiosis of Coleridge and Wordsworth." *Studies in Romanticism*, Vol. 11, No. 4, Samuel Taylor Coleridge (Fall, 1972), pp. 263-303.

[8] McKusick, James. "From Coleridge to John Muir: The Romantic Origins of Environmentalism." *The Wordsworth Circle*, Vol. 26 (1995), pp. 36-40.

[9] McKusick, James. "Coleridge." *Dictionary of Literary Biography*, *Volume 107: British Romantic Prose Writers*, 1789-1832, First Series (1991), pp. 68-105.

[10] Miller, Craig. "Coleridge's Concept of Nature." *Journal of the History of Ideas*, Vol. 25, No. 1 (Jan. - Mar., 1964), pp. 77-96.

[11] Milnes, Tim. "Through the Looking-Glass: Coleridge and Post-Kantian Philosophy." *Comparative Literature*, Vol. 51, No. 4 (Autumn, 1999),

pp. 309–323.

[12] Modiano, Modiano. "'Naturphilosophie' and Christian Orthodoxy in Coleridge's View of the Trinity." *Pacific Coast Philology*, Vol. 17, No. 1/2 (Nov., 1982), pp. 59–68.

[13] Park, Roy. "Coleridge's Two Voices as a Critic of Wordsworth." *ELH*, Vol. 36, No. 2 (Jun., 1969), pp. 361–381.

[14] Parrish, Stephen Maxfield. "The Wordsworth–Coleridge Controversy." *PMLA* Vol. 73, No. 4 (Sep., 1958), pp. 367–374.

[15] Piper, Herbert. "The Pantheistic Sources of Coleridge's Early Poetry." *Journal of the History of Ideas*, Vol. 20, No. 1 (Jan., 1959), pp. 47–59.

[16] Rahme, Mary. "Coleridge's Concept of Symbolism." *Studies in English Literature*, 1500–1900, Vol. 9, No. 4, Nineteenth Century (Autumn, 1969), pp. 619–632.

[17] Raysor, Thomas M. "Coleridge's Criticism of Wordsworth." *PMLA*, Vol. 54, No. 2 (Jun., 1939), pp. 496–510.

[18] Rule, Philip C. "Coleridge's Reputation as a Religious Thinker: 1816–1972." *The Harvard Theological Review* 67 (1974), pp. 289–320.

[19] Smith, Duane E. "Romanticism in America: The Transcendentalists." *The Review of Politics*, Vol. 35, No. 3 (Jul., 1973), pp. 302–325.

[20] Snyder, Alice D. "Coleridge's 'Theory of Life'." *Modern Language Notes*, Vol. 47, No. 5 (May, 1932), pp. 299–301.

[21] Stoll, Elmer Edgar. "Symbolism in Coleridge." *PMLA*, Vol. 63, No. 1 (Mar., 1948), pp. 214–233.

[22] Thompson, Frank T. "Emerson's Indebtedness to Coleridge." *Studies in Philology*, Vol. 23, No. 1 (Jan., 1926), pp. 55–76.

[23] Wilde, Norman. "The Development of Coleridge's Thought." *The Philosophical Review*, Vol. 28, No. 2 (Mar., 1919), pp. 147–163.

[24] Wilson, Douglas Brownlow. "Two Modes of Apprehending Nature: A Gloss on the Coleridgean Symbol." *PMLA*, Vol. 87, No. 1 (Jan., 1972), pp. 42–52.

[25] Wood, Barry. "The Growth of the Soul: Coleridge's Dialectical Method and the Strategy of Emerson's Nature." *PMLA*, Vol. 91, No. 3 (1976), pp. 385-397.

中文专著:

[1] 艾布拉姆斯:《镜与灯——浪漫主义文论及批评传统》,郦稚牛、张照进、童庆生译,北京大学出版社,1989 年版。

[2] 爱默生:《爱默生随笔》,蒲隆译,上海译文出版社,2010 年版。

[3] 爱默生:《论自然》,吴瑞楠译,中国对外翻译出版公司,2010 年版。

[4] 爱默生:《自然沉思录——爱默生自主自助集》,博凡译,天津人民出版社,2009 年版。

[5] 白利兵:《走上神坛的莎士比亚——柯勒律治莎评研究》,中国电影出版社,2014 年版。

[6] 卞之琳编译:《英国诗选》,商务印书馆,2005 年版。

[7] 勃兰兑斯:《十九世纪文学主流》,徐式谷、江枫、张自谋译,人民文学出版社,1984 年版。

[8] 董琦琦:《启示与体验——柯尔律治艺术理论的神性维度》,光明日报出版社,2010 年版。

[9] 恩格斯:《自然辩证法》,《马克思恩格斯选集》(第四卷),人民出版社,1995 年版。

[10] 赫伯特·马尔库塞:《单向度的人——发达工业社会意识形态研究》,刘继译,上海译文出版社,1989 年版。

[11] 华兹华斯:《华兹华斯抒情诗选》,杨德豫译,湖南文艺出版社,1996 年版。

[12] 卡洛琳·麦茜特:《自然之死——妇女、生态和科学革命》,吴国盛译,吉林人民出版社,1999 年版。

[13] 康德:《纯粹理性批判》,邓晓芒译,人民出版社,2004 年版。

[14] 康德:《判断力批判》,邓晓芒译,人民出版社,2002 年版。

[15] 科林伍德:《自然的观念》,吴国盛、柯映红译,华夏出版社,1999

年版。

[16] 雷纳·韦勒克:《近代文学批评史》(第二卷),杨自伍译,上海译文出版社,1989年版。

[17] 李枫:《诗人的神学——柯勒律治的浪漫主义思想》,社会科学文献出版社,2008年版。

[18] 李赋宁:《欧洲文学史》(第二卷),商务印书馆,2001年版。

[19] 利里安·弗斯特:《浪漫主义》,李今译,昆仑出版社,1989年版。

[20] 刘海平、王守仁:《新编美国文学史》(第一卷),上海外语教育出版社,2000年版。

[21] 刘若端:《十九世纪英国诗人论诗》,人民文学出版社,1984年版。

[22] 鲁春芳:《神圣自然——英国浪漫主义诗歌的生态伦理思想》,浙江大学出版社,2009年版。

[23] 鲁枢元:《生态批评的空间》,华东师范大学出版社,2006年版。

[24] 马克斯·霍克海默、西奥多·阿道尔诺:《启蒙辩证法》,渠敬东、曹卫东译,上海世纪出版集团,2006年版。

[25] 曼弗雷德·弗兰克:《德国早期浪漫主义美学导论》,聂军译,吉林人民出版社,2006年版。

[26] 莫尔特曼:《创造中的上帝》,隗仁莲等译,三联书店,2002年版。

[27] 莫尔特曼:《俗世中的上帝》,曾念粤译,中国人民大学出版社,2003年版。

[28] 诺瓦利斯:《夜颂》,见《诺瓦利斯选集》(卷一),林克译,华夏出版社,2007年版,第38页。

[29] 帕尔默:《工业革命——变革世界的引擎》,苏中友等译,世界图书出版公司,2010年版。

[30] 培根:《新工具》,许宝骙译,商务印书馆,1986年版。

[31] 全增嘏:《西方哲学史》,上海人民出版社,1987年版。

[32] 塞尔日·莫斯科维奇:《还自然之魅:对生态运动的思考》,庄晨燕、邱寅晨译,三联书店,2005年版。

[33] 施勒格尔:《浪漫派风格——— 施勒格尔批评文集》,李伯杰译,

华夏出版社，2005 年版。

［34］斯宾诺莎：《伦理学》，贺麟译，商务印书馆，1997 年版。

［35］王诺：《欧美生态文学》，北京大学出版社，2003 年版。

［36］王诺：《生态批评与生态思想》，人民出版社，2013 年版。

［37］王治河、樊美筠：《第二次启蒙》，北京大学出版社，2011 年版。

［38］伍蠡甫：《西方文论选》，上海译文出版社，1979 年版。

［39］谢林：《先验唯心论体系》，梁志学、石泉译，商务印书馆，1997 年版。

［40］叶秀山、王树人：《西方哲学史》（学术版），江苏人民出版社，2004 年版。

［41］以赛亚・柏林：《浪漫主义的根源》，亨利・哈代编，吕梁等译，译林出版社，2008 年版。

［42］约翰・托兰德：《泛神论要义》，陈启伟译，商务印书馆，2007 年版。

［43］曾繁仁：《生态美学导论》，商务印书馆，2010 年版。

［44］曾繁仁：《生态文明时代的美学探索与对话》，山东大学出版社，2013 年版。

［45］赵敦华：《西方哲学简史》，北京大学出版社，2012 年版。

［46］朱利安・沃尔弗雷斯：《21 世纪批评述介》，张琼、张冲译，南京大学出版社，2009 年版。

中文期刊：

［1］曹京渊：《柯勒律治的文学有机观念述论》，《渭南师专学报》1995 年第 2 期。

［2］陈海燕：《谢林艺术哲学研究》，《东方论坛》2011 年第 3 期。

［3］费致德：《柯勒律治的〈老舟子〉咏》，《教学研究》1984 年第 4 期。

［4］费致德：《从柯勒律治有关想象（imagination）的诗论看三首唐人诗》，《解放军外语学院学报》1993 年第 2 期。

［5］冯至：《自然与精神的类比——诺瓦利斯的气质、禀赋和风格》，

《外国文学评论》1993年第1期。

[6] 高伟光：《英国浪漫主义的有机美学观》，《甘肃社会科学》2006年第3期。

[7] 胡继华：《无限渴望的象征——漫谈德国浪漫主义的自然观》，《外国文学》2008年第4期。

[8] 蒋显璟：《生命哲学与诗歌——浅谈柯勒律治的诗歌理论》，《外国文学评论》1993年第2期。

[9] 金衡山：《自由的意义——超验主义思想探析》，《国外文学》2002年第1期。

[10] 李永平：《通往永恒之路——试论德国早期浪漫主义的精神特征》，《外国文学评论》1999年第1期。

[11] 李毓章：《德国近代泛神论繁荣的精神缘由——以埃克哈特与斯宾诺莎为中心》，《安徽大学学报》（哲学社会科学版）2009年第5期。

[12] 刘蓓、李衍驻：《“浪漫生态学”何为》，《长江学术》2007年第1期。

[13] 刘国清：《人类成长的寓言史诗——生态批评视域下的〈古舟子咏〉》，《东北师大学报》2006年第6期。

[14] 鲁春芳：《从〈古舟子咏〉看柯勒律治的自然观与生态意识》，《浙江学刊》2006年第6期。

[15] 鲁春芳：《一个优美而机智的“整一”——生态视野中的〈忽必烈汗〉》，《外国文学研究》2009年第5期。

[16] 鲁春芳：《论柯勒律治的三首“超自然诗歌”》，《外国文学研究》2013年第3期。

[17] 鲁春芳、郭峰：《柯尔律治自然观与中国“天人合一”生态思想的比较与思考》，《浙江师范大学学报》（社科版）2013年第2期。

[18] 陆建德：《“我相信，所以我理解”——关于柯勒律治论证循环的思考》，《外国文学评论》1993年第3期。

[19] 马玉凤、陆杰荣：《论爱默生超验主义思想的形而上学基础》，《世界哲学》2011年第6期。

[20] 萧迟：《王夫之和柯勒律治诗学比较研究》，《文艺研究》1996年第2期。

［21］姚大志：《斯宾诺莎的“泛神论”新考》，《吉林大学社会科学学报》1987年第2期。

［22］易晓明：《华兹华斯与泛神论》，《国外文学》2000年第2期。

［23］余虹：《〈老水手之歌〉简论》，《外国文学研究》1984年第2期。

［24］张继云、陆杰荣：《施莱格尔的“无限性”理论探究》，《哲学研究》2011年第8期。

［25］朱玉：《华兹华斯与“视觉”的专制》，《国外文学》2011年第2期。

学位论文：

［1］蒋显璟：《柯勒律治想象理论中的生机论概念》，北京大学博士学位论文，1990年。

［2］汪小玲：《神秘与诗意：柯勒律治与爱伦·坡的神秘诗研究》，上海外国语大学博士学位论文，2002年。

［3］刘耀辉：《保守主义与社会批评——柯勒律治社会政治思想研究》，北京师范大学博士学位论文，2005年。

［4］白利兵：《柯勒律治莎评的有机美学论》，首都师范大学博士学位论文，2006年。

［5］王著定：《柔韧的生命创塑——柯勒律治的想象理论》，中国人民大学博士学位论文，2008年。

［6］洪芳：《论柯勒律治的想象理论》，首都师范大学硕士学位论文，2006年。

［7］张建英：《理念主义的社会文化观——柯勒律治晚年社会文化批评思想研究》，四川外国语学院硕士学位论文，2007年。

［8］孙蓓蓓：《聆听想象的声音——剖析柯勒律治想象思想的神秘源泉与实践》，浙江大学硕士学位论文，2007年。

［9］陈清芳：《柯勒律治诗歌的基督教主题》，华中师范大学硕士学位论文，2008年。

［10］许梅花：《人与自然关系的循环旅程——〈古舟子咏〉中柯勒律治生态思想研究》，重庆师范大学硕士学位论文，2010年。

[11] 郝璐：《柯勒律治诗歌创作与批评中的有机整体观研究》，西南大学硕士学位论文，2011 年。

[12] 李迅：《柯勒律治莎评的辩证研究》，江西财经大学硕士学位论文，2012 年。

[13] 宋国清：《柯勒律治诗学观的二重精神维度》，河南大学硕士学位论文，2013 年。

[14] 郭劲松：《论柯勒律治有机整体诗学观》，华中师范大学硕士学位论文，2013 年。

[15] 刘琨：《英国殖民主义扩张与柯勒律治诗歌中的东方书写》，东北师范大学硕士学位论文，2013 年。

网络资源：

[1] http：//plato. stanford. edu/archives/sum2012/entries/pantheism/，2014 年 9 月 5 日访问。

[2] http：//www. merriam - webster. com/dictionary/organic，2015 年 3 月 25 日访问。

[3] http：//en. wikipedia. org/wiki/Natura_ naturans，2015 年 3 月 15 日访问。

后 记

本书是以我的博士学位论文为基础写成的。在整理书稿的过程中，思绪又一次次被带回到攻读博士学位、撰写学位论文的那段岁月。在那历经艰辛但也收获满满的四年中，我得到了太多师长、家人和朋友的关心和帮助，是他们让我在那四年里不敢懈怠，最终顺利完成了论文写作，并让本书得以成稿。

在我的博士论文的基础上，本书从当代生态批评的视域出发，又系统梳理了在人文主义思想主导下西方文学传统长期忽略自然的倾向，以此凸显出柯勒律治将自然置于诗歌创作及哲学和神学思辨中心的重要价值。我还试图将对柯勒律治的理论研究与我国当前的生态文明建设相结合，挖掘其对我国生态文明建设的借鉴意义，让本书也具有了一定的现实意义。但是，柯勒律治一生著述繁多，除了结集出版的著作，他还有许多思想观点零散地分布于他的笔记、演讲乃至批注中，加大了资料收集的难度。此外，柯勒律治哲学和神学造诣极其深厚，其思想观点的表述方式又不同于当代思想家的系统表述，经常省略思辨过程而仅仅呈现思考的结论。受以往的学习背景及能力所限，本书对柯勒律治哲学和神学及其文学理论的研究还不够完善和深入。今后，还要不断提升自己的哲学及文学理论素养，并期待有机会获得更多的一手研究资料，以弥补本书的遗憾和不足。

本书能够顺利出版，首先要衷心感谢我的导师曾繁仁先生。曾老师为人温和宽厚，但治学态度极为严谨，从曾老师身上我学到的不仅是专业知识，更是如何做人、做事、做学问。在论文的写作过程中，从题目的选定到写作思路的确立再到论文的最后成稿，曾老师在每一步中都倾注了大量的心血。曾老师不仅给了我最初选择这一论文题目的信心和勇气，也在我的写作陷入困境时一次次为我指点迷津。甚至在论文即将打印之时，老师还一再叮嘱我一定要修改其中几个观点的表述。作为一个从英语专业跨专业学习文艺学的学生，我的理论基础薄弱，又是在职攻读，需要完成工作单位齐鲁工业大学的教学科研任务，如果没有曾老师高屋建瓴的指导和对我的严格要求，论文不可能顺利完成。虽然已经毕业几年，但老师的教诲将是我一生的宝贵财富。

本书得到了山东省社会科学规划研究项目“生态批评视域中的柯勒律治文艺理论研究”（项目编号：16DZWJ05）的资助，也得到了我的工作单位齐鲁工业大学外国语学院的诸位领导和同事的帮助，在此一并表示感谢。

张玮玮

2018 年 6 月 28 日于泉城济南